W0466163

STARK

FOS · BOS 12 2016

Fachabitur-Prüfungsaufgaben mit Lösungen

Deutsch

Bayern

2009–2015

STARK

36. ergänzte Auflage
www.stark-verlag.de

Inhalt

Fachabiturprüfung 2014

Fachabiturprüfung 2015

Jeweils im Herbst erscheinen die neuen Ausgaben
der Fachabiturprüfungsaufgaben mit Lösungen.

Autoren:

2009: Aufgabe 1, 2: Michael Waniek; Aufgabe 3: Regine Bayer; Aufgabe 4: Jürgen Pietzka
2010: Aufgabe 1: Michael Waniek; Aufgabe 2, 4: Jürgen Pietzka; Aufgabe 3: Regine Bayer
2011: Aufgabe 1: Michael Waniek; Aufgabe 2, 3: Jürgen Pietzka
2012: Aufgabe 1: Thomas Wagner; Aufgabe 2: Regine Bayer; Aufgabe 3: Jürgen Pietzka
2013: Aufgabe 1: Thomas Wagner; Aufgabe 2: Regine Bayer; Aufgabe 3: Jürgen Pietzka
2014: Aufgabe 1: Klaus Meyer; Aufgabe 2: Regine Bayer; Aufgabe 3: Jürgen Pietzka
2015: Aufgabe 1: Klaus Meyer; Aufgabe 2: Nicole Pelka-Wend; Aufgabe 3: Regine Bayer

Vorwort

Liebe Abiturientinnen und Abiturienten,

dieser Band wird Ihnen bei der gezielten und optimalen Vorbereitung auf die schriftliche Abiturprüfung 2016 im Fach Deutsch helfen! Wenn Sie wissen, mit welchen Aufsatzarten Sie es in der Prüfung zu tun haben, wie diese aufgebaut werden und wie Sie am besten an die Ausarbeitung Ihres Aufsatzes herangehen, bereitet Ihnen auch die Prüfungsarbeit keine großen Probleme mehr.

Die schriftliche Prüfung zum Erwerb der Fachhochschulreife an den Beruflichen Oberschulen im Fach Deutsch wird vom Bayerischen Staatsministerium für Unterricht und Kultus zentral gestellt und dauert an der Fachoberschule 240 Minuten, also volle vier Zeitstunden.

2011 gab es im Deutsch-Fachabitur eine **Neuerung:** Während bis dahin immer vier Themen zur Wahl gestellt wurden, sind es seither nur noch **drei Themen – eine Sachtextanalyse** und **zwei Interpretationen literarischer Texte** –, von denen Sie eines bearbeiten müssen.

Bei der **Analyse von Sachtexten** können folgende Aufgabentypen kombiniert werden, die Sie alle beherrschen sollten:

- Wiedergabe von Inhalt und Aufbau *oder* eine erweiterte Kurzvorstellung / erweiterte Überblicksinformation
- Sprachanalyse, eingegrenzt auf eine oder mehrere Intentionen oder einen Teil des Textes
- Stellungnahme zum gesamten Text oder zu einer seiner zentralen Aussagen

Die in diesem Band enthaltenen Prüfungsjahrgänge bis 2010 unterscheiden noch zwei Aufgabenarten zur Sachtextanalyse (Typ I: Wiedergabe von Inhalt und Aufbau mit Stellungnahme; Typ II: Überblicksdarstellung mit Sprachanalyse und Stellungnahme). Da die einzelnen Bestandteile auch nach 2011 noch verlangt und nur neu kombiniert werden können, ist es sinnvoll, auch die alten Aufgaben zum Üben zu nutzen.

Mögliche Aufgabenstellungen zu **literarischen Themen** sind die Interpretation eines Dramenausschnitts oder die Interpretation eines Prosatextes. Die literarischen Texte erfordern immer eine Interpretation, können aber auch weitere kreative Aufgabenstellungen beinhalten.

Im einführenden Kapitel „**Hinweise**" dieses Bandes finden Sie ausführliche Erläuterungen zur Analyse eines Sachtextes mit Beispielen zur Inhaltsangabe in Thesenform, zur Sprachanalyse und zur Stellungnahme. Weiter enthält das Kapitel Hinweise zu gängigen Aufgabenstellungen der Interpretation epischer und dramatischer Texte. Darüber hinaus werden Ihnen neue kreative Aufgabenarten zu diesen literarischen Texten vorgestellt.

Der Hauptteil des Buches enthält die **originalen Prüfungsaufgaben** der letzten Jahre, zu denen Ihnen **ausführliche Lösungsvorschläge** geboten werden, an denen Sie sich bei der Abiturvorbereitung orientieren können. Diese Lösungsvorschläge beinhalten weitere **Hinweise**, die Ihnen bei der Erschließung der einzelnen Arbeitsanweisungen helfen.

Sollten nach Erscheinen dieses Bandes noch wichtige Änderungen in der Fachabiturprüfung 2016 vom Kultusministerium bekannt gegeben werden, finden Sie aktuelle Informationen dazu im Internet unter: *www.stark-verlag.de/pruefung-aktuell*

Wir wünschen Ihnen eine effektive Abiturvorbereitung und eine erfolgreiche Prüfung!

Die Autoren und der Verlag

Vorwort

Stichwortverzeichnis

Sachregister

Werkregister

Personenregister

Analyse eines Sachtextes

Die Sachtexte, die man in Aufgabe 1 bearbeiten muss, sind meist journalistische Textsorten (Kommentare, glossierende Kommentare, Glossen, Reportagen, Interviews oder Berichte). Insgesamt kommen im Rahmen der Sachtextanalyse neben einer Kurzvorstellung folgende Aufgabentypen vor: die Wiedergabe von Inhalt und Aufbau, die Stellungnahme und die Sprachanalyse.

1 Wiedergabe von Inhalt und Aufbau: Die Inhaltsangabe in Thesenform

Wenn es darum geht, Inhalt und Aufbau eines Sachtextes wiederzugeben, kann man grundsätzlich zwischen der strukturierten Textwiedergabe und der Inhaltsangabe in Thesenform wählen. Im Folgenden wird auf die Inhaltsangabe in Thesenform näher eingegangen. Nach einer kurzen theoretischen Erklärung wird anhand des Kommentars *Verführen Kreditkarten zum Shoppen?* eine Musterlösung vorgeführt.

Ziel der Inhaltsangabe in Thesenform ist es, den argumentativen Aufbau des Textes und seinen Inhalt **in abstrakter Art und Weise** darzustellen, wobei der Ausgangstext auf circa ein Drittel gekürzt werden soll. Dafür empfiehlt es sich, zunächst den zu bearbeitenden Text mehrmals gründlich durchzulesen und in größtmögliche Sinnabschnitte einzuteilen. Man fragt dabei, über welche Passagen hinweg der Autor die gleiche argumentative Absicht vertritt. Aber Vorsicht: Textabsätze und tatsächliche Sinnabschnitte müssen nicht übereinstimmen.

Die Anzahl der Sinnabschnitte ist nicht pauschal festlegbar, erfahrungsgemäß sind aber drei bis fünf ausreichend.

Haben Sie das getan, beginnt nun die eigentliche Arbeit: Sie müssen Makro- und Mikrothesen bilden, wobei die **Makrothesen** (auch **Struktursätze** genannt) verallgemeinernde Abstraktionen der **Mikrothesen** (auch **Einzelaussagen** genannt) sind. Konkret bedeutet das nun Folgendes: Die zentralen Einzelinformationen eines jeden Abschnitts müssen erfasst werden. Überlegen Sie sich, was der Autor dort alles mitteilt. Hierbei müssen Sie sich schon von konkreten Detailinformationen und Beispielen lösen und nach abstrakteren paraphrasierenden Formulierungen suchen. Im Anschluss versucht man, diese Einzelaussagen mithilfe von Oberbegriffen bzw. übergeordneten Kategorien weiter zu bündeln (Makrothese).

Bei der Ausformulierung der Makro- und Mikrothesen müssen **bestimmte Regeln** eingehalten werden: Sie schreiben keinen in sich geschlossenen Aufsatz, sondern schließen unmittelbar an die geforderte Überblicksinformation die Inhaltsangabe in Thesenform an, die einer umfangreichen Gliederung gleicht. Einen Schluss oder Ähnliches gibt es nicht. Das Tempus (die Zeitform) ist das **Präsens**.

Wichtig – wie überhaupt immer bei der Textanalyse – ist, dass Sie sich sprachlich von der Vorlage lösen, das heißt, wörtliche Übernahmen in Ihrer Arbeit sind verboten! Bemühen Sie sich um **eigene Formulierungen**.

Jede **Makrothese** muss dabei bestimmte Anforderungen erfüllen:

- Zu Beginn der Makrothese soll ein Bezug zum Autor hergestellt werden. Achten Sie darauf, in den unterschiedlichen Makrothesen zu variieren. Beginnen Sie beispielsweise nicht jede Makrothese mit „der Autor“, sondern suchen Sie nach Alternativen (der Verfasser, der Kommentator, der Name des Verfassers, das Personalpronomen „er“ etc.).

- Jede Makrothese muss *ein* (!) Strukturverb enthalten. Das Strukturverb gibt darüber Auskunft, welche argumentative Absicht der Verfasser in dem Sinnabschnitt verfolgt. Die Hauptschwierigkeit liegt darin, treffende Strukturverben zu finden, die einen wirklichen Aussagewert haben. Formulierungen wie „Der Autor meint“, „Der Autor sagt“ o. Ä. sind hingegen unbedingt zu vermeiden, da sie nichts über die Absicht des Autors bezüglich des Sinnabschnitts aussagen. Überlegen Sie sich, ob der Autor etwas behauptet, feststellt, Argumente liefert, folgert, zusammenfasst, appelliert etc., um nur einige Beispiele zu nennen.

  Zwei oder mehr Strukturverben sind nicht zulässig, da die Makrothese dann nicht mehr als verallgemeinernde Abstraktion eines Sinnabschnitts angesehen werden kann.
- Jede Makrothese schließt mit der Zeilenangabe für den betreffenden Sinnabschnitt.
- Makrothesen müssen Aussagesätze ohne Nebensatzkonstruktionen sein.

Für den Bau der **Mikrothesen** gelten weniger starre Vorgaben: Anders als in den Makrothesen sind hier Nebensätze erlaubt. Achten Sie aber darauf, tatsächlich nur einen Hauptgedanken pro These zu formulieren. In den Mikrothesen dürfen kein Autorbezug, kein Strukturverb und keine Zeilenangabe vorkommen. Ein häufiger Fehler beim Ausformulieren der Mikrothesen besteht in dem Versuch, Bezüge zwischen den einzelnen Thesen herzustellen (z. B. durch verbindende Konjunktionen, verweisende Wortarten etc.). Das ist jedoch zu vermeiden. Sie müssen Sätze verfassen, die für sich alleine stehen können – und dementsprechend auch keine formalsprachlichen Bezüge untereinander aufweisen: Mikrothesen sind Einzelthesen.

Beispiel für eine Inhaltsangabe in Thesenform

Verführen Kreditkarten zum Shoppen?
von Hannah Wilhelm

Wer mit Kredit- oder EC-Karten zahlt, gibt mehr Geld aus als ein Barzahler. Insgeheim ahnte das wohl jeder, unter anderem auch die Verbraucherschützer. Aufgrund dieser vagen Ahnung werden sie nicht müde, vor einem exzessiven Kreditkarten-Gebrauch zu warnen. Doch jetzt liefern zwei amerikanische Professoren die wissenschaftliche Begründung für das Bauchgefühl: „Je offenkundiger wir das Geld verlieren, umso größer ist der Widerstand gegen das Ausgeben und umso höher der Schmerz beim Bezahlen“, schreiben sie in der September-Ausgabe des US-*Fachmagazins Journal of Experimental Psychology: Applied.* Priya Raghubir und Joydeep Srivastava wollten mit mehreren Untersuchungen überprüfen, ob Menschen, die weniger transparente Zahlungsformen nutzen, dazu neigen, diese dann wie Spielgeld zu behandeln und somit leichter ausgeben. Dafür legten sie zum Beispiel 114 Befragten die Speisekarte des fiktiven Restaurants „Michaul’s of St. Charles“ vor – einmal mit der Information, dass Kreditkarten-Zahlung möglich ist, und einmal ohne. Zu essen gab es creolische Spezialitäten. Das Ergebnis: Durfte nur mit Bargeld gezahlt werden, orderten die Teilnehmer ein günstigeres Dinner. Durchschnittlich gaben sie 10,96 Dollar aus – Kartenzahler dagegen 12,70. Bei einer weiteren Studie ließen die beiden Wissenschaftler 57 Teilnehmer für eine große Thanksgiving-Feier mit sechs Freunden einkaufen: Truthahn, Gemüse, Brot, Salat und natürlich Wein. Auch hier waren die Kreditkartenzahler zunächst großzügiger als die, die mit Dollarnoten einkauften: Sie wollten 175 Dollar ausgeben, Barzahler dagegen nur 145. Doch zahlten die Teilnehmer nicht eine Gesamtsumme, sondern mussten den Preis

für jedes Stück einzeln abnicken, glich sich der Unterschied aus. Beschäftigte sich der Käufer also intensiver mit den Preisen, war er sparsamer – egal, ob er mit Karte oder bar bezahlte.
Mit anderen Worten: Wer sparen will, sollte Kredit- und EC-Karten lieber zu Hause lassen und cash zahlen. Außerdem sollte er sich beim Shoppen intensiver mit den Preisen auseinandersetzen. Eigentlich trivial – aber jetzt wissenschaftlich belegt.

Quelle: Süddeutsche Zeitung, 1. 9. 2008

Aufgabe

Geben Sie Inhalt und Aufbau des Textes wieder.

Lösungsbeispiel

In dem Kommentar *Verführen Kreditkarten zum Shoppen?*, der am 1. 9. 2008 in der *Süddeutschen Zeitung* erschienen ist, zeigt Hannah Wilhelm die Wechselwirkung zwischen dem Konsumverhalten und der Zahlungsweise von Käufern auf und zieht daraus praktische Konsequenzen für einen sparsamen Einkauf.

I. Hannah Wilhelm führt als Eingangsthese das stärkere Kaufverhalten bei Kartenzahlung an. (Z. 1–7)[1]

II. Die Verfasserin belegt diese These mit amerikanischen Studien zum Konsumverhalten in Abhängigkeit von der Zahlungsweise. (Z. 8–49)
   1. Bargeldzahler gehen sparsamer mit ihrem Geld um als Kreditkartennutzer.
   2. Die Zahlungsweise ist unerheblich, wenn die Käufer sich bewusst mit den Preisen für einzelne Produkte auseinandersetzen.

III. Sie gibt schlussfolgernd Ratschläge für geldbewusste Einkäufe. (Z. 50–56)
   1. Man sollte bar zahlen.
   2. Die Konsumenten müssen die Preise genauer analysieren und sich diese klarmachen.

2 Sprachanalyse

Grundvoraussetzung für die Sprachanalyse ist die **aktive Beherrschung** der einschlägigen **Fachbegriffe** für sprachliche Mittel und grammatische Erscheinungen. Ohne dieses Vokabular ist die Aufgabe nicht erfolgreich zu bearbeiten.

Die Sprachanalyse dient keinem Selbstzweck, sondern hat das Ziel, die argumentative Absicht des Autors klar zu benennen und zu erläutern. Je nach Themenstellung – ein genaues Lesen ist unerlässlich – soll der Text insgesamt oder in Teilen untersucht werden. Schematisch bietet sich dafür folgendes **Vorgehen** an:

1. Man fragt sich, was der Autor mit seinem Text in der Gesamtheit überhaupt erreichen will, und stellt so eine **Hauptthese** (auch Hauptabsicht genannt) auf.

1 Hier begegnet Ihnen ein Sonderfall: Gerade am Anfang und am Schluss der Inhaltsangabe in Thesenform können Makrothesen auch alleine vorkommen. Logisches Grundprinzip ist nämlich: Führen Sie Mikrothesen an, dann müssen es mindestens zwei sein. Bei nur einer Mikrothese hingegen ist eine verallgemeinernde Abstraktion in Form einer Makrothese nicht möglich.

2. Um diese Hauptthese zu stützen, sucht man nun im Text passende inhaltliche **Teilabsichten**. Diese Teilabsichten müssen durch einen kreativen Wechsel von direkten und indirekten Zitaten mit jeweils richtiger Zitierweise konkret belegt werden.
3. Jede Teilabsicht muss dabei unter Rückgriff auf die **Stilmittel** gründlich ausgedeutet werden. Bei der Ausdeutung ist das Stilmittel richtig zu benennen und seine Verwendung zu erklären. Am sinnvollsten beschreibt man (wenn möglich) zuerst einmal die Assoziation, die durch das Stilmittel ausgelöst wird, dann interpretiert man. In der Ausführung empfiehlt es sich, Schwerpunkte bei besonders gut ausdeutbaren und auffälligen Stilmitteln (z. B. Bildern) zu setzen und weniger intensiv ausdeutbare dabei mit einzustreuen (z. B. Synekdoche, Alliteration).

Beispiel für eine Sprachanalyse

Schicksal Denglisch
von Jens Jessen

Englische Wörter durchsetzen die deutsche Sprache wie Parasiten. Kaum ein Werbespruch (Slogan oder Claim), kaum ein Geschäftstreffen (Meeting) kommt ohne die Beschwörung von Future, Results oder einer Sache namens Freedom aus, die man wahrscheinlich nicht mit Freiheit verwechseln soll. Manchmal werden die englischen Ausdrücke falsch verwendet, oft sind sie lächerlich, fast immer unschön. Neu allerdings ist ihre Ausbreitung nicht, und neu ist auch nicht die Empörung, die derzeit bis zum Ruf nach einem Sprachschutzgesetz geht. Neu in der Debatte ist nur die Position, die den Zustrom der Anglizismen rechtfertigt. Das Englische oder Amerikanische, so konnte man in Süddeutscher und FAZ lesen, sei die überlegene Sprache. Das Deutsche, ein schwerfälliges Ungetüm, bekomme die verdiente Quittung für seine Untauglichkeit, der modernen Welt geeigneten Ausdruck zu verleihen. Das ist natürlich Unfug: In jeder Sprache lässt sich sagen, was ihre Sprecher sagen möchten. Doch liegt in der Rede von der Überlegenheit des Englischen eine Wahrheit: Es ist aber keine Überlegenheit des Ausdrucks, sondern eine überlegene Ausstrahlung. Niemals würde eine Werbeagentur Amerikanismen verwenden, wenn sie nicht meinte, das Produkt damit für die Kunden attraktiver zu machen. Niemals würden Manager die Charts in ihren Briefings englisch erklären, wenn sie nicht glaubten, damit besser dazustehen oder recht eigentlich erst zum Manager zu werden. Die Sprache Nordamerikas ist die Sprache der letzten Weltmacht und schon damit die natürliche Sprache der Weltmarktkonkurrenz.

Quelle: Die Zeit 11/2001; leicht überarbeitet

Aufgabe

Untersuchen Sie, welche Intention der Autor verfolgt und wie er sie sprachlich umsetzt.

Lösungsbeispiel

Hauptthese: Jens Jessen kritisiert die Verwendung englischer Ausdrücke im Deutschen.

Teilabsicht: Er weist abwertend auf die große Anzahl englischer Wörter im Deutschen hin, indem er Anglizismen mit „Parasiten" (Z. 2) **vergleicht**. Parasiten befallen als Schmarotzer ihren Wirt, bewirken letztlich dessen Verfall und können im schlimmsten Fall sogar zu dessen Tod führen. Wie der Wirtskörper ungeschützt und hilflos diesen Eindringlingen ausgeliefert ist, so geht es auch dem Deutschen. An sich überflüssige Wörter nisten sich im Sprachsystem ein und führen langfristig zum Aussterben des entsprechenden deutschen Begriffs.

Teilabsicht: Der Autor widerspricht deutlich der These, wonach das Deutsche aus sprachstrukturellen Gründen auf Anglizismen angewiesen sei: Das Deutsche sei natürlich keinesfalls ein „schwerfälliges Ungetüm“ (Z. 20 f.). Die **Metapher** ruft die Vorstellung eines hässlichen, monströsen Geschöpfes hervor, das sich durch Kombination mit dem **vorangestellten Adjektiv** als äußerst plump in seinem Verhalten erweist. Durch das **altertümelich wirkende Substantiv** scheint das Wesen aus grauer Vorzeit zu stammen, sodass die Vorstellung einer nicht mehr zeitgemäßen deutschen Sprache zusätzlich intensiviert wird. Aber nicht kühne Recken bekämpfen heutzutage Monster, sondern die englischen Einflüsse treten gegen die angeblich fehlende deutsche Sprachästhetik an. Dieser Position begegnet Jens Jessen prägnant mit der **hochsprachlichen** Formulierung „Unfug“ (Z. 24) anstelle des eher umgangssprachlicheren Begriffs „Unsinn“, um schon mit der Wortwahl das geschliffene Wesen unserer Muttersprache herauszustellen. […]

3 Stellungnahme

Die Stellungnahme fordert den Schüler heraus, selbst Position zu beziehen. Er soll dies aber nicht nach Stammtischmanier tun, sondern seine Position durch eine fundierte Argumentation stützen, die ihm hilft, seine Entscheidung zu erklären. Dazu ist es notwendig, Vor- und Nachteile einer Position kontrastierend gegenüberzustellen, um dann in einer ausführlichen Synthese abzuwägen bzw. Bedingungen zu nennen, die möglicherweise zu einem Kompromiss führen könnten. Die Stellungnahme folgt also dem Prinzip der **dialektischen Erörterung**.

Bei der Darstellung der Vor- und Nachteile muss die Argumentation beherrscht werden. Ein **vollständiges Argument** besteht immer aus Behauptung, Begründung(en) und Beispiel(en). Das Argument geht also von einer Aussage aus, die es noch zu beweisen gilt (= These/Behauptung). Mit der Begründung folgt eine abstrakte, allgemeine Erklärung, die im Beispiel auf den konkreten Fall bezogen wird.

Bevor Sie damit beginnen, die Argumente zu formulieren, sollten Sie bei der Stellungnahme eine **kurze Stoffsammlung** anfertigen, die Ihnen hilft, Ihre Gedanken zu ordnen und in eine **systematische Reihenfolge** zu bringen. Auch wenn Sie davon ausgehen können, dass zwei Pro- und zwei Kontra-Gesichtspunkte letztlich ausreichen, um eine solide Stellungnahme zu verfassen, sollten Sie immer mehr Thesen sammeln, um dann die schlagkräftigsten auswählen zu können. Formulieren Sie in knappen Schlagworten und achten Sie bereits in dieser Arbeitsphase darauf, dass der jeweilige Vorteil oder Nachteil hervorgehoben wird.

Nun müssen Sie die **Aspekte auswählen**, die Sie in Ihrer Stellungnahme verwenden wollen. Dabei ist darauf zu achten, dass Sie die Thesen zu Argumenten ausbauen, die Sie später in der Synthese auch gegeneinander stellen wollen und auf die Sie sich bei der Nennung von Bedingungen beziehen wollen. Selbstverständlich können Sie sich dabei der Anregungen des vorgegebenen Textes bedienen. Allerdings müssen Sie gerade in einem solchen Fall auf eine bewusst eigenständige Formulierung achten, um sich nicht dem Vorwurf auszusetzen, Sie würden hier nur die Textvorlage reproduzieren. Achten Sie auch auf **sinnvolle Verknüpfungen** zwischen den Argumenten, damit die Stellungnahme zu einer sprachlichen Einheit wird.

In der Regel beginnt man die Stellungnahme mit einer **Einräumung**. Man gesteht zu, dass es zur eigenen Position eine Gegenposition gibt, die man bei der eigenen Entscheidungsfindung bereits bedacht hat. Außerdem geht man so nicht auf absoluten Konfrontationskurs zum Diskussionsgegner und bietet damit die Basis für einen möglichen Kompromiss. Als einleitende Formulierungen dieser Einräumung eignen sich z. B.:

- Es ist zwar durchaus richtig, dass …
- Ich kann die Position des Autors insoweit nachvollziehen, wenn er betont …
- Mögliche Argumentationsgegner könnten nun anführen …
- Einerseits muss eingeräumt werden …

Beachten Sie, dass auch hier der Gebrauch des Konjunktivs trotz aller Zustimmung signalisiert, dass Sie sich letzten Endes doch von dieser Position distanzieren werden. Aus diesem Grund ist es auch sinnvoll, die **Gegenposition an den Anfang Ihrer Stellungnahme** zu rücken, um diese dann durch noch schwerwiegendere Gegenargumente zu entkräften.

Die Argumentation, mit der Sie Ihre **eigene Position** stützen, müssen Sie sprachlich von der vorausgehenden Argumentation abheben. Als Formulierungen bieten sich z. B. an:

- Andererseits muss allerdings dagegengehalten werden, dass …
- Doch stehen klare Argumente gegen diese Position …
- Auf der anderen Seite aber können zahlreiche Vorteile/Nachteile nicht übersehen werden …

In einer Stellungnahme werden mindestens **je zwei Argumente** für die eigene Position und für die Gegenposition erwartet.

In der **abschließenden Synthese**, dem „Herzstück“ einer Stellungnahme, erklären Sie nun, wie Sie zu Ihrer Position kommen. Dabei dürfen Sie nicht einfach Argumente der Pro- und Kontra-Seite „wiederkäuen“ oder Pro- und Kontra-Argumente einführen, die Sie zuvor bei der Darstellung der Vor- und Nachteile zurückgehalten haben.
Sie müssen beide Seiten berücksichtigen und begründen, warum Sie bestimmte Argumente höher bewerten als andere, sonst kann Ihr Gegenüber nicht nachvollziehen, warum Sie manche Argumente unberücksichtigt lassen bzw. warum diese für Ihre Entscheidung keine ausschlaggebende Rolle spielen können. Achten Sie aber darauf, dass Sie der vorausgehenden Argumentation nicht widersprechen, das würde Sie unglaubwürdig machen.
Gleichzeitig können Sie aber auch Bedingungen nennen, unter denen Sie möglicherweise einem Kompromiss zustimmen werden. Sie müssen dann erklären, was die jeweiligen Bedingungen bewirken und welcher mögliche Nachteil damit abgeschwächt oder sogar aus dem Weg geräumt wird.

Beispiel für eine Stellungnahme

„Euphorie und Senf und Socken“
von Werner Kunz

Natürlich ist es bequem, einzukaufen, wenn es einem gerade in den Sinn kommt. Allein aus diesem Blickwinkel betrachtet, ist die Ladenöffnung an Samstagen bis 20 Uhr nicht schlecht. Ob die Premiere tatsächlich „ein wirklich ungetrübter Freudentag“ war, wie Einzelhandels-Sprecher Hubertus Pellengahr auf Bundesebene euphorisch frohlockte, darf getrost in Frage gestellt werden. Denn auch diese Medaille hat zwei Seiten.

So zeitigt die Tatsache, dass mit den seit Monatsbeginn geltenden Öffnungszeiten Geschäfte bis zu 84 Stunden in der Woche ihre Ware feilbieten können, Profiteure – aber auch Verlierer. Zu denen zählen zuerst die Beschäftigten in einer Branche mit härtesten Arbeitsbedingungen – vor allem Frauen: ihr eh eingeschränkter Samstag ist nun völlig kaputt. Und dass die Neuregelung zusätzliche Arbeitsplätze brächte, glaubt nicht einmal Pellengahrs unterfränki-

scher Einzelhandelsgeschäftsführer-Kollege, Peter Collier.
Zudem: Wovor als altmodisch verschrieene Liberalisierungs-Gegner stets warnten, hat der erste 20-Uhr-Samstag einmal mehr bestätigt. Den kleineren und kleinen Geschäften machen immer längere Öffnungszeiten zu schaffen. Diese erhöhen schließlich nicht die Budgets der Familienhaushalte. Es findet lediglich eine Umverteilung statt – hin zu den großen Kaufhäusern. Die Rührstücke in den Zeitungen, dass abermals ein Tante-Emma-Laden schließen muss, werden sich wohl häufen.
Verlierer sind in gewisser Weise auch die Kunden. Oder ist das etwa ein Service, der sich nur Unflexiblen nicht auf Anhieb erschließt: in einem Geschäft einkaufen zu können bis in die Puppen, während man beim Laden daneben vor verschlossener Türe steht? Die Folge ist leicht auszumalen (und gewollt?): Die Besorgungen werden dann halt gleich alle im Großkaufhaus getätigt.
Mag man es auch kaum vermuten, aber so gesehen haben längere Ladenöffnungszeiten und die Agenda 2010 eine Gemeinsamkeit: den Großen ist's recht, die Kleinen müssen bluten. Andererseits ist da auch ein gravierender Widerspruch. Geht doch die Agenda davon aus, dass wir unser überzogenes Anspruchsdenken endlich zurückstutzen müssen. Was ohne Zweifel konterkariert wird, wenn man als Fortschritt bejubelt, samstags noch kurz vor der Tagesschau ein Paar Socken und eine Tube Senf kaufen zu können …

Main-Post Würzburg, 11. Juni 2003

Aufgabe

Befürworten Sie die neuen Ladenöffnungszeiten oder lehnen Sie diese ab?

Lösungsbeispiel

Ich kann Werner Kunz nicht zustimmen, wenn er die neuen Ladenöffnungszeiten so vehement ablehnt.

Selbstverständlich wäre es unseriös, die Nachteile für die Beschäftigten im Einzelhandel zu übersehen. Diese müssen nämlich in vielen Fällen für sie ungünstigere Arbeitszeiten hinnehmen. Die Öffnungszeiten haben sich wochentags um je zwei Stunden verlängert, am Samstag bis zu sechs Stunden. Diese Zeiten müssen abgedeckt werden. Und dies geschieht natürlich in der Regel nicht dadurch, dass man genau für diese Zeit neues Personal einstellt, sondern in großen Betrieben mit einem ausreichenden Personalstamm durch eine Umstrukturierung der Arbeitszeit mittels eines Schichtsystems. Dadurch muss der Angestellte im Einzelhandel unregelmäßige Arbeitszeiten in Kauf nehmen, was gerade für Mütter bzw. Väter eine besondere Schwierigkeit darstellt, da sie gegebenenfalls von Tag zu Tag die Versorgung der Kinder neu organisieren müssen. Mit noch größeren Härten müssen die Beschäftigten in kleineren Betrieben rechnen. Hier gibt es vielleicht keine weiteren Kollegen, von denen die verlängerten Öffnungszeiten abgedeckt werden könnten. Also wird sich der Angestellte häufiger mit den Bitten seines Arbeitgebers konfrontiert sehen, geteilten Dienst oder Überstunden zu machen. In einer Zeit hoher Arbeitslosigkeit wird damit ein massiver Druck auf ihn ausgeübt, muss er doch befürchten, dass sein Chef eventuell den Laden schließen und er ohne Beschäftigung dastehen wird.

Doch nicht nur die Beschäftigten im Einzelhandel beklagen sich über die mit den neuen Ladenöffnungszeiten verbundenen ungünstigeren Arbeitszeiten, auch die Kunden verfallen nicht in euphorischen Jubel. Gerade die Tatsache, dass kleinere Läden aufgrund ihrer Personalsituation ihre Geschäfte nicht länger geöffnet halten können, bringt Verwirrung für den Kunden darüber mit sich, wann welches Geschäft geöffnet hat. Ein Verbraucher, der abends nach 18 Uhr einkaufen will, kann mitunter nicht mehr auf die volle Bandbreite aller Geschäfte zurückgreifen. Passiert ihm dies öfter, und da hat Herr Kunz vermutlich Recht, wird er sicherlich gleich auf das Angebot im Kaufhaus zurückgreifen, in dem er alle seine Einkäufe erledigen kann, und zwar länger und ohne in mehrere Geschäfte zu müssen.

Doch mit Sicherheit wird der Kunde mehr von den neuen Regelungen profitieren, als dass er durch sie Nachteile erfährt. Seine Flexibilität vergrößert sich durch sie nämlich erheblich. Während er vor der Novellierung des Ladenschlussgesetzes nur bis 18 Uhr an Wochentagen und bis 14 Uhr an Samstagen einkaufen konnte, kommen nun sechzehn weitere Stunden hinzu, in denen er Gelegenheit hat, seine Einkäufe zu erledigen. Der Kunde kann damit den täglichen Einkauf flexibler seinem übrigen Tagesplan anpassen, er muss sich den Tagesablauf nicht von möglicherweise für ihn ungünstigen Ladenöffnungszeiten diktieren lassen. Und gerade Berufstätige werden für dieses zusätzliche Angebot wahrscheinlich dankbar sein. Ein Arbeitnehmer, der täglich z. B. von 8 bis 17 Uhr arbeiten muss, konnte vor der Liberalisierung der Ladenöffnungszeiten nur unter Zeitdruck einkaufen. Dieser Stressfaktor ist heute aus der Welt geschafft.

Aber auch Arbeitnehmer im Einzelhandel können an Flexibilität gewinnen, dann nämlich, wenn sie sich mit den neuen Öffnungszeiten aus einem starren Arbeitszeitschema lösen können, in das sie bis dahin eingebunden waren. Möglicherweise profitieren sie von einem Zweischichtbetrieb oder der Möglichkeit, gerade am Samstag verstärkt arbeiten zu können. Das wird immer dann der Fall sein, wenn durch den Schichtdienst, z. B. von 8 bis 14 Uhr, ein beträchtlicher Teil des Tages an Freizeit bleibt, was nicht der Fall war, als man diese Schichtarbeit nicht hatte.

Werner Kunz sieht deshalb meiner Meinung nach die neuen Ladenöffnungszeiten zu einseitig negativ. Er übersieht ihre Vorteile, die für mich überwiegen.
Der Gefahr der Ausbeutung des Arbeitnehmers durch für ihn nachteilige Arbeitszeiten steht in vielen Fällen eine flexiblere Arbeitszeitgestaltung gegenüber. Natürlich hängt es vom Arbeitgeber ab, welche Möglichkeiten er dem Angestellten einräumt. Und damit der Einzelhändler nicht einseitig am längeren Hebel sitzt und immer nur zuungunsten seines Angestellten entscheidet, sind die Gewerkschaften aufgefordert, in den Manteltarifverhandlungen entsprechende Rahmenbedingungen festzuschreiben. Wer zu Schichtdienst verpflichtet wird, dem müssen Lohnzuschläge gewährt werden, wer Überstunden macht, muss Lohn- oder Freizeitausgleich erhalten. Und bei der Verteilung der freien Tage muss der Angestellte mitreden dürfen, damit seine Bedürfnisse berücksichtigt werden. Auch in Zeiten hoher Arbeitslosenzahlen muss sich die Gewerkschaft Verdi auf die Seite ihrer Mitglieder stellen und sie noch deutlicher als sonst dabei unterstützen, Rechte für sich einzufordern.

Und auch dem Kunden sollte das höhere Maß an Flexibilität, das er durch die neuen Ladenöffnungszeiten gewinnt, wichtiger sein als die Tatsache, dass er eventuell manchmal nach 18 Uhr vor einer verschlossenen Ladentür steht. Es findet sich in der Regel auch um diese Zeit ein Geschäft, in dem er kaufen kann, was er gerade benötigt. Allerdings liegt es an den Geschäftsinhabern selbst, diesen Missstand zu beheben und sich dadurch keine Kunden zu vergraulen. Einzelhändler eines bestimmten Einkaufsgebietes könnten sich auf gleiche Öffnungszeiten einigen bzw., wenn dies nicht möglich ist, sollte man die Kunden per Zeitungsanzeige genau über die jeweiligen Öffnungszeiten der Läden informieren, damit sie sich nicht vergeblich auf den Weg machen und dann verärgert reagieren, wenn sie nicht einkaufen können.

Literarische Interpretation

Bei den literarischen Texten, die in der Fachabiturprüfung zu bearbeiten sind, handelt es sich in der Regel um Auszüge aus Romanen oder Dramen, manchmal auch um kurze, abgeschlossene epische Werke, meist Kurzgeschichten. Aufgaben, die im Zusammenhang mit solchen Texten besonders häufig gestellt werden, werden im Folgenden kurz theoretisch erläutert. Praktische Beispiele für eine Lösung finden sich in den „Vorschlägen für eine Lösung" im Anschluss an die jeweiligen Prüfungsaufgaben im zweiten Teil des Bandes.

Fassen Sie den Inhalt (knapp) zusammen: Die Regeln für die Abfassung einer Inhaltsangabe finden sich in jedem Lehrbuch und brauchen hier nicht erläutert zu werden. Wichtig ist, dass man seiner Darstellung zwei Basissätze voranstellt, deren erster die formalen Angaben zum Text enthält und deren zweiter umreißt, worum es im Text geht. Eine knappe Zusammenfassung des Inhalts sollte sich auch wirklich um Knappheit bemühen, d. h., Sie sollten versuchen, die Vorlage in fünf bis sieben Sätzen zusammenzufassen. Die genaue Länge hängt natürlich von der Dichte der Vorlage und den Abstraktionsmöglichkeiten, die sie bietet, ab. Zitate und Belege sollen vermieden werden; stattdessen sind die zentralen Aussagen auf abstrakte Weise in eigenen Worten zu formulieren.

Charakterisieren Sie die Figur X: Die Charakterisierung einer literarischen Figur ist eine sehr häufige Aufgabe im Zusammenhang mit der Interpretation eines epischen oder dramatischen Textes bzw. Textauszugs. Bei Charakterisierungen müssen Sie grundsätzlich darauf achten, der Darstellung einen eigenständigen, sachangemessenen Aufbau zu verleihen und sich nicht einfach am Text entlang zu bewegen. Außerdem geht es nicht darum, das Verhalten der Figur zu beschreiben, sondern aus ihrem Verhalten auf Persönlichkeitseigenschaften zu schließen. Mithin hat die Darstellung im Wesentlichen argumentierenden Charakter, indem Behauptungen über die Persönlichkeit der Figur aufgestellt werden, die dann durch Hinweise auf ihr Verhalten zu begründen und durch geeignete Zitate zu belegen bzw. zu veranschaulichen sind. In der Regel kann man sich beim Grobaufbau an folgendem Schema orientieren: Beruf und gesellschaftliche Stellung der Figur, ihr äußeres Erscheinungsbild, ihre soziale Einbindung (Familie, Freundes- und Bekanntenkreis), ihre Ansichten, ihre Charaktermerkmale, natürlich nur, soweit der Text über die genannten Gesichtspunkte Aufschluss gibt. Eine gute bis sehr gute Arbeit wird sich zusätzlich darum bemühen, die einzelnen Charaktermerkmale nicht isoliert zu behandeln, sondern Zusammenhänge deutlich zu machen.

Untersuchen/Analysieren Sie … (z. B. das Gesprächsverhalten/die Sprache und das Gesprächsverhalten): Die Anweisungen „untersuchen" und „analysieren" werden in der Regel synonym verwendet. Gemeint ist dabei immer die Beschreibung des Gegenstandes durch Abstraktionen, die Suche nach Motiven und Einflussfaktoren und jeweils die Begründung der so getroffenen Feststellungen – die ja zunächst als bloße Behauptungen zu gelten haben – mithilfe der Erläuterung von Handlungselementen.

Untersuchen Sie **Sprache und Gesprächsverhalten der Figuren X und Y:** Wenn das Gesprächsverhalten zu analysieren ist, so gehört dazu zwangsläufig auch die Sprache, sodass es eigentlich überflüssig ist, in der Aufgabenstellung eigens auf die Sprache hinzuweisen. Als Lösung genügt dabei nicht ein bloßes erklärendes Nachzeichnen dessen, was die Figuren äußern oder tun. Bei der Bearbeitung müssen Sie sich also von der Oberfläche der Handlungen lösen und die dahinterliegenden Merkmale des Verhaltens beschreiben. Dies lässt sich durch Abstraktionen (d. h. Zurückführung verschiedener Einzelhandlungen auf ihren gemeinsamen Kern) und – falls möglich – durch das Einteilen des Figurenhandelns in Phasen und die Benennung der Besonderheit einer jeder dieser Phasen bewerkstelligen. Hinzu kommt die Deutung, die in der Regel darin besteht, dass man die Ursachen des Verhaltens bzw. der Verhaltensänderung erklärt. Sie können im Charakter der Figur selbst, in der Situation, in der sie sich befindet, in ihren Absichten oder im Verhalten des Gegenübers liegen. Wenn das Gesprächsverhalten zweier Figuren zu untersuchen ist, die ja miteinander interagieren, so empfiehlt sich, das Verhalten der beiden Figuren getrennt zu behandeln. So entgehen Sie der Gefahr einer unübersichtlichen Darstellung. Im Vergleich zu dieser Gefahr ist das Risiko, dass es bei getrennter Behandlung zu Wiederholungen kommt, von erheblich geringerer Bedeutung.

Beschreiben/Untersuchen/Analysieren Sie **das Verhältnis zwischen Figuren oder einer Figur zur anderen:**
Hier geht es darum, abstrakte Thesen über das Verhältnis aufzustellen und diese mithilfe der Erläuterung von Handlungselementen (z. B. Hinweisen auf das Verhalten der Figuren) zu begründen und die Aussagen dort, wo der genaue Wortlaut besonders anschaulich wirkt, auch durch Textzitate zu belegen.

Deuten/Interpretieren Sie … (meist das Verhalten oder die Verhaltensäußerung einer Figur): Hier sollten Sie das Verhalten als Ausgangspunkt noch einmal knapp beschreiben und dann dieses Verhalten erklären, und zwar mit der Persönlichkeit der Figur und/oder mit den Motiven, die die Figur zu ihrem Verhalten veranlassen, und/oder mit den äußeren Umständen, die ihr Verhalten beeinflussen.

Als dritte Teilaufgabe zu einem literarischen Text wird in der Prüfung häufig – aber nicht immer (!) – eine **Stellungnahme** verlangt, z. B. eine Stellungnahme zum Verhalten einer Figur oder zur Frage, ob das Verhalten auch heute noch vorstellbar wäre, oder zur Aktualität des Problems, das im Text behandelt wird, o. Ä. Die Bearbeitung erfolgt ganz ähnlich wie bei einer Erörterung im Zusammenhang mit Sachtexten. Häufige Formulierungen sind also: Wie beurteilen Sie …? – Wie bewerten Sie …? – Nehmen Sie Stellung zu …
Die Themen sind in aller Regel dialektisch strukturiert. Dabei werden aber im Zusammenhang mit literarischen Texten meist etwas weniger strenge Maßstäbe an den Umfang der Bearbeitung, die ausgewogene Berücksichtigung beider Positionen und die Synthese angelegt, als dies bei der Stellungnahme zu einem Sachtext der Fall ist.

Beachten Sie: Oft sind als Ausgangspunkt einer Darstellung Ausführungen erforderlich, auf die nicht eigens in der Aufgabenstellung hingewiesen wird. Solche Ausführungen müssen Sie aber voranstellen, wenn Sie nicht das Ziel Ihrer Bearbeitung aus den Augen verlieren wollen. Beispiele solcher Aufgabenstellungen sind:

Mit welchen sprachlichen Mitteln wird das Verhältnis zwischen den beiden Figuren deutlich gemacht?
Hier liegt eine unausgesprochene Aufforderung vor, zunächst das Verhältnis zwischen den Figuren zu umreißen, bevor man die Sprachmittel untersuchen kann, die ja auf dieses Verhältnis bezogen werden müssen.

Interpretieren Sie das Verhalten der Figur am Ende des Auszugs.
Bei dieser Aufgabenstellung müssen Sie zuerst über das Verhalten informieren, bevor Sie zu einer Deutung ansetzen können. Zudem ist es auch wichtig für Sie selbst, dass Sie sich zunächst des Gegenstands vergewissern, den Sie deuten, damit Ihre Untersuchung nicht zusammenhanglos in verschiedene Richtungen auseinanderstrebt.

Wie beurteilen Sie das Verhalten der Figur X?
Hier muss als Ausgangspunkt der eigenen Argumentation zunächst das Verhalten der betreffenden Figur knapp zusammengefasst werden.

Neue Ansätze zur Gestaltung der dritten Teilaufgabe

Infolge der Neuerungen bei der schriftlichen Abschlussprüfung (vgl. www.bfbn.de/fileadmin/downloads/Schüler_Eltern/Materialien/Deutsch/kreativeaufgabenstellung.pdf) sind bei allen Texten (Literatur und Sachtext) freiere Aufgabenformen möglich, die zumeist Kreativität in Verbindung mit argumentativen Kompetenzen erfordern. Grundsätzlich sind als Aufgabentypen angedacht:

Schreibanlässe schaffen
(Textproduktion erfolgt aus einer bestimmten Rolle bzw. Textsituation heraus)
- einen begründeten Ratschlag/Lösungsvorschlag formulieren (evtl. anderen Schluss)
- journalistische Textformen verfassen: Leserbrief/Kommentar/Reportage
- einen Tagebucheintrag in angemessener Form verfassen
- Briefe aus Textsituationen heraus schreiben
- eine Beurteilung aus unterschiedlichen Perspektiven von beteiligten Personen vornehmen (evtl. Gegenentwurf)
- einen inneren Monolog an einer bestimmten Stelle der Handlung verfassen

Gestalterische Mittel (evtl. mit Hilfestellung in der Aufgabe)
- Dingsymbole erläutern (z. B in Kurzgeschichten)
- Deutung eines Motivs oder der Metaphorik
- Interpretation der Überschrift
- Wie prägt der Schauplatz/das Milieu eine Figur?*
- Wie prägt die historische Zeit eine Figur?*

Argumentation (in lebensnaher/textnaher Basis)
- Warum ist das Verhalten/die Einstellung einer Figur als nicht mehr zeitgemäß anzusehen?
- Wie würden heutige Jugendliche reagieren?
- Aus welchen Motiven heraus handelt die Figur?*
- Halten Sie die Motivation der Figur für berechtigt?
- Wie erklären Sie sich das Verhalten/die Einstellung oder Wertvorstellungen einer Figur?
- Verfassen Sie zu … einen Beitrag für die Schülerzeitung/den Jahresbericht.

* *Die mit Sternchen gekennzeichneten Aufgabenstellungen sind dann möglich, wenn die Figur nicht schon in Aufgabe Nr. 2 charakterisiert worden ist.*

In den letzten Jahren wurden die neuen Schreibformen auf verschiedene Art und Weise bei den Abschlussprüfungen umgesetzt. So wurde zum Beispiel erwartet, in einem Leserbrief die eigene Meinung argumentativ zu begründen (siehe 2012-1, Aufgabe 1) oder in einem Brief an einen Amtsinhaber ein Konzept überzeugend vorzustellen (siehe 2013-1, Aufgabe 1). Darüber hinaus wurde zur Wahl gestellt, sich in eine fiktive literarische Figur hineinzuversetzen und aus deren Sicht einen Brief oder eine E-Mail an den Protagonisten eines Romanauszugs zu verfassen (siehe 2013-7, Aufgabe 2). 2014 konnten sich die Schüler dafür entscheiden, aus der Perspektive des Protagonisten einer Erzählung einen Brief an eine andere literarische Figur zu schreiben (siehe 2014-9, Aufgabe 2). Ähnliches wurde 2015 zur Wahl gestellt: Man konnte eine E-Mail aus Sicht der Hauptfigur einer Kurzgeschichte an ihren fiktiven Freund verfassen (siehe 2015-8, Aufgabe 2).

Eine besondere Herausforderung stellt bei den neuen Aufgabenarten die sogenannte **gestaltende Interpretation** dar, bei der der Schwerpunkt auf der eigenen Kreativität liegt. Da der eigene Text aber eine (möglichst einfallsreiche, stilsichere und treffsichere) Antwort auf die Vorlage sein soll, muss man die Vorlage auch bei dieser Aufgabenart zuvor verstanden haben. Häufig besteht die Aufgabe darin, ein Textfragment fortzusetzen oder umzuschreiben, vorgegebene Figuren in ein fiktives Gespräch zu verwickeln, sie einen Brief an einen bestimmten Adressaten schreiben, einen Monolog sprechen oder einen Tagebucheintrag verfassen zu lassen. Immer wird dabei erwartet, dass Formen, Problemlage und Personenkonstellation so aufgegriffen und weiterentwickelt werden können, dass das eigene Produkt zum Bezugstext und seinem Setting passt.

Beispiele für die Gestaltung der dritten Teilaufgabe

Es geht uns gut
von Arno Geiger

Vorbemerkung: Arno Geigers Roman erzählt aus dem Leben mehrerer Generationen einer österreichischen Familie und umfasst dabei den Zeitraum von 1938 bis 2001. Der vorliegende Ausschnitt beginnt mit der morgendlichen Begegnung Richards, eines hohen österreichischen Regierungsbeamten, mit seiner neunzehnjährigen und nach der damaligen Rechtslage noch nicht volljährigen Tochter Ingrid im Badezimmer. Am Abend vorher hat es eine Auseinandersetzung zwischen Vater und Tochter über deren Freund Peter gegeben.

Dienstag, 12. Mai 1955

– Ich muß mich sehr über dich wundern. Einer Fünfzehnjährigen würde dein Verhalten besser anstehen als einer Neunzehnjährigen. Daß du dich nicht schämst.

Ingrid nimmt auch dies kommentarlos zur Kenntnis. Sie verkündet Unwohlsein, das fühlt sich wie vorgeschützt an, obwohl ihr wirklich und wahrhaftig (sind das die Nerven?) im Magen flau ist.

– Mir ist nicht gut, sagt sie.

Daraufhin zieht sie sich zurück in ihr Zimmer. Während sie sich dort ankleidet, setzt sie sich mit der Tatsache auseinander, daß sie von niemandem außer Peter für voll genommen wird. Allein beim Gedanken an den vergangenen Fasching steigt eine solche Bitterkeit in ihr auf, daß sie sich am liebsten wieder ins Bett legen würde. Nicht, daß sie ihrem Vater einen Vorwurf macht, weil er von Peter wenig begeistert ist oder weil die Woche am Arlberg an seinem Njet gescheitert ist. Das ist Geschmackssache. Aber daß er sie in ihrer Liebe, die bestimmt nicht nur Oberfläche ist, in keiner Weise ernst nimmt und ihre Gefühle als Getue bezeichnet, dagegen lehnt sie sich auf. Ihr Vater behandelt sie wie ein Kind, dem man sein Spielzeug wegnehmen will, und jetzt, wo die Nachricht von der Verlobung durchgesickert ist, legt er eine Schaufel drauf, weil ihm *diese Dummheit* als ausreichender Beweis erscheint, zu welchen Unüberlegtheiten seine Tochter fähig ist. Präziser: daß sie in ihrer *Vernarrtheit* so weit *überschnappt,* daß sie mit Peter ins Bett geht. Etwas, was natürlich längst geschehen ist, für ihren Vater bislang aber nicht im Bereich des Vorstellbaren lag. Für ihn ist das sechste Gebot das erste Gebot. Es gibt nichts anderes, was eine ähnlich starke Bedrohung seiner Wertvorstellungen darstellt und eine ähnliche Beleidigung seines sozialen Ordnungssinns.

[…]

Sie sitzen zu dritt beim Frühstück, Richard in einem seiner offiziellen Anzüge, er trinkt den Kaffee, indem er jeden Schluck mit einer ruckartigen Kopfbewegung nach hinten wirft. Als ihm Alma eine Semmel anbietet, lehnt er mit Rücksicht auf seinen Zahn ab. Reden hingegen scheint seine Schmerzen zu lindern; kann auch sein, es ist das Gesagte, was die Linderung herbeiführt, während die Schmerztabletten, die er im Bad eingeworfen hat, noch eine Viertelstunde brauchen, bis sie wirken.

– Denn eins will ich nicht unerwähnt lassen: Ich verhandle nicht jahrelang mit den Sowjets[1], damit meine Tochter in der Zwischenzeit den Verstand verliert. Siebzehn Jahre lang haben jetzt andere über uns bestimmt. […] Und jetzt, wo sich die Verhältnisse ein wenig klären und man endlich wieder Herr im eigenen Haus wird, lasse ich mir den Unfrieden nicht von der eigenen Tochter hereintragen.

Er führt die Kaffeetasse zum Mund und nimmt mit bitterer Grimasse einen weiteren Schluck.

– Haben wir uns verstanden?

Nein. [...]

Sie greift sich an den Bauch, eine fast schon reflexartige Bewegung. Das sind jetzt mehr als fünf Wochen. Dann streicht sie Honig auf ihre Semmel, und während ihr Vater weiterredet, über *Flegel* und *Rotzlöffel* (gemeint ist Peter) und über *Strafe muß sein* (das gilt ihr), stellt sie sich die Gewissensfrage, ob sie ihren Vater liebt. Und wenn ja, wie sehr? Gute Frage. Aber wie soll sie jemanden lieben, der sich ihrem Glück in den Weg stellt? Jemanden, der kein Argument gelten läßt, das mit Empfindungen zu tun hat? Weil Empfindungen unzuverlässig sind. Weil die Liebe eine Landplage ist. Einen Analphabeten des Gefühls? (Das hat sie in einem Roman gelesen.) Nichts als Vernunftgründe. Grauenhaft. Grauenhaft. Also Antwort: Nein. Respektieren: Ja. Aber lieben: Nein. Und weiter: Ob dann wenigstens ihre Mutter ihn liebt? Nicht weniger gute Frage. Antwort: Vielleicht. (Es ist also nicht unbedingt auszuschließen.) [...]

Richard läßt sich gerade über die *Ungeklärtheit von Peters wirtschaftlichen Verhältnissen* aus, und daß es viele junge Männer gebe, die durch die Kriegs- und Nachkriegsverhältnisse in ihrer Berufsentwicklung zurückgeworfen wurden. Für um so unverantwortlicher halte er es, einem Mädchen, das sechs Jahre jünger ist, mit Heiratsgedanken das Herz schwer zu machen, wenn man sein Studium seit Jahren nicht weiterbringe und auch sonst nichts vorzuweisen habe außer Schulden.

Ingrid würde gerne dahinterkommen, woher ihrem Vater diese Informationen zufliegen, und weil ihr Vater nicht aufhört, auf Peters geschäftlicher Malaise herumzuhacken, stellt sie sich schützend vor ihren Liebsten (der und kein anderer, sie wird ihn immer):

– Papa, ich weiß wie niemand, daß Peter rackert und sich plagt, um vorwärtszukommen. Es ist ehrliche Arbeit.

– Aber daß ehrliche Arbeit erst dort anfängt, wo sie auch etwas einbringt und nicht nur das Geld anderer kostet, hat sich nicht bis zu euch durchgesprochen, was? Da geht auch dir deine rasche Auffassungsgabe plötzlich ab. Solange diese Spiele[2] nichts einbringen, sind sie windige Unternehmungen, nichts weiter.

– Ja, weil für dich einer geerbt haben muß, damit er etwas anfangen darf. Alle anderen sind Gauner und Nullen.

Alma sagt erinnernd:

– Ingrid –.

– Mama, es ist so ungerecht, daß er sich zwischen zwei Menschen stellt, die sich lieben.

[...] Papas Abneigung ist total mutwillig. Und dann erwartet er auch noch meinen Beifall.

– Ich bin mit Sicherheit nicht mutwilliger als du, nur daß bei dir hinzukommt, daß du in keiner Sekunde dein Gehirn einschaltest.

Man hört von draußen den Dienstwagen ihres Vaters in die Einfahrt biegen, und weil Ingrid jetzt sicher ist, daß das Gespräch nicht mehr lange dauern kann, sagt sie, was ihr als erstes in den Sinn kommt:

– So kannst du Mama in die Tasche stecken. Bei mir funktioniert der Trick nicht.

Richards Hals hinauf schwillt eine Ader und pumpt Blut in seinen schmerzenden Zahn. Er blickt vom Tisch auf, während Ingrids Augen den umgekehrten Weg nehmen, hinunter zu der bestrichenen Honigsemmel; als würde sie sich unter den donnernden Worten ihres Vaters ducken.

– Das ist der Gipfel! So lasse ich nicht mit mir reden! Ich erwarte von dir, daß du dich ins familiäre Regelwerk einfügst, sonst setzt es Konsequenzen! Ist das klar? […] Ich stelle mich nicht länger zur Verfügung, damit du deine Launen befriedigen kannst. Solange du die Beine unter meinem Tisch hast, tust du gefälligst, was ich sage. Haben wir uns verstanden?

Ingrid starrt ihn an, die Zähne fest aufeinandergebissen. Viel fehlt nicht, und sie würde die Blumenvase an die Wand werfen oder vom Tisch aufstehen und einfach weggehen: Fliehkräfte, vergleichbar mit denen am Kettenkarussell im Prater, wirken auf sie ein. Aber noch für mindestens zwei Jahre wird Ingrid von ihrem Vater abhängig sein, den Trumpf kann ihm keiner nehmen, sie weiß, sie sollte es nicht auf die Spitze treiben.

Doch ob ihr Vater besser dran ist als sie? Ob er jemals so geliebt hat wie sie? Sie kann es sich nicht vorstellen, obwohl ihr das leid tut für ihre Mutter.

– Ob wir uns verstanden haben?

– Ja, sagt sie kleinlaut, nicht, weil sie eingeschüchtert ist, sondern in der Erkenntnis, daß ihr Vater alles andere nicht hören würde und daß sie es erst recht nicht zuwege bringt, ihn zu einer anderen Meinung zu bekehren. Somit sieht sie auch keine Möglichkeit, ehrlich und glücklich zugleich zu sein.

– Dann kann ich mich darauf verlassen, daß du mir keine weiteren Dummheiten machst? Sie findet, daß es Ansichtssache ist, was man unter Dummheiten versteht, und so nickt sie, betrachtet dabei das Fensterglas und die dahinter aufragenden Obstbäume, in denen sie in ihrer Kindheit geklettert ist. […] *Dummheiten, Dummheiten.*

– Nun, das ist ja beruhigend.

Richard, gedunsen, rot (seine Backe ist seit gestern noch dicker geworden), zugleich auch erleichtert, daß Ingrid schweigend aus dem Fenster sieht, als wäre da draußen etwas, von dem sie sich ablenken läßt.

– Es ist nur zu deinem Besten.

Versöhnlich, vielleicht in der Hoffnung, er könnte verstanden werden.

– Ich halte es genauso.

Und obwohl sich nicht mit Bestimmtheit sagen läßt, was Ingrid damit meint, ist es Antwort genug.

Richard steht auf, murmelt etwas von *Verhandlungen bis zur Verblödung* und *Kompromisse erzielen*. Alma drückt ihren Mund auf die gesunde Wange, die ihr Richard hinhält. Ingrid folgt dem Beispiel ihrer Mutter. Die gute Tat für heute. Richard holt sich seinen Hut, vergewissert sich vor dem Spiegel, daß der Hut gerade sitzt. Er schreitet zügig, ein wenig ächzend, erschöpft bereits in der Früh, aus dem Haus. Die Wagentür schlägt zu. Als der Wagen abfährt, sagt Alma ohne Zorn und Vorwurf:

– Ingrid. Ingrid. […]

Ingrid stellt das Geschirr in die Abwasch, dabei verspricht sie dem lieben Gott, daß sie sich bessern wird, wenn sie nur bald ihre Tage bekommt […].

Aus: Geiger, Arno: Es geht uns gut. Roman, München und Wien: Hanser 2005, S. 142–152 (für Prüfungszwecke überarbeitet).

1 Der „Staatsvertrag betreffend die Wiederherstellung eines unabhängigen und demokratischen Österreich" wurde am 15. Mai 1955 von Vertretern der USA, der UdSSR, Frankreichs und Großbritanniens und der österreichischen Regierung unterzeichnet.

2 Peter produziert und vertreibt Spiele.

Mögliche Aufgaben

In einer ersten und zweiten Teilaufgabe muss der Inhalt des Romanausschnitts zusammengefasst und anschließend das Verhältnis der Figuren (Ingrid und Richard) zueinander untersucht werden. Bei der dritten Teilaufgabe sind z. B. folgende Fragestellungen denkbar:

Gestalterische Mittel:
- Deuten Sie den Titel. Gehen Sie dabei von den hier vorgefundenen Gefühlszuständen der Personen aus.

Schreibanlass:
- Stellen Sie sich vor, Sie sind Journalist(in) und schreiben eine Reportage über die Situation von Frauen in den fünfziger Jahren. Sie verwenden dazu die vorliegenden Informationen.
- Ingrid schreibt einer Freundin einen Brief, in dem sie sich über den Vater beklagt.
- Richard wird von seinem Chauffeur zur Arbeit gefahren. Was geht ihm durch den Kopf? Verfassen Sie einen inneren Monolog.

Argumentation:
- Könnte man sich heutzutage eine solche familiäre Szene vorstellen?

Lösungsbeispiele

Aufgabe: Ingrid schreibt einer Freundin einen Brief, in dem sie sich über den Vater beklagt.

Schreibanlass: Brief Ingrids an eine Freundin

Liebe Katharina,

heute ist es schon wieder passiert: Papa und ich haben uns furchtbar gestritten und er hat einen Zornanfall bekommen. Wie ein Pascha hat er sich beim Frühstück aufgeführt – so, als wäre ich seine Leibeigene. Ich weiß nicht weiter. Deine Eltern sind so verständnisvoll und zugänglich. Du weißt gar nicht, wie gut du es hast … Da du meine beste Freundin bist, brauche ich dringend Deinen Rat, wie ich mich verhalten soll. Du weißt, wie sehr Peter und ich uns lieben und wie gut wir zusammenpassen, doch Papa sieht nur Peters finanzielle Probleme. Dabei handelt es sich nur um eine Phase, eine Durststrecke – da bin ich mir sicher. Peter fehlte einfach die richtige Frau, die auf ihn aufpasst. Aber Papa, der große Herr Minister, denkt nur ans Renommee. Er kann nicht zugeben, dass er Unrecht hat und völlig altmodische Ansichten von Ehe und Familie. Heute habe ich mich gefragt, ob er Mama jemals geliebt hat. Über Gefühle spricht man nicht. Man gehorcht und schluckt alles runter. Oh, wie ich das hasse! Doch ich lasse nicht zu, dass er sich meiner Liebe in den Weg stellt, da kann er noch so mit Strafe drohen und mich wie ein unreifes Kind behandeln.
Beinahe wäre ich beim Frühstück explodiert, hätte was an die Wand geworfen! Aber ich konnte mich noch beherrschen und hab mich damit getröstet, dass er wieder zu seinen oberwichtigen Verhandlungen muss. Diese ganze Politik ist ihm ohnehin viel wichtiger als Mama und ich es sind. Sogar seine Zahnschmerzen hat er überspielt. Mir soll es recht sein, dass er beschäftigt ist, so kann ich mehr Zeit mit Peter verbringen. Wenn ich nur schon volljährig wäre, hätte Papa nicht mehr über mich zu bestimmen und ich könnte zu Peter ziehen. Oder denkst du, ich kann es jetzt schon wagen? Wie würde Papa wohl reagieren? Ich solle keine Dummheiten machen, hat er gesagt. Wenn der wüsste! Vielleicht habe ich die größte Dummheit schon gemacht. Heute war mir wieder so übel. Wir müssen uns bald sehen! Kannst du mit mir am Samstag ins Kino gehen?

Liebe Grüße

Ingrid

Aufgabe: Richard wird von seinem Chauffeur zur Arbeit gefahren. Was geht ihm durch den Kopf? Verfassen Sie einen inneren Monolog.

Schreibanlass: Innerer Monolog Richards

RICHARD: *(laut zum Chauffeur)* Nun fahren Sie schon, Prohacek, ich bin spät dran. *(bei sich)* Pünktlichkeit ist eine wichtige Tugend, gerade für einen hohen Beamten, gerade wenn es darum geht, für unser Vaterland etwas zu bewirken. Ach, was sag ich denn? Ich habe ja nicht mal meine rebellische Tochter im Griff … Ich erkenne Ingrid nicht wieder. Man will nur das Beste für sie – und was tut sie? Hängt sich an diesen Bummelanten und Spielefritzen. Die Tochter eines Ministers hat Besseres verdient. Aufsässig ist sie – aufsässig und unverschämt. Wir haben sie zu sehr verzogen. Sie spielt die Prinzessin, für die keine Regeln gelten. Im Leben gelten immer Regeln und Prinzipien und Werte. Immer! Ach, dieser verfluchte Zahn … *(laut)* Können Sie nicht Gas geben, Prohacek? *(bei sich)* Doch ich werde ihr zeigen, was es heißt, Achtung vor den Eltern zu haben, den Eltern, die sie aufgezogen und behütet haben, die auf so viel verzichtet haben. Hätte sie eine Familie durch die Kriegszeit bringen müssen, würde sie nicht ihre vorlaute Klappe so weit aufreißen. Stattdessen liest sie Kitschromane und hält das, was da von Liebe geschrieben steht, für real. Das dumme Kind. Sagt sie doch glatt, ich würde Mutter – wie sagte sie? – „in die Tasche stecken"! Ihr geht es noch viel zu gut. Ich werde ganz andere Saiten aufziehen. Diesen Peter soll sie sich mal aus dem Kopf schlagen. Sie wird mir noch dankbar sein. Au … ich darf mich nicht aufregen … der Zahn pocht, dass mir ganz schwarz vor Augen wird. Und ich muss doch einen freien Kopf für die Politik haben … das endlose Gerede. Man opfert sich auf. Und die eigene Familie fällt einem in den Rücken.

Aufgabe: Könnte man sich heutzutage eine solche familiäre Szene vorstellen?

Argumentation

Der Auszug aus Arno Geigers Roman spielt im Jahr 1955, also in der Nachkriegsgesellschaft, in der noch sehr starre Konventionen und eine autoritäre Denkweise vorherrschten. Das Eltern-Kind-Verhältnis beruhte vor allem auf Unterordnung und Gehorsam seitens der Kinder. Ingrid begehrt gegen die dominante Position ihres Vaters auf, der sich aber nicht auf Diskussionen einlässt und ihr vorschreiben will, wen sie lieben soll. Zu einem wirklichen kommunikativen Austausch und damit einer Verständigung kommt es nicht, da einerseits Richard keine Widerworte duldet und andererseits Ingrid trotzig auf ihrem Standpunkt beharrt. Wäre eine vergleichbare familiäre Szene heute denkbar?
Auf der einen Seite scheint die Szene in Richards Familie weit weg zu sein von der Gegenwart. Richard pocht auf die Einhaltung des „familiäre[n] Regelwerk[s]" (Z. 84) und verlangt autoritär, dass seine Tochter gehorcht, „solange [sie] die Beine unter [s]einem Tisch" (Z. 86) hat. Heute prägt dagegen eine liberalere Pädagogik die Erziehung, oft begegnen sich Eltern und Kinder auf einer eher freundschaftlichen Ebene. Man legt mehr Wert auf klärende Gespräche und zwingt den Kindern nicht Vorschriften auf, ohne ihren Sinn klarzumachen.
Auf der anderen Seite kommt es zu Generationskonflikten unabhängig von Ort und Zeit. Richards Vorwürfe, dass er sich sehr über seine Tochter wundern müsse (vgl. Z. 2 f.) und dass sie „in keiner Sekunde [ihr] Gehirn" (Z. 74) einschalte, könnten so oder so ähnlich auch in heutigen Auseinandersetzungen zwischen Eltern und Kind laut werden. Eltern glauben zu wissen, was das Beste für ihre Kinder ist, während diese versuchen, sich zu emanzipieren, und dabei ihre Grenzen austesten. Dieser Ablösungsprozess von den Eltern ist notwendig und oft mit Streit verbunden. Gerade wenn es um die Frage geht, wer der rechte Freund für die Tochter (bzw. Freundin für den Sohn) ist, differieren die Meinungen häufig.

Auch der Verlauf des Wortgefechts zwischen Richard und Ingrid folgt einem zeitunabhängigen Muster. Der Vater macht Vorhaltungen, auf die die Tochter gar nicht oder nur trotzig antwortet, was seine Wut steigert. Vermutlich weiß jeder der beiden, dass er überreagiert und die ganze Sache noch schlimmer macht – immerhin gelobt Ingrid insgeheim, sich zu bessern (vgl. Z. 121 f.) –, aber keinem gelingt es, die Situation zu deeskalieren und ein versöhnliches Wort zu sprechen. Dieser kommunikative Teufelskreis findet sich heute noch bei familiären Konflikten.
Auch wenn heutige Eltern sich vermutlich in der Regel bemühen, ihren Kindern mehr Freiraum zuzugestehen, als dies bei Richard und Ingrid der Fall ist, wird es immer Konflikte geben über den Umgang mit Freunden oder beim familiären Zusammenleben. Aufgrund ihrer größeren Lebenserfahrung schätzen Eltern Sachverhalte anders ein als ihre Kinder, doch müssen sie diesen zugestehen, selbst Erfahrungen zu sammeln, auch wenn diese negativ ausfallen. Allerdings suchen Kinder heutzutage meist schon früher als Ingrid die Auseinandersetzung. Mit 19 Jahren haben sie sich in der Regel bereits abgenabelt und gelten auch vor dem Gesetz als volljährig, wohingegen in den 1950er-Jahren Kinder erst mit 21 mündig wurden.

Bayern – FOS · BOS 12: Fachabiturprüfung 2009 – Deutsch
1. Analyse eines Sachtextes

Aufgaben:

a) Geben Sie Inhalt und Aufbau des Textes wieder.

b) Nehmen Sie kritisch Stellung zu der in Zeile 11 wiedergegebenen Aussage, wonach elektronische Bildschirmmedien dumm machen.

Verzettelt im Netz
Klicken, googeln, raubkopieren: Die Onlinewelt verändert unsere Sprache und unser Denken. Werden am Ende nicht mehr wir den Computer beherrschen – sondern er uns?
von Evelyn Finger

Alltag an der Alma Mater. Bevor die Vorlesung beginnt, haben die Studenten schon ihre Laptops aufgeklappt, und wenn der Professor zu reden beginnt, sind sie schon über den unieigenen Router[1] ins Netz verschwunden: E-Mails checken, Blogs schreiben, Verabredungen treffen. Schnell ein Buch bei Amazon ordern! Mal sehen, was auf eBay gerade für meine alte Comicsammlung geboten wird! Das leise Klicken der Tastaturen ist wie ein akustischer Vorhang, durch den die Worte des Dozenten nur undeutlich an die Ohren der Studenten dringen, und der leuchtende Bildschirm ist wie eine Firewall, die komplexeren Lehrstoff abblockt. Kann man Hegels Phänomenologie des Geistes begreifen, während man sich auf StudiVZ tummelt? Hilft es, während eines Hegel-Seminars den Hegel-Eintrag in der Wikipedia zu lesen?

„Elektronische Bildschirmmedien machen dumm“, hat Deutschlands bekanntester Hirnforscher Manfred Spitzer, Ordinarius für Psychiatrie in Ulm, schon Mitte der neunziger Jahre prophezeit. Er wies nach, dass bei kleinen Kindern die Bildschirmwahrnehmung als Ersatz von Wirklichkeitswahrnehmung eine mangelnde Formung des Geistes bewirkt, dass bei Jugendlichen das dauernde Surfen im Internet das Sozialverhalten beeinflusst und dass bei Computerspielern aller Altersstufen Gewaltszenarien „negative Bahnungseffekte“ sowohl auf das Denken als auch auf das Handeln haben.

Den Einflüssen der digitalen Kommunikation unterliegt auch Spitzer selbst. Er reagiert auf unsere elektronisch gesendete Bitte um ein Interview mit dem Hinweis, sein „Alltag mit E-Mails“ sei „ziemlich schrecklich“, darüber könne man „am WE“ mal reden. Er schreibt „WE“ statt Wochenende und schickt „beste Grüße vom mediengestressten Professor“. Seinen Namen kürzt er ab: „Ihr ms“.

„Was heißt mediengestresst?“, fragen wir ihn am WE […]. „Morgens im Büro sofort den Computer anzuschalten und erst abends wieder aus“, sagt Spitzer. „Automatisch ins Postfach zu schauen und dort hängenzubleiben. Hundert E-Mails täglich zu bekommen.“ […]

Natürlich schätzt Spitzer die neuen Möglichkeiten der Literatursuche im Netz, des Archivierens auf der Festplatte, des direkten Kontakts zu Kollegen in aller Welt. „Außerdem erlauben Computernetzwerke uns Vorhersagen über das menschliche Hirn, weil sie Verknüpfungen herstellen, an die wir nie gedacht hätten. Und dann schauen wir im Hirn nach und finden sie.“ […]

Am meisten empört ihn momentan der Niedergang gelehrter Vortragskultur durch die PowerPoint-Seuche. Denn es komme heute auf eine „interaktive Folienpräsentation“ mehr an als auf ein gutes Referat. Die Studenten, die schicke Websites und Onlineslogans gewöhnt sind, erwarten auch von Vorlesungen eine bunte Benutzeroberfläche. Also ziehen die Professoren sich aus dem Internet Tabellen, lösen ihre Vorträge in Stichpunkte auf. „Bei Konferenzen sieht man die intelligentesten Kollegen mit dem Laserpointer unter den Wörtern entlangfahren wie Schulanfänger, die noch mit dem Zeigefinger lesen", schimpft Vielschreiber Spitzer.

Auch Julia Semmer, Fachdidaktikerin am Institut für Anglistik der Universität Halle-Wittenberg, beklagt Defizite bei der neuen internetversierten Generation von Studenten. „Die Studenten tun sich immer schwerer mit dem Schreiben zusammenhängender Klausuren", sagt sie. „Konditioniert auf das Herumsurfen im Netz, stoppeln sie sich per Copy-and-paste[2] zwar Texte zusammen, durchdenken aber nur mühsam eine komplexe Aufgabe." Seriöse Internetseiten zur Literaturgeschichte können diese Studenten oft nicht von Fan-Webpages unterscheiden, dafür sind sie Experten im Finden von Onlinedissertationen. Semmer hat für solche Mangelerscheinungen ein englisches Wort, das so ähnlich klingt wie illiterat und den neuen Analphabetismus im Internetzeitalter bezeichnet: „computerliterate".

Doch was ist mit den Vorteilen der Digitalisierung unseres Denkens, die in populärwissenschaftlichen Artikeln gefeiert werden: dass frühes Computerspielen Kinder intelligenter mache oder dass das Internet die Lesefähigkeit trainiere? Um hier zu harten Forschungsergebnissen zu kommen, hat Spitzer 2004 in Ulm das „Transferzentrum für Neurowissenschaften und Lernen" [ZNL] gegründet. Konfrontiert man den Direktor des ZNL mit der These namhafter Medienpädagogen, Computerspiele trainierten die Auge-Hand-Koordination, fällt der sonst so bedachtsam formulierende Forscher einem wütend ins Wort: „Blödsinn! Das trainiert man weitaus besser beim Tischtennis. Gelesen wird im Internet auch nicht wirklich, mehr geklickt, geguckt, raubkopiert." Und was ist mit strategischem Denken, Reaktionsvermögen, Aufmerksamkeit? „Diese sogenannten Medienpädagogen reden fast alle Stuss, weil sie von Softwarekonzernen finanziert werden. Aufmerksamkeit beispielsweise wird vom Computer insofern beeinflusst, als der Nutzer sich auf alle Elemente des Bildschirms gleichzeitig zu konzentrieren lernt. Das führt aber zur Defokussierung. Wer noch keine Aufmerksamkeitsstörung hat, kann sich mit Hilfe eines Ego-Shooters[3] schnell eine antrainieren." […]

Leider fehlen umfassende Studien zum Einfluss des Internets auf unser Denken, was auch daran liegt, dass das Internet sich schneller als alle Medien zuvor in der gesamten Gesellschaft durchgesetzt hat. Analysten haben vorgerechnet, dass das Radio fast 40 Jahre brauchte, um weltweit 50 Millionen Nutzer zu erreichen, der Fernseher 13 Jahre, der PC sogar 16, das Internet jedoch weniger als fünf. Heute finden Forscher keine repräsentativen internetfernen Bevölkerungsgruppen mehr, die sich mit internetkompetenten vergleichen ließen. Immerhin hat die neuere Hirnforschung bestätigt, was medienkritische Linguisten schon Ende der Achtziger befürchteten: dass unsere Sprache schludriger wird und unsere Denkprozesse sich fragmentieren, dass nicht wir den Computer beherrschen, sondern er uns.

Wissen ist Macht, Information nicht, hat der britische Psychologe David Lewis 1996 gesagt. Zu viel Information führe zu Informationsstress, der das Denken lähme, die Entschlusskraft behindere, ja körperliche Krankheiten hervorrufe. Wird die Universität der Zukunft also von kränklichen, denkschwachen Akademikern bevölkert sein? […]

Aus: ZEIT Internet spezial, 15. Mai 2008 (für Prüfungszwecke überarbeitet)

1 Router: Geräte, die mehrere Rechnernetze im Bereich Computer/Internet koppeln und trennen

2 Copy-and-paste: kopieren und einfügen

3 Ego-Shooter: Computerspiele, bei denen die Darstellung einer Spielerwelt durch die Augen eines Spielercharakters, also aus der Ich-Perspektive erfolgt und der Spielverlauf geprägt ist durch den Kampf mit Schusswaffen

Lösungsvorschlag

Aufgabe a: Inhalt und Aufbau des Textes

Hinweis: *Alternativ zur hier vorgeführten Inhaltsangabe in Thesenform ist natürlich auch eine Lösung in Form einer strukturierten Inhaltsangabe möglich.*

In dem Kommentar *Verzettelt im Netz*, der am 15. Mai 2008 in der Extrabeilage *ZEIT Internet spezial* erschienen ist, wägt Evelyn Finger das Für und Wider der Computernutzung ab, wobei sich die Autorin der Gegenposition anschließt.

I. Evelyn Finger weist mit einem Beispiel aus dem Hochschulbereich kritisch auf die Ausmaße der gegenwärtigen Computernutzung hin. (Z. 1–10)
   1. Während der Vorlesungen surfen Studenten mit ihren Laptops häufig im Internet.
   2. Die Konzentration auf die Lerninhalte tritt in den Hintergrund.

II. Die Autorin führt Auswirkungen des gesteigerten Computereinsatzes an. (Z. 11–48)
   1. Übermäßige Computernutzung wirkt sich bei Menschen negativ auf die Wahrnehmung und das Verhalten aus.
   2. Die permanente Erreichbarkeit via E-Mail kann zu Stress führen.
   3. Das wissenschaftliche Arbeiten wird durch Computernutzung vereinfacht.
   4. Durch die Untersuchung von Computernetzwerken und deren Vergleich mit Arbeitsweisen des Gehirns können Gehirnfunktionen entschlüsselt werden.
   5. Referenten konzentrieren sich bei wissenschaftlichen Vorträgen inzwischen so sehr auf die effektvolle Nutzung moderner Medien, dass häufig Inhalt und Rhetorik zu kurz kommen.
   6. Die Fähigkeit von Studenten, eigenständig Texte zu verfassen, geht verloren, weil sie häufig Textpassagen aus verschiedenen Seiten lediglich zusammenkopieren.
   7. Die Studierenden gehen unkritisch mit den Informationen aus dem Internet um, da sie diese nicht richtig einordnen beziehungsweise bewerten können.

III. Sie widerlegt die angeblich positiven Einflüsse des Computers auf die Entwicklung von Kindern. (Z. 49–63)
   1. Am förderlichsten sind immer Lernsituationen ohne Computereinsatz.
   2. Intensive Computernutzung kann eher negative Effekte auf die Entwicklung haben.

IV. Die Kommentatorin warnt vor der womöglich verheerenden langfristigen Wechselwirkung zwischen Internetnutzung und menschlichem Denken. (Z. 64–77)
   1. Wirklich gesicherte Vergleichsuntersuchungen zwischen Internetnutzern und internetfernen Personen gibt es zu dem Thema aufgrund der schnellen weltweiten Ausbreitung des Internets nicht, weswegen Prognosen dazu durchaus spekulativ sind.
   2. Viele negative Voraussagen über den Einfluss des Internets auf unser Denken haben sich allerdings erfüllt.

Aufgabe b: Stellungnahme

Hinweis: *Die Fragestellung erfordert ein dialektisches Vorgehen. Dabei müssen Sie darauf achten, dass Sie die konkrete Themafrage nicht aus dem Blick verlieren. So geht es nicht um die Vor- und Nachteile elektronischer Bildschirmmedien, sondern um deren Auswirkungen auf unsere Intelligenz.*

In dem Kommentar *Verzettelt im Netz*, der am 15. Mai 2008 in der Extrabeilage *ZEIT Internet spezial* erschienen ist, zitiert Evelyn Finger Deutschlands berühmtesten Hirnforscher Manfred Spitzer, der vor einigen Jahren behauptet hat, dass elektronische Bildschirmmedien dumm machen. Ob diese Aussage in ihrer Radikalität tatsächlich berechtigt ist und elektronische

Bildschirmmedien wirklich einen negativen Einfluss auf unsere geistige Entwicklung haben, soll im Folgenden erörtert werden.

Auf der einen Seite ist die These Spitzers bestimmt zu hart formuliert: Man kann elektronischen Bildschirmmedien sicher positive Auswirkungen auf das Wissen des Menschen zuschreiben, denkt man nur an die vielfältigen Formen des **computergestützten Lernens**. So kann beispielsweise bei einem Schüler das Lernverhalten durch sogenannte Lernspiele verbessert werden: Es ist immerhin allgemein bekannt, dass der spielerische Umgang mit dem Lernstoff nicht nur die Lust am Lernen steigert, sondern das Gehirn die Informationen besser verarbeitet und langfristig abspeichert. Diese Spiele sind auch längst kein Geheimtipp mehr. Seit Medienpädagogen ihren Wert erkannt haben, erfreuen sie sich wachsender Beliebtheit.

Wenn es um die positiven Effekte der heutigen Informationstechnologie auf unsere Intelligenz geht, ist auf jeden Fall auch auf die Internetbibliothek „Wikipedia" hinzuweisen. Noch nie zuvor ist es in der Geschichte der Menschheit ähnlich **einfach** gewesen, **an Informationen** aus verschiedensten Themenbereichen **zu gelangen**. Viele Schüler und Studenten greifen inzwischen nahezu selbstverständlich für Hausaufgaben oder Referate auf diese Seite zurück und ersparen sich so teils mühsame und langwierige Bibliotheksbesuche. Aber auch bei vielen Fragen, die sich einem im Alltag aufdrängen, bietet das Internet schnelle und passende Antworten.

Folglich kann man also durchaus sagen, dass elektronische Bildschirmmedien – und zwar hier konkret der Computer mittels Lernprogrammen und Internet – nicht dumm machen, sondern helfen können, Wissen im Sinn von Faktenkenntnis zu vermehren. Also ist die These von Spitzer generell sicher nicht haltbar.

Auf der anderen Seite hat der Professor für Psychiatrie aber auch nicht ganz Unrecht, wenn er elektronischen Bildschirmmedien einen negativen Einfluss auf unsere Intelligenz zuschreibt. Immerhin kann die Nutzung des Internets dazu verführen, **sich nicht mehr intensiv genug mit Inhalten auseinanderzusetzen**. Viele Informationen sind schon aufbereitet und mit ein paar Tasten- und Mausklicks präsentationsfähig. So breitet sich unter Schülern der Trend aus, sich etwa bei der Vorbereitung auf ein Referat entsprechende Inhalte aus Wikipedia oder sogar spezialisierten Referatsseiten zusammenzustückeln. Was für gravierende Folgen dieser Hang zum Plagiatismus langfristig für die intellektuelle Entwicklung hat, führt Evelyn Finger in ihrem Kommentar aus: Sie lässt eine Fachdidaktikerin mit ihrer Klage zu Wort kommen, wonach heutige Studierende oftmals kaum noch in der Lage seien, zusammenhängende Texte zu verfassen beziehungsweise mit gesunder Kritik- und Urteilsfähigkeit an zu lösende Probleme heranzugehen. Anhand dieser belegten Defizite lässt sich aufzeigen, dass man Spitzers These durchaus auch zustimmen kann. Elektronische Bildschirmmedien können also tatsächlich dumm machen.

Dass die Aussage des Psychiatrieprofessors nachvollziehbar ist, wird auch mit Blick auf das deutsche **Fernsehprogramm** klar. Jeden Nachmittag kann man unzählige seichte Serien, Talkshows oder Verkaufssendungen verfolgen, die dem Zuschauer die schrägsten und schrillsten Inhalte darbieten. Ob nun bei Oliver Geißen zum wiederholten Mal über sexuelle Vorlieben geplaudert wird, bei Angelika Kallwass sich wieder einmal herausstellt, dass das vermeintlich eigene Kind in Wirklichkeit aus einem Seitensprung stammt, oder aber auf einem der unzähligen Shoppingkanäle gerade die neueste Staubsaugerinnovation zum absoluten Schnäppchenpreis angepriesen wird – all das illustriert, dass zumindest ein Teil des Fernsehprogramms bei vielen nicht zur Bildung beiträgt. Anstelle sich mit Literatur, Politik oder anderen wesentlichen Themen auseinanderzusetzen, wird man aufgrund dieses Programms fast zwangsläufig geistig träge.

Aber auch **Computerspiele** können, wie im Kommentar erwähnt wird, das Sozialverhalten und das Erleben negativ beeinflussen und damit in einem weiteren Sinn tatsächlich dumm machen. Die Problematik der Ego-Shooter ist allgemein bekannt: Die exzessive **Gewalt**, die in der Ich-Perspektive erlebt wird, kann emotional abstumpfen und die Hemmschwelle sinken lassen. Hat man erst einmal in der virtuellen Welt auf bestialische Weise getötet, so kann sich angestaute Aggressivität vielleicht auch im realen Leben auf ähnliche Weise entladen. Aber man muss noch nicht einmal an so extreme Formen von Spielen denken, um sich beispielhaft Schädigungen klarzumachen. Schon die auf den ersten Blick harmloseren Onlinespiele stellen eine nicht zu ignorierende Gefahr dar: Sinn dieser Spiele ist es, sich virtuell mit Gegnern aus aller Welt zu treffen. Macht man sich nun bewusst, wie zeitintensiv diese Zusammenkünfte sind, wird schnell ersichtlich, dass soziale Kontakte leiden werden. Im Extremfall schotten sich Jugendliche von der Außenwelt ab, um sich voll und ganz dem Wettkampf im Cyberspace widmen zu können. Das Leben mit anderen Menschen, der Versuch, mit ihnen zurechtkommen, wird dabei bestimmt nicht trainiert und vorhandene **soziale Fähigkeiten verkümmern** oder bilden sich gar nicht erst aus. Diese beiden Beispiele illustrieren, dass Computerspiele Auswirkungen auf das Sozialverhalten und damit auf die soziale Intelligenz haben. Insofern ist die These Spitzers nicht völlig von der Hand zu weisen.

Wenn man nun **abschließend das Für und Wider** der Auswirkungen elektronischer Bildschirmmedien abwägt, kann man sagen, dass sie sicher nützlich sind, aber eben auch Schattenseiten haben. Um nicht den negativen Einflüssen zu unterliegen, ist es sinnvoll, dass schon **Kinder zu einem verantwortungsvollen Umgang mit diesen Medien erzogen werden**. Sie müssen lernen, welchen Gefahren sie ausgesetzt sein können, aber auch, wie sie diese Medien effektiv für Lernprozesse einsetzen können. Neben dem Elternhaus ist das eine Aufgabe für die Schule. Grundlegend ist zweifelsohne, dass Kinder ein Gespür für das richtige Maß der Nutzungsdauer vermittelt bekommen. Nur so kann ein verantwortungsvoller Medienkonsument heranwachsen, der nicht langsam, aber stetig vor dem Bildschirm verdummt – um die Formulierung von Spitzer noch einmal aufzugreifen – sondern der sich mithilfe der neuen technischen Möglichkeiten tatsächlich bildet und weiterentwickelt.

Aufgaben:

a) Stellen Sie den Text kurz vor. Gehen Sie dabei auch auf Textsorte, Thema und Kernaussage ein.

b) Untersuchen Sie, wie der Autor das Verhalten von Anbietern und Verbrauchern in der Vorweihnachtszeit darstellt und wie er dies sprachlich zum Ausdruck bringt.

c) *Zu bearbeiten ist eine der folgenden Aufgaben:*

Viele Waren und Dienstleistungen, die bisher saisonal angeboten wurden, sind inzwischen ganzjährig verfügbar. Wie bewerten Sie diese Entwicklung?

oder

Diskutieren Sie die Macht des Verbrauchers in der sich wandelnden Konsumwelt.

Auf die Plätzchen, fertig, los!
Der Advent beginnt mit dem Herbstanfang – Verbraucherschützer finden das nicht mehr feierlich
von Titus Arnu

Ja, ist denn heut schon Weihnachten? Kaum ist man aus dem Sommerurlaub zurück, begrüßen einen diese widerlichen winterlichen Konsumterrorzwerge im Supermarkt. Unter der Verkaufsbezeichnung „Hohlfigur" unterwandert der Weihnachtsmann von September an die Läden und verschanzt sich hinter Wänden aus Dominosteinen und Lebkuchen. Jährlich werden in Deutschland fast 100 Millionen Schoko-Weihnachtsmänner hergestellt. Ein Rekord, der nur vom Osterhasen übertroffen wird. Dessen Saison beginnt kurz nach Neujahr, nachdem die Silvester-Produkte abgeräumt sind.

Die Kuschelrock-Radiosender schalten Ende September vom offiziellen Sommerhit (dieses Jahr: „Hips don't lie" von Shakira) auf Advent um und gehen dazu über, ihre Hörer systematisch mit „Last Christmas" von George Michael zu quälen. Mobilfunkanbieter preisen vom Frühherbst an Weihnachts-Sonderpakete an, die sich nur durch die feierliche Umverpackung von Sommerpaketen oder Urlaubspaketen unterscheiden. Irgendwie beschleicht einen im Alltag das Gefühl, dass die ganze Zeit Weihnachten, Ostern und Geburtstag ist, und zwar gleichzeitig.

In der Obst- und Gemüseabteilung eines durchschnittlichen Supermarktes ist überhaupt keine Jahreszeit mehr zu erkennen. Saisonfrüchte sind nicht mehr zu finden. Das ganze Jahr über liegen Trauben, Erdbeeren und Orangen bereit.

Noch vor 20 Jahren gab es frische Tomaten nur im Hochsommer, mittlerweile werden sie selbst im Februar angeboten. Dank ausgefeilter Kühlungsstrategien und aufwendiger Transporte gibt es Sommerfrüchte im Winter und Winterfrüchte im Sommer zu kaufen. „Der Anbau von Gemüse und Obst zum Beispiel in Spanien führt zu einem immensen Wasserverbrauch – das ist ökologisch bedenklich", sagt Matthias Wolfschmidt, stellvertretender Geschäftsführer der Verbraucherorganisation Foodwatch.

Äpfel aus Neuseeland, Trauben aus Südafrika und Avocados aus Israel – das kommt vielen Verbrauchern unsinnig und unökologisch vor. Wie die Ökobilanz der importierten Früchte tatsächlich ausfällt, ist fraglich. „Der Neuseeland-Apfel ist nicht zwangsläufig schlechter als der Bioapfel aus der Region", sagt Matthias Wolfschmidt von Foodwatch.

Wenn Obst in großen Mengen importiert werde, könne der Treibstoffverbrauch pro Apfel geringer sein als beim Bioapfel aus der Region.

Andererseits wollen die Verbraucher auch eine möglichst reichhaltige Palette frischer Früchte, möglichst auch im Winter. „Das Angebot wird immer größer, neue Liefergebiete kommen dazu und die Ansprüche der Konsumenten steigen“, hat Thomas Mosimann festgestellt, Professor am Geografischen Institut der Universität Hannover, der ein Forschungsprojekt zum Thema „Südfrüchte im Winter“ betreut hat.

Die Jahreszeiten verschwimmen nicht nur beim Einkaufen, auch das Freizeitverhalten löst sich von äußeren Einflüssen wie dem Wetter. In Deutschland kann man im Sommer Skifahren und im Winter unter Palmen baden. In der Skihalle Neuss finden Winterfans laut Eigenwerbung „optimale Schneebedingungen bei konstant erfrischenden –4 Grad Celsius“. Das überdachte Wintersportgebiet wirbt mit dem Versprechen „365 Tage Piste, Party, Pulverschnee“. Wer sich im tiefsten Winter bei –4 Grad Celsius nach schwüler Luft sehnt, kann sich den Sommer einfach kaufen – für 18,50 Euro pro Tag im Spaßbad.

Im Pseudo-Paradies „Tropical Islands“ etwa, einer gigantischen Sommersimulation 60 Kilometer südlich von Berlin, herrschen ganzjährig 25 Grad. Die Sehnsucht der Deutschen nach Sonne ist groß, etwa zwölf Millionen Menschen legen sich regelmäßig auf die Brutzelbank. Nach Angaben des Verbandes Solarien und Besonnung lag der Umsatz in den Sonnenstudios im vergangenen Jahr bei einer Milliarde Euro.

Weitaus mehr Geld, so hofft der Einzelhandel, soll der auf September vorgezogene Advent bringen. Aber gegen den Weihnachtswahnsinn regt sich mittlerweile organisierter Protest. Verbraucherschützer kritisieren alle Jahre wieder, dass es neben der letzten Grillkohle schon Spekulatius gibt. Mechthild Winkelmann von der Verbraucherzentrale NRW meint, dass das Angebot erst die Nachfrage erzeugt: „Wenn Kinder beim Einkaufen über Dominosteine stolpern, wollen sie die dann auch haben.“

Statt Kaufwut kann sich beim Konsumenten aber eine Art Weihnachtswischiwaschi einstellen, eine Wurstigkeit, die der Konjunktur eher schadet als nützt. Wenn alles immer und überall verfügbar ist, ist einem bald auch alles egal.

Die Mehrheit der Deutschen lehnt einer Umfrage zufolge den Verkauf von Weihnachtsartikeln im September ab. 80 Prozent von 1 004 Befragten wollen nicht zum Herbstbeginn Lebkuchen und Schoko-Nikoläuse in den Regalen sehen, heißt es in einer Emnid-Umfrage. 45 Prozent der Deutschen erwarten Weihnachtsprodukte dann, wenn man sie gebrauchen kann: frühestens am 1. Advent.

Aus: Süddeutsche Zeitung vom 25. September 2006 (für Prüfungszwecke überarbeitet)

Lösungsvorschlag

Aufgabe a: Strukturierte Inhaltsangabe

Hinweis: *Neben den formalen Angaben mit Kernthema müssen die wesentlichen Aussagen des Kommentars von Ihnen pointiert und mit eigenen Worten zusammengefasst werden.*

In dem Kommentar *Auf die Plätzchen, fertig, los!*, der am 25. September 2006 in der *Süddeutschen Zeitung* erschienen ist, zeigt Titus Arnu kritisch auf, dass das Konsum- und Freizeitverhalten vom Markt und seinen Angeboten beeinflusst wird.

So macht er dem Leser bewusst, wie christliche Feste durch vermeintliche Werbeschnäppchen und eine sehr frühe Umstellung auf das betreffende Supermarkt-Sortiment von Anbietern funktionalisiert werden, um Kunden zum Kauf anzuregen und so die eigenen Gewinne zu erhöhen.

Auch die Tatsache, dass das Angebot von Lebensmitteln wie Obst und Gemüse nicht mehr an deren ursprüngliche Saison gebunden ist, sondern immer zu kaufen ist, führt dazu, dass die Kunden sich an diesen neuen Luxus der ständigen Verfügbarkeit gewöhnt haben und vielfach nicht mehr darauf verzichten wollen.

Die Freizeitgestaltung wird ebenfalls in vielen Fällen durch die moderne Technik saisonal unabhängig, da z. B. künstlich entsprechende Witterungsverhältnisse erzeugt werden können.

Aufgabe b: Untersuchung der sprachlichen Gestaltung

Hinweis: *Sie müssen nicht alle rhetorischen Mittel benennen. Beschränken Sie sich in Ihrer Untersuchung lieber auf zentrale Stilmittel und erklären Sie diese im Hinblick auf ihre Wirkung gründlich. Achten Sie darauf, korrekt zu zitieren!*

Anbieter verschiedener Waren setzen Weihnachten manipulativ ein, um Kunden zum Kauf anzuregen. Schon der **ironisch** gemeinte Titel „Auf die Plätzchen, fertig, los!“ lässt an einen Countdown denken, mit dem der Handel die nächste Verkaufsaktion einläutet.

Die Beeinflussung der Kunden mittels Werbung kennt dabei schier keine Grenzen. So wird durch bloßen Etikettenwechsel aus einem „Weihnachts-Sonderpaket“ (Z. 11) ein „Sommerpaket“ oder ein „Urlaubspaket“ (Z. 12) beziehungsweise umgekehrt. Durch die **Wiederholung** des Wortbestandteils „Paket“ in der Kombination mit der **spöttischen Formulierung** „feierliche Umverpackung“ (Z. 11 f.) enttarnt Arnu das an sich betrügerische Tun der Händler, die bei gleichem Inhalt lediglich neue klangvolle Werbestrategien einsetzen, um dem Kunden vorzugaukeln, er erwerbe gerade ein saisonales Schnäppchen.

Der Kunde erliegt den Werbestrategien der Händler – „Weihnachten, Ostern und Geburtstag“ (Z. 13 f.) werden für ihn „Alltag“ (Z. 13). Mit dieser **Akkumulation** wird klar, dass der Käufer quasi keine Gelegenheit hat, sich dem Konsumzwang zu entziehen – schon deswegen nicht, da diese Trias werbetechnisch nahezu „gleichzeitig“ (Z. 14) intensiv auf ihn einwirkt: Der Markt suggeriert, dass es ständig etwas zu feiern gibt, und somit steht der Verbraucher auch ständig unter Kaufzwang. Durch den **Nachtrag** „und zwar gleichzeitig“ in Zeile 14 ist dieser besonders betont und die Unterlegenheit des Käufers wird angesichts der dreifachen Übermacht syntaktisch unterstrichen.

Diese Unterlegenheit kommt auch in dem **Neologismus** „Konsumterrorzwerge“ (Z. 2), mit dem die Schokoladenweihnachtsmänner in den Läden **karikiert** werden, zum Ausdruck. Der Autor entfremdet zum einen das klassische, etwas kitschige Bild von friedlichen Zwergen und zum anderen das des weißbärtigen Weihnachtsmanns, indem er diese „Hohlfigur[en]“ (Z. 3) als kleine Monster darstellt, die die Kunden auf aggressive Weise zum Kauf bewegen sollen, dem diese sich dann nur schwer entziehen können. Die Feinde nämlich, die „sich hinter Wänden aus Dominosteinen und Lebkuchen [verschanzt]“ (Z. 4 f.) haben und durch diese **Kriegsmetaphorik** noch stärker und unbezwingbarer erscheinen, tragen letztlich den Sieg davon. Um den ursprünglichen Sinn des Festes geht es also nicht mehr, **metaphorisch** gesehen ist Weihnachten mit seiner Botschaft wie die oben genannten Schokoladenweihnachtsmänner inhaltlich hohl geworden und hat sich zum reinen Werbeevent gewandelt.

Die Verbraucher reagieren auf all diese Machenschaften ambivalent: Die einen lassen sich, wie schon ausgeführt, darauf ein, die anderen üben Protest. Auf das Fazit, wonach der Handel letztlich nur auf Gewinnmaximierung zielt (vgl. Z. 47 f.), folgt – **antithetisch** darauf bezogen – der Hinweis auf den „organisierte[n] Protest“ (Z. 48 f.) der Verbraucher, der **durch empirisches Datenmaterial legitimiert wird** (vgl. Z. 56 ff.). Abgesehen davon, dass religiöse Bräuche und damit Traditionsbewusstsein schwinden und das Fest der Liebe zum sinnentleerten „Weihnachtswahnsinn“ (Z. 48) mutiert, wird in Arnus Kommentar infolge des **negativ konnotierten Neologismus** „Weihnachtswischiwaschi“ (Z. 53) auch auf den finanziellen Schaden für den Handel durch die Übersättigung seitens der Verbraucher hingewiesen (vgl. Z. 55).

Aufgabe c: Stellungnahme

Hinweis: *Bei der „kleinen Stellungnahme“, die im Anschluss an die Sprachanalyse und die Überblicksinformation verlangt wird, werden in der Regel drei Argumentationen, nämlich eine für die Antithese und zwei für die These, sowie eine Synthese zur Abrundung gefordert. In diesem Jahrgang werden zwei Aufgaben zur Wahl gestellt, wobei hier die erste beispielhaft zusammenhängend gelöst und die zweite lediglich skizziert wird.*

Viele Waren und Dienstleistungen, die bisher saisonal angeboten wurden, sind inzwischen ganzjährig verfügbar. Wie bewerten Sie diese Entwicklung?
In dem Kommentar *Auf die Plätzchen, fertig, los!*, der am 25. September 2006 in der *Süddeutschen Zeitung* erschienen ist, geht Titus Arnu darauf ein, dass viele Waren und Dienstleistungen, die ursprünglich nur saisonal angeboten werden konnten, inzwischen ganzjährig verfügbar sind. Im Folgenden soll der Frage nachgegangen werden, ob diese Veränderung im Angebot zu begrüßen ist oder nicht.

Auf der einen Seite gibt es sicher viele Kunden, die den Wegfall saisonaler Beschränkungen positiv bewerten, da er doch ganz entschieden **zur heutigen Lebenskonzeption beiträgt:** Niemand will sich in seiner Lebensführung einschränken lassen, sondern jeder möchte immer über alles unmittelbar verfügen und seine Wünsche auch zeitnah erfüllen. Wie schon der oben genannte Kommentar aufzeigt, kann durch künstlich geschaffene Freizeiteinrichtungen wie Skihallen oder tropische Schwimmbadlandschaften unabhängig von den Jahreszeiten dem persönlichen Erlebnisdrang relativ spontan nachgegeben werden (vgl. Z. 35 ff.). Aber auch mit Blick auf den viel näheren unmittelbaren Alltag ist das Argument einsichtig. So findet man zum Beispiel im Supermarkt ein buntes Sortiment an verschiedensten Früchten und Gemüsesorten, wobei die meisten ganzjährig zu haben sind. Arnu weist in diesem Zusammengang auf die besseren Transportmöglichkeiten hin, die diese Vielfalt erst ermöglichen (vgl. Z. 24 ff.). Inzwischen haben sich viele Kunden und Verbraucher schon so sehr an diesen Freizeit- und Einkaufskomfort gewöhnt, dass sie nicht mehr darauf verzichten wollen und diesen Luxus als selbstverständlich ansehen.

Auf der anderen Seite jedoch muss der Trend, sich immer mehr von den natürlichen jahreszeitlichen Vorgaben zu lösen, aber durchaus kritisch gesehen werden, da die **Umwelt belastet** wird. Wie viel Energie etwa zum Unterhalt einer künstlichen Skihalle im Hochsommer benötigt wird, mag man sich gar nicht vorstellen. Dass viele Obst- und Gemüsearten nun das ganze Jahr hindurch bei uns zu erhalten sind, ist ohne ein gesteigertes Maß an Düngemittel und lange und Energie verbrauchende Transportwege nicht möglich. Es darf daran gezweifelt werden, dass dies angesichts der sich zuspitzenden Klimakatastrophe und der Notwendigkeit, verantwortungsvoll und sparsam mit den Ressourcen der Erde umzugehen, ethisch vertretbar ist.

Wenn man Kritik an der Aufhebung des jahreszeitlichen Angebots übt, muss man unbedingt auch auf den damit verbundenen **Traditionsverlust** hinweisen. Titus Arnu beanstandet in seinem Kommentar beispielsweise, dass für die Händler das Weihnachtsgeschäft immer früher beginnt und dafür typische Produkte schon ab September angeboten werden (vgl. Z. 3 ff.). Ähnlich verfrühte Umstellungen des Sortiments sind auch bei anderen Festen zu beobachten. Damit verlieren diese feierlichen Höhepunkte des Jahres jedoch ihren Zauber und ihre Anziehungskraft. Ob die Vorfreude auf Heiligabend sich wirklich von Anfang September bis zum 24. Dezember aufrechterhalten lässt, ist fraglich. Durch die Übersättigung, die sich in dem viermonatigen Weihnachtstrubel bei vielen einstellt, verwandeln sich die Feiertage zum lang ersehnten Abschluss einer werbemäßigen Dauerberieselung. Es ist klar, dass mit so negativen Gefühlen dem eigentlichen Sinn der Feste nicht hinreichend nachgespürt wird und Traditionen sich auflösen. Also ist die Kritik am gegenwärtigen, saisonal unabhängigen Angebot und Konsumverhalten durchaus berechtigt.

Wägt man nun beide Seiten ab, überwiegen die Argumente, die gegen die momentane Entwicklung sprechen, die jahreszeitlichen Bindungen im Handel aufzuheben beziehungsweise zu umgehen. Zwar wollen viele nicht auf den Luxus verzichten, sich im tiefsten Winter in tropischen Badelandschaften zu vergnügen, oder Tomaten, Bananen und andere jahreszeitliche Produkte ganzjährig zu erwerben, doch werden diese Dinge dann häufig nicht mehr als besonders wertvoll empfunden; die Vorfreude bleibt auf der Strecke. Gerade in der Vorweihnachtszeit wird das besonders bei Kindern offensichtlich.

Da der Handel wohl kaum dazu zu bewegen sein wird, seine Praxis bzw. seine Angebote zu ändern, muss der Käufer selbst an sich halten und mit seinem Konsumverhalten dafür sorgen, dass die Umwelt nicht sinnlos zerstört wird und Traditionen nicht verloren gehen.

Diskutieren Sie die Macht des Verbrauchers in der sich wandelnden Konsumwelt.

Einleitung:
In dem Kommentar *Auf die Plätzchen, fertig, los!*, der am 25. September 2006 in der *Süddeutschen Zeitung* erschienen ist, kritisiert Titus Arnu, dass sich das Angebot seitens der Händler und Dienstleister gewandelt hat. Das Konsum- und Freizeitverhalten löst sich dabei immer mehr von ursprünglichen jahreszeitlichen Vorgaben und führt unter anderem dazu, dass Traditionen nicht mehr gepflegt werden. Im Folgenden soll der Frage nachgegangen werden, ob der Verbraucher positiv auf diese sich wandelnde Konsumwelt Einfluss nehmen kann.

Hauptteil:

- Mögliche Argumente für die Macht des Verbrauchers:
  - Da das Angebot letztlich durch die Nachfrage reguliert wird, kann der Verbraucher mit seinem Kaufverhalten auf die Händler und deren Sortiment Einfluss nehmen, indem er bestimmte Produkte nicht mehr kauft.
  - Der Verbraucher kann sich, um seine Interessen nachhaltiger durchzusetzen, mit Gleichgesinnten zusammenschließen. Durch solche Lobbygruppen wie etwa der Verbraucherschutzverbände kann Einfluss auf die Wirtschaft genommen werden, indem Forderungen an große Unternehmen gestellt oder Presseinitiativen gestartet werden.
- Mögliche Argumente gegen die Macht des Verbrauchers:
  - Der Verbraucher wird von den Händlern geschickt manipuliert und so zum Kauf angereizt. Er kann den trügerischen Werbeversprechen oftmals nur schwer widerstehen.
  - Der einzelne Verbraucher kann mit seinem Widerstand nichts ausrichten. Erst wenn bei vielen Menschen ein Umdenken einsetzt, erscheint ein wirklich effektives Vorgehen gegen den Handel möglich. Ob ein solch generelles Umdenken einsetzt, ist jedoch zu bezweifeln.

Synthese:
Der Verbraucher kann zwar versuchen, auf die Marktentwicklung Einfluss zu nehmen, doch ist er auf die Solidarisierung mit anderen angewiesen, um dabei erfolgreich zu sein.

Aufgaben:

a) Fassen Sie den Inhalt des Romanauszugs zusammen. Achten Sie auf die unterschiedlichen Zeitebenen.

b) Charakterisieren Sie Maria. Gehen Sie auch auf ihre Beziehung zu Richard ein.

c) Welche Gründe für Richards Haltung lassen sich im Text erkennen?

Benno Hurt (geb. 1941): **Eine deutsche Meisterschaft** (2006)

Vorbemerkung:
Benno Hurts Roman erzählt die Geschichte einer westdeutschen Familie. Der folgende Auszug beginnt in der Zeit nach dem Zweiten Weltkrieg und besteht aus den Reflexionen Marias, der Frau Richards und Mutter der gemeinsamen Kinder Dagmar, Dietmar und Christian. Richard ist ein weiteres Mal arbeitslos geworden.

Maria nahm das lindgrüne Gedeck aus dem Büfett, sie stellte es auf den Frühstückstisch, ihrem Gedeck gegenüber. Dagmar, Dietmar und Christian hatten die Wohnung verlassen; die Acht-Uhr-Nachrichten waren gesprochen; aus dem Radio klang Schlagermusik. Ein Montag begann. Ein Montag, an dem Richard nicht mehr zur Arbeit ging. Sie saß in der Küche. Er lag im Schlafzimmer. Sie bräuchte nur über den Flur zu gehen und eine Tür aufzumachen. Vor ihrer eigenen Schlafzimmertür stünde sie, ihre Hand würde sie heben, um anzuklopfen, bevor sie einträte, an das Bett träte, in dem er lag, auf der dem Fenster zugewandten Seite; Schlaf würde er vortäuschen, den er tatsächlich kaum gefunden hatte, diese Nacht von Sonntag auf Montag; was ihr nicht entgangen war. Schlaf hatten sie sich vorgetäuscht, beide.

Mit einer Täuschung hatte die Woche angefangen; mit einer Täuschung würde sich die Woche fortsetzen. Mit einer Täuschung betäubte man sich. Sie könnte keinen Gedanken fassen, der sich auf die Zeit richtete, die nun vor ihr lag, als Ehefrau, als die Mutter von Dagmar, Dietmar und Christ. Getäuscht und betäubt käme sie an die Zukunft ihrer Familie nicht heran. Hatte sie eine Zukunft, ihre Familie?

Was sie erlebte, hatte sie schon einmal erlebt. Alles würde sich wiederholen. Nur die Stimme ihres Bruders, an den sie lange nicht mehr gedacht hatte, würde sich nicht wiederholen. Ihr Bruder, der mit gedämpfter Stimme auf ihre Schwägerin einsprach, seine Frau, am Fenster des Schlafzimmers, er nahe an ihr, ohne sie zu berühren; ein Kochtopf, mit dem die Schwägerin ins Schlafzimmer geeilt war, als sie und Richard gerade die Wohnung betraten – unangemeldet, auf Stippvisite zum Abschluß dieses ersten Kriegsjahres –, der schwarze Kochtopf stand zwischen Schrank und Doppelbett, der Deckel verrutscht, so daß der heiße Silvesterpunsch dampfend aufstieg in die kalte Luft des Schlafzimmers, das nicht geheizt wurde. Richard saß schon in der Küche seines Schwagers; sie selbst war noch im Flur, wo an einem der Kleiderhaken steif die Uniformjacke ihres Bruders hing, als hätte sie die Erstarrung angenommen, die ihr Bruder annahm, sobald er in seine Kriegsgarderobe aus festem Tuch schlüpfte, Haltung nahm er an, sogleich. Ihr Bruder, er nahm alles an, was ihm die Zeit anbot; Richard, der kein Gespür zu haben schien für den Wandel der Zeit, schlug alle Angebote aus, die ihm gemacht wurden in den ersten Jahren dieser gewandelten Zeit, in der er immerhin schon eine Geschäftsstelle leitete, eine kleine Einheit aus drei Personen in einer kleinen Behörde. Sie als Hausfrau zu Hause spürte die Angebote, die der Behördenleiter ihrem jungen Mann machte, der ihn ermuntern wollte, auch außerhalb der Behördenräume sein Wort an Personen zu richten; und sie war sich sicher, daß es am Ende schon sehr bald mehr als drei Personen wären, die auf das Wort ihres Mannes zu hören hätten im Amt.

Rechts von der Uniformjacke befand sich der Garderobenspiegel. Sie legte ihren Hut neben die Dienstmütze ihres Bruders auf die Ablage; im Spiegel durch die halboffene Schlafzimmertür sah sie […] die Schwägerin am Fenster, den blonden Kranz ihres geflochtenen Haars am Hinterkopf; ihr Bruder, der seine Frau etwas verdeckte, wie er sich zu ihr hinabbeugte, wie er es nicht wagte, sie zu berühren, sie, die sich von ihm abgewandt hatte und abweisend aus einem Fenster hinausblickte, die auf nichts anderes blicken konnte als auf Schnee in dieser Silvesternacht […], frisch gefallene[n] Schnee vor einem Haus, das ihnen gehörte; auf Heimaturlaub, ihr Bruder […], der Lehrer. Richard war als Arbeitsloser in diesen Krieg hineingezogen worden, in den es den Lehrer stolz trieb, als einen Teil der „Bewegung", während es Richard herumtrieb in ihrer Zweizimmerwohnung, die zu klein geworden war für Dagmar, Dietmar, für sie und für ihn, ruhelos, ohne Arbeit, ohne Verdienst. Dann wurde er eingezogen und bekam eine Chance, sich verdient zu machen. Beschwichtigend redete ihr Bruder auf die Schwägerin ein, der blonde Kranz am Hinterkopf bewegte sich hin und her, als sie den Kopf schüttelte. […]

Im Grunde genommen gehörte [Richard] nicht zur Familie. Es war der Tisch ihres Bruders, an dem er saß. An einen fremden Tisch hatte er sich gesetzt, der festlich gedeckt war, auf einem flachen Teller stand der Suppenteller, das silberne Besteck mit dem Augsburger Fadenmuster exakt ausgerichtet zu beiden Seiten der Teller auf der weißen Leinentischdecke, in die grüne Tannenzweige gestickt waren. Ein Tannenzweig zierte auch den braunen Rahmen an der Wand, aus dem Adolf Hitler finster auf die weißen Teller herabsah […]. Bedrückte sie dieses Bild, weil es aussah wie ein Sterbebild? Oder bedrückte es sie, daß er vor den zwei Gedecken saß und gut gelaunt mit den Fingerknöcheln der rechten Hand den flotten Rhythmus eines Liedes trommelte und dabei erwartungsfroh auf den Küchenherd sah, wo ein anderer Topf stand, aus dem es auch dampfte, Suppendampf? Kartoffelsuppe mit getrockneten Steinpilzen duftete in der Küche, Punsch duftete im Schlafzimmer. Im Flur, wo sie sich aufhielt, kamen die Düfte zusammen. In ihrem Kopf kam alles zusammen. Sie [hörte] auf die Stimme der Schwägerin […]; nicht in Schlafzimmerlautstärke sprach sie, in Zimmerlautstärke drang es heraus auf den Flur: Für diesen Arbeitslosen koche ich keine Suppe!

Sie wandte sich vom Spiegel ab, eilte zu ihm in die Küche, setzte sich lächelnd zu ihm an den Tisch. Er griff nach ihrer Hand, sie senkte den Blick: Seine Hand, seine starke Hand, die Hand eines arbeitslosen Mannes ruhte auf ihrer Hand; ihre kraftlose Hand ergab sich dem schweren Gewicht seiner Hand; grüne Tannenzweige in der Tischdecke rahmten das Bild übereinanderliegender Hände.

Es blieb bei zwei Tellern. Zwei Ehepaare sahen betreten in zwei leere Suppenteller. Die Schwägerin stand auf und schob den Topf von der heißen Platte, damit die Kartoffelsuppe nicht überkochte. Irgendwann rückte sie den fremden Stuhl, auf dem sie saß, und erhob sich. Richard erhob sich. Ein gutes Neues!

Sie verließen dieses Haus. Wie friedlich, wie freundlich das Haus ihres Bruders in der Kreuzgasse aussah, im Laternenlicht, im Schnee, der in den letzten Stunden des Kriegsjahres 1939 gefallen war. Sie hakte sich bei ihm unter. Sie weinte, als sie seinen starken Arm spürte. Was nicht auffiel in dieser Silvesternacht, die kalt war und windig, so daß es einem die Tränen in die Augen trieb.

Das Bild an der Küchenwand ihres Bruders, die gleiche Photographie war [Richard] zum Verhängnis geworden, im März des zu Ende gegangenen Jahres.

Der Behördenleiter, der einen Narren an seinem jungen Geschäftsstellenleiter gefressen hatte, wünschte, daß er die gerahmte Photographie hinter Glas in seinem Büro aufhängte.

Da stand die Slowakei schon unter dem „Schutz“ des Deutschen Reiches. Da waren die deutschen Truppen schon einmarschiert. Alle Zeichen standen auf Sturm. Ihr Bruder, der Lehrer, sprach zu ihr, seiner Schwester, wie zu seinen Schulkindern, Deutschland ist reich und weit und tief, von unserer Demut sprach er, von der tapferen Erfüllung sich daraus ergebender Pflichten. Eine Bewegung erfaßte alle, die deutsche Blume, den deutschen Baum, in deutscher Erde, in deutschem Boden, die deutsche Heimat. Ob Krieg oder Frieden, der Ruf der Heimat schwieg nie. Nur er schwieg in dieser Heimat, in der die Rufe immer lauter erschallten; nur er bewegte sich nicht von der Stelle, in dieser Heimat, die sich aufgemacht hatte, ihren Lebensraum zu erweitern. 1937 trat er aus dieser Partei aus, der er als aktives Mitglied nie angehört hatte. Er sprach mit ihr nicht darüber. Was ging es sie an? Seine Mitgliedschaft war ihr nicht aufgefallen, hatte sich nicht ausgewirkt auf die Familie, nichts war der Familie zugewachsen, was er sich nicht verdient hätte in seiner Behörde.

Er weigerte sich, in seinem Dienstzimmer das Bild an die Wand zu hängen, das damals schon in der Küche ihres Bruders hing. Als Geschäftsstellenleiter wäre ihm keine Perle aus der Krone gefallen, so ein Bild hängt doch in jedem Büro, sagte sie ihm.

Wir leben in einem freien Land, antwortete er damals; einen Satz, den er wiederholte, noch vor wenigen Wochen.

Sie hängten das Bild in seiner Abwesenheit auf. Als er am Montagmorgen das Führerbild auf den Boden warf, wo es zerbrach, war der erste Arbeitstag dieser Woche sein letzter Arbeitstag in diesem Amt gewesen. Seinen Freund, den Behördenleiter, hatte er sich zum Feind gemacht.

Er stand allein da. Sie stand allein da mit Dagmar, Dietmar, mit ihm. In ihrer Zweizimmerwohnung trieb es ihn umher wie in einem Gefängnis. Die Tür ging auf und zu in der Küche, im Kinderzimmer, im Wohnzimmer, in dem Richard und sie nachts schliefen.

Er hatte keine ausgeprägte politische Überzeugung, wie sie die Redakteure der „Mittelbayerischen Nachrichten“ im „Streiflicht“ zum Ausdruck brachten, das sie gelegentlich las. Er schimpfte auf Hitler, wie er später Erhard lobte. Der dicke Mann mit der Zigarre hatte es ihm angetan. Auch er versprach, daß es vorwärtsgehen würde in Deutschland. Ein Versprechen, das er einlöste, auch für Schimpels und Kliemkes; nur ihrer Familie gegenüber stand er im Wort. Der Mann mit der Zigarre ermöglichte Wohlstand für alle. Und dieser Wohlstand war möglich, weil alle nach vorne blickten. Nur [Richard] sah sich um. Er hielt ihnen den Spiegel vor, wie er das nannte. Und das, was sie im Spiegel sahen, machte ihnen angst. […] Auch wenn es stimmte, daß er damals dagegen gewesen war und sie dafür gewesen waren, was spielte das heute noch für eine Rolle? Er verstellte sich mit seinem Blick zurück die Sicht nach vorne. Er stand sich und seiner Familie im Weg. […] Keiner sprach über Hitler, nur er, der dem Führer nicht gefolgt war, kam nicht von ihm los; nur er nahm den Namen des Führers noch in den Mund. Er brachte seine Familie in Gefahr. […]

Sie hatte die Schwägerin und ihren Bruder gemieden nach dieser Silvesternacht. Sie hatte den Bruder nicht mehr besucht in seinem Haus in der Kreuzgasse, wo in der Küche ein Bild an der Wand hing, das sie bedrückt hatte, weil es ein Sterbebild war, wie sie jetzt wußte. Richard hatte das Bild nicht aufgehängt, obwohl ihm keine Perle aus der Krone gefallen wäre.

Aus: Hurt, Benno: Eine deutsche Meisterschaft. Roman, München: dtv 2006 (für Prüfungszwecke überarbeitet).

Lösungsvorschlag

Aufgabe a: Zusammenfassung des Inhalts

Hinweis: *Beachten Sie, dass schon in der Aufgabenstellung auf das Zeitgerüst des Textauszugs verwiesen wird. Eine sorgfältige Lektüre – auch des Vorspanns – ist umso wichtiger, da der Handlungsverlauf nicht chronologisch ist. Falls Sie im Unterricht durchgenommen haben, dass man die Zusammenfassung zu einer nicht chronologisch erzählten Geschichte in zeitlich korrekter Abfolge verfassen darf, können Sie chronologisch vorgehen: Verlust des Arbeitsplatzes, Silvesterabend beim Bruder – Nachkriegszeit – Erinnerung. Hält man sich an die durch den Autor vorgegebene Reihenfolge, ist es sinnvoll, die Gegenwart (Maria in der Küche) von der Vergangenheit so abzugrenzen, dass man nicht ständig zur Wahrung der Vorzeitigkeit das Perfekt verwenden muss. Die folgende Lösung richtet sich nach dem nicht chronologischen Vorgehen des Autors.*

Basissatz:
Ein Auszug des 2006 erschienenen Romans *Eine deutsche Meisterschaft* von Benno Hurt handelt von den Sorgen und Erinnerungen der Hausfrau Maria. Ihr Mann Richard ist während der Vollbeschäftigung unter dem nationalsozialistischen Regime aus mangelndem Opportunismus arbeitslos gewesen und behält auch während der Ära Ludwig Erhards, dem „Vater des Wirtschaftswunders“, seinen Arbeitsplatz nicht, vermutlich wegen seiner Weigerung, die NS-Vergangenheit zu verdrängen.

Inhaltsangabe:
Maria deckt den Tisch für sich und ihren Mann Richard, der seine Stellung verloren hat und den ersten Tag zu Hause bleibt. Die drei Kinder sind bereits zur Schule gegangen. Maria fühlt sich durch die Last erdrückt, die Richards Arbeitslosigkeit für sie und die Familie bedeutet, und zögert, zu Richard, der wie sie in der vergangenen Nacht kaum geschlafen hat, ins Schlafzimmer zu gehen. Die Lage, in der sie sich befinden, ist eine Wiederholung der Situation nach dem ersten Kriegsjahr:

Die Eheleute haben ohne Vorankündigung Marias Bruder zu Silvester besucht. Während sich Richard in der Küche auf das Essen freut, beobachtet Maria im Spiegel im Flur eine Auseinandersetzung ihres Bruders, einem begeisterten Befürworter des NS-Regimes und daher auch Soldat, mit ihrer Schwägerin. Diese weigert sich nämlich, für jemand ohne Arbeit, also für Richard, zu kochen. Angesichts der Uniform des Bruders denkt Maria an die verpasste Chance Richards, sich in seinem Beruf oder als Soldat hervorzutun. Maria setzt sich zu ihrem Mann, sagt aber nichts, sondern nimmt nur seine Hand. Zu viert sitzen die beiden Ehepaare vor zwei leeren Tellern, bis Maria und Richard aufstehen und nach dem obligatorischen Neujahrsgruß das Haus verlassen. Maria empfindet beim Betrachten des brüderlichen Besitzes Sehnsucht nach einem gut situierten Leben und sucht bei Richard Trost, indem sie sich bei ihm unterhakt.

Richard ist Geschäftsstellenleiter in einer Behörde gewesen, bevor er sich geweigert hat, ein Porträt Hitlers in seinem Amtszimmer zu dulden, und dieses, als es von jemand anders aufgehängt worden ist, am Boden zerschmettert hat. Bis 1937, also noch vor dem Krieg, ist er ohne Marias Wissen Mitglied in der NSDAP gewesen, dann aber ausgetreten, weil er auf das Leistungsprinzip und auf freie Meinungsäußerung besteht. Nach dem Krieg konfrontiert Richard alle anderen, die den Nationalsozialismus zu verdrängen versuchen, mit der Vergangenheit und verliert trotz des wirtschaftlichen Aufschwungs, das der von Richard geschätzte Ludwig Ehrhard angestoßen hat, erneut seine Arbeit.

Maria denkt an den Bruder, der, wie es scheint, im Krieg gefallen ist und an den sie seit jener Silvesternacht nicht mehr gedacht hat, und wirft Richard in Gedanken vor, nicht im Sinne der Familie gehandelt zu haben.

Aufgabe b: Charakterisierung von Maria

Hinweis: Gehen Sie strukturiert vor (allgemeine Angaben, Äußeres …) und arbeiten Sie nicht am Text entlang. Gehen Sie auf den zweiten Teil der Aufgabe gesondert ein, auch wenn Sie in der Charakteristik schon die Beziehung der Eheleute zur Sprache gebracht haben.

Maria ist **Hausfrau** (vgl. Z. 31), im gesamten Textauszug ist nicht von der Ausübung eines Berufes oder einer Teilzeitarbeit die Rede. Sie hat drei – offensichtlich schulpflichtige – Kinder (vgl. Z. 2), die vor acht Uhr die „Zweizimmerwohnung" „verlassen" müssen (Z. 2 f.). Die Wohnung ist schon damals, als sie erst zwei Kinder gehabt haben „zu klein geworden […] für Dagmar, Dietmar, für sie und für ihn" (Z. 46). Ihr Mann **Richard** war offensichtlich **Beamter**, der im Dritten Reich „eine kleine Einheit [einer Behörde] aus drei Personen" (Z. 30 f.) geleitet hat. Zu der Zeit, als „die Slowakei schon unter dem ‚Schutz' des Deutschen Reiches" (Z. 83) steht, also noch vor Beginn des eigentlichen Krieges, ist er entlassen worden. Und auch nach dem Krieg schafft er es nicht, trotz des wirtschaftlichen Aufschwungs unter Erhard, seine Stelle zu behalten, obwohl er den Wirtschaftsminister „lobt[]" und dieser es ihm „angetan" hat (Z. 110 f.). Da Richard in Marias Augen nicht „nach vorne" blickt wie alle anderen und „ihnen den Spiegel [vorhält]", steht er „sich und seiner Familie im Weg", „bringt sie in Gefahr"; dem **von ihr ersehnten Wohlstand entsagen** zu müssen, stürzt sie in Existenznöte (vgl. Z. 110–121, Z. 16).

Über Marias **Aussehen** wird nur erwähnt, dass sie einen Hut trägt, den sie – vielleicht aus Trotz oder aber stiller Zustimmung – „neben die Dienstmütze ihres Bruders auf die Ablage [legt]" (Z. 36 f.). Sie **bemerkt jede Kleinigkeit im Haus ihres Bruders**, seine steife Uniformjacke (vgl. Z. 25), die ‚arische' Frisur der Schwägerin (vgl. Z. 38 f.), das „silberne Besteck mit dem Augsburger Fadenmuster" (Z. 52 f.) und die „weiße Leinentischdecke" (Z. 53 f.). Die in dieser Zeit obligatorische Fotografie Hitlers hängt in der Küche (vgl. Z. 55). Beim Anblick des „finster[en]" (ebd.) Konterfeis des ‚Führers' denkt sie an Richards Entlassung, an der dieses Bild im Prinzip schuld ist, und fühlt sich „bedrückt" (Z. 55 f. sowie Z. 119 f.), wohl weil es sie Unheil erahnen lässt und sich später als des Bruders „Sterbebild" herausstellt (Z. 56, Z. 124). Für die Annahme, dass ihr Bruder gefallen ist, spricht auch Marias Gedanke, dass seine Stimme sich – anders als die Erfahrung von Richards Arbeitslosigkeit – „nicht wiederholen würde" (Z. 16 ff.).

Als sie das Haus verlässt, das sie nie wieder betreten wird (Z. 122) und das sie als „freundlich" und „friedlich" (Z. 74) empfindet, **weint** sie (vgl. Z. 76). Wohl geht es ihr nicht nur um den Verlust der familiären Bande, sondern auch um die **Zerstörung der Hoffnung auf eine sichere Zukunft**. Maria muss sich nun erneut um die Familie sorgen, fühlt sich **ohnmächtig** angesichts der unsicheren Zukunft, „betäubt" und „getäuscht", vermutlich von Richard oder aber von den Versprechungen Ludwig Erhards, der eigentlich jedem **Wohlstand** versprochen hat, der nun aber wiederum nur **Opportunisten vorbehalten** bleibt (vgl. Z. 11–15, Z. 111–114). Leute wie Richard, der als Einziger „den Namen des Führers noch in den Mund nimmt", sich weigert, die Sünden der NS-Zeit totzuschweigen und somit unbequem wird, haben in der Ära Adenauer, der allen Beamten Amnestie gewährte, keinen Platz.

Es ist zu vermuten, dass Maria nichts dagegen gehabt hätte, wenn Richard sich wie ihr Bruder verhalten hätte, der als Lehrer zu ihr und „seinen Schulkindern […] von der tapferen Erfüllung sich [aus der Demut] ergebender Pflichten" gesprochen hat (Z. 85 ff.). Sie glaubt, dass Richard unter den Nationalsozialisten **Aussicht auf eine Karriere gehabt hätte** (vgl. Z. 31 ff.) und trägt ihm nach, dass er diese nicht wie ihr Bruder genutzt hat (vgl. Z. 27 ff.). Sie wirft ihrem Mann vor, „kein Gespür […] für den Wandel der Zeit" (Z. 28 f.) gehabt zu haben, um ihrer Familie ein besseres Leben zu ermöglichen.

Marias Verhältnis zu Richard ist deshalb **zwiespältig**. Auf der einen Seite unterwirft sie sich ihm, bricht mit ihrem Bruder, erträgt die Armut, sucht Halt bei ihm (vgl. Z. 76). Nonverbal versichert sie Richard ihre **Zuneigung** und ihre **Treue**, aber erst, als er es – ebenfalls ohne

Worte, verlangt: „Er griff nach ihrer Hand, sie senkte den Blick. […] ihre kraftlose Hand ergab sich dem schweren Gewicht seiner Hand“, obwohl diese, „die Hand eines arbeitslosen Mannes“ (Z. 66 ff.) für sie eine Last zu sein scheint. Auch, als er zum zweiten Mal arbeitslos geworden ist, macht sie ihm **keine offenen Vorwürfe**, wagt es nicht, ihn zu wecken, täuscht sogar Schlaf vor und deckt den Frühstückstisch für ihn. Sie würde sogar an die Tür des Schlafzimmers, wo er im Bett liegt und ebenfalls Schlaf simuliert, klopfen, wenn sie noch die Kraft dazu hätte (vgl. Z. 1–7).

Auf der anderen Seite **wirft sie ihm im Stillen vor**, der Familie mit seinem Verhalten zu schaden, ihre Zukunft aufs Spiel zu setzen, sie zu täuschen (vgl. Z. 11 f., 118 ff.). Sie spricht damals sogar aus, was sie denkt, nämlich, dass ihm „keine Perle aus der Krone gefallen“ wäre (Z. 97 f. und Z. 125 f.), wenn er das Bild Hitlers in seinem Amtszimmer geduldet hätte und so zum Mitläufer geworden wäre. Ihre **Erwartungen** in seine Fähigkeiten, genährt durch die „Angebote, die der Behördenleiter ihrem jungen Mann macht[ ]“ (Z. 32), werden **zunichte**, als er Hitler die Gefolgschaft verweigert und darauf besteht, „in einem freien Land“ zu leben (Z. 99). Ihrer Meinung nach „bewegt[ ] er sich nicht von der Stelle“ – weder, als alle von der „Bewegung“ des Nationalsozialismus „erfasst“ werden (Z. 87–90), noch, als alle unter Ludwig Erhard „nach vorne [blicken]“ (Z. 114).

Sie **distanziert sich in Gedanken sogar von ihrem Mann**, der „im Grunde genommen […] nicht zur Familie [gehört]“ (Z. 50). Seinetwegen muss sie auf den Kontakt zum Bruder verzichten, also ohne dessen Hilfe zurechtkommen – „[Richard] stand allein da. Sie stand allein da mit Dagmar, Dietmar, mit ihm.“ (vgl. Z. 105) – und aufgrund des Platzmangels in der Wohnung im Wohnzimmer nächtigen (vgl. Z. 107).

Richard zeigt umgekehrt **kein großes Vertrauen zu Maria**. Möglicherweise hat er keine hohe Meinung von ihr. Er leiht ihr zwar seinen „starken Arm“, sagt ihr aber nicht, dass er in der Partei ist – „was ging es sie an?“ (Z. 92 f.) – und als er am Küchentisch seines Schwagers nach ihrer Hand greift, ergibt sich „ihre kraftlose Hand dem schweren Gewicht seiner [starken] Hand“ (Z. 67 ff.). Die **Rollen** scheinen sehr **konservativ** aufgeteilt: Hier der alles bestimmende Mann, von dem das Wohl und Wehe der Frau und den Kindern abhängt, dort die schwache Frau, die seine Entscheidungen niemals laut in Zweifel zieht, aber unter deren Auswirkungen zu leiden hat.

Auffällig ist, dass beide sich ihre **Gefühle nur nonverbal zeigen** (vgl. Z. 65 ff., 76 f.) und offensichtlich auch nicht in Krisensituationen oder über politische Angelegenheiten miteinander sprechen (vgl. Z. 8 ff., 92 ff., 108 f.). Maria **behält ihre Vorwürfe und Wünsche weitgehend für sich**, Richard scheint im Gegenzug nicht auf die Idee zu kommen, seiner Frau seine Beweggründe näher zu erläutern (vgl. Z. 99 f.). Besonders feinfühlig scheint er nicht zu sein, wirkt geradezu **treuherzig**, als er am Küchentisch seines Schwagers sitzt und „gut gelaunt mit den Fingerknöcheln […] den flotten Rhythmus eines Liedes trommelt[ ] und dabei erwartungsfroh auf den Küchenherd“ sieht (Z. 57 ff.).

Aufgabe c: Gründe für Richards Haltung

Hinweis: *Dies ist keine auf Dialektik zielende Aufgabe. Trotzdem kann man sie so behandeln, da Richards Verhalten einerseits mutig und charakterfest erscheint, andererseits aber naiv und im Hinblick auf seine Familie egoistisch.*

Richard will sich nicht vorschreiben lassen, was er zu denken hat. Er schwimmt nicht mit dem Strom, sondern bleibt **sich selbst treu**. Das geht soweit, dass er sich – und seine **Familie – in höchste Gefahr bringt**, obwohl er eigentlich erkennen müsste, was im Nationalsozialismus Andersdenkenden widerfährt. Er hat Glück, dass er als illoyaler Beamter „nur“ entlassen und nicht verhaftet wird.

Richard besteht darauf, „in einem freien Land“ (Z. 99) zu leben. Das bedeutet, dass er sich **nicht den Mund verbieten lassen will**. Es zeugt aber davon, dass er **störrisch** ist wie ein Kind, und eher aus Trotz als aus Widerstandsgeist handelt. Er ignoriert die Wünsche und Einstellung seiner Frau, **interessiert sich nur für seine eigene Meinung** und überlegt nicht, wie er wirkungsvoller gegen das Regime vorgehen könnte, als seine Abneigung dadurch zu zeigen, indem er aus der NSDAP austritt, auf Hitler schimpft und dessen Gesicht nicht in seinem Büro an der Wand haben will – auch bei Marias Bruder setzt er sich so, dass er es nicht sehen kann, kehrt ihm buchstäblich den Rücken zu.

Nach dem Krieg sieht er nicht ein, wieso nun alle, vor allem die Mitläufer, so tun, als habe es das Dritte Reich nie gegeben. Damit „verstellt[] [er] sich mit seinem Blick zurück die Sicht nach vorne“ (Z. 117 f.). Er hat Recht behalten und nun wird ihm wieder Unrecht getan. Für ihn hat sich nichts geändert. Deshalb **verkriecht** er **sich** in seinem Bett und verschließt sich sogar vor seiner Frau, die im Prinzip die Meinung der anderen teilt und geteilt hat. Offenbar rebelliert sein **Rechtsempfinden** gegen die zweimalige Benachteiligung dafür, dass er sich an gewisse Prinzipien gehalten hat. Allerdings hat seine Reaktion, sich zu isolieren, auch etwas Selbstgerechtes.

Bei all dem nimmt er **keine Rücksicht auf seine Familie**. Auch die beengten Wohnverhältnisse und seine unglückliche Frau scheinen ihn nicht zu stören. Ihre Loyalität ist eine Selbstverständlichkeit für ihn. Das zeigt einen gewissen **Egoismus** und lässt die Folgerung zu, dass er weniger aus Integrität als aus Widerspenstigkeit handelt.

Aufgaben:

a) Fassen Sie den Inhalt der Szene zusammen.

b) Analysieren Sie die Gesprächsentwicklung und zeigen Sie auf, warum die Kommunikation scheitert.

Yasmina Reza (geb. 1959)
Der Gott des Gemetzels (2006)

Personen:

Véronique Houillé	Annette Reille
Michel Houillé	Alain Reille
(Eltern von Bruno)	(Eltern von Ferdinand)

Die Houillés und die Reilles sitzen einander gegenüber. Es sollte sofort erkennbar sein, dass es sich um das Wohnzimmer der Houillés handelt und die beiden Ehepaare sich soeben kennengelernt haben. […]
Zwei große Tulpensträuße in Vasen.
Es herrscht eine ernste, herzliche und tolerante Stimmung.

VÉRONIQUE: Also unsere Stellungnahme … Sie fassen dann Ihre eigene ab … „Am 3. November um 17 Uhr 30 schlug Ferdinand Reille, 11 Jahre, bewaffnet mit einem Stock, nach einer verbalen Auseinandersetzung auf dem Square de l'Aspirant Dunand unserem Sohn Bruno Houillé ins Gesicht. Die Folgen dieser Tat sind neben einer geschwollenen Oberlippe zwei abgebrochene Schneidezähne, beim rechten Schneidezahn einhergehend mit Schädigung des Nervs."

ALAIN: Bewaffnet?

VÉRONIQUE: Bewaffnet? „Bewaffnet" gefällt Ihnen nicht, aha, was sollen wir sagen, Michel, ausgestattet, ausgerüstet, ausgestattet mit einem Stock, ist Ihnen das recht?

ALAIN: Ausgestattet ja.

MICHEL: Ausgestattet mit einem Stock.

VÉRONIQUE: *(korrigiert)* Ausgestattet. […]

Lächelnde Unschlüssigkeit

ANNETTE: Wir sind Ihnen wirklich sehr dankbar für Ihre Großzügigkeit, wir wissen es zu schätzen, dass Sie die Sache beilegen möchten, statt sie zu verschärfen.

VÉRONIQUE: Das ist ja das Mindeste, aber wirklich.

MICHEL: Ja!

ANNETTE: Keineswegs. Wie viele Eltern ergreifen absolut kindisch die Partei ihrer Kinder. Wenn Bruno unserem Ferdinand zwei Zähne ausgeschlagen hätte, würden Alain und ich nicht viel gereizter reagieren? Ich weiß nicht, ob wir so gelassen wären wie Sie.

MICHEL: Aber sicher!

ALAIN: Gar nicht so sicher, sie hat recht.

MICHEL: Doch. Wir alle wissen sehr gut, dass es genauso gut umgekehrt hätte passieren können.

Unschlüssigkeit

VÉRONIQUE: Und was sagt Ferdinand? Wie geht er mit der Situation um?

ANNETTE: Er redet nicht viel. Ich glaube, er ist überfordert.

VÉRONIQUE: Aber ihm ist klar, dass er seinen Klassenkameraden entstellt hat?

ALAIN: Nein. Nein, ihm ist nicht klar, dass er seinen Klassenkameraden entstellt hat.

ANNETTE: Warum sagst du das? Natürlich ist es ihm klar!

ALAIN: Ihm ist klar, dass sein Verhalten brutal war, ihm ist nicht klar, dass er seinen Klassenkameraden entstellt hat.

VÉRONIQUE: Ihnen gefällt das Wort nicht, aber leider ist es das treffende Wort.

ALAIN: Mein Sohn hat Ihren Sohn nicht entstellt.

VÉRONIQUE: Ihr Sohn hat unseren Sohn entstellt. Kommen Sie um fünf wieder und sehen sich seinen Mund und seine Zähne an.

MICHEL: Vorübergehend entstellt.

ALAIN: Sein Mund wird wieder abschwellen, und falls man wegen der Zähne zum besten Zahnarzt gehen muss, bin ich auch bereit, mich an den Kosten …

MICHEL: Dafür gibt es Versicherungen. Wir möchten einfach, dass sich die beiden Jungen wieder vertragen und dass so etwas nicht wieder vorkommt.

[…]

Annette kommt aus dem Bad zurück

ANNETTE: Im Bad ist mir was eingefallen …

VÉRONIQUE: Ja?

ANNETTE: Wir haben vielleicht etwas nicht genug beachtet … Also ich meine …

MICHEL: Sagen Sie ruhig, Annette.

ANNETTE: Eine Beschimpfung ist auch eine Aggression.

MICHEL: Natürlich.

VÉRONIQUE: Kommt ganz darauf an, Michel.

MICHEL: Stimmt, es kommt drauf an.

ANNETTE: Ferdinand war noch nie brutal zu jemandem. Grundlos kann er das nicht getan haben.

ALAIN: Bruno hat ihn eine Petze genannt! […] Wenn mich einer eine Petze nennt, gehe ich auch in die Luft.

MICHEL: Es sei denn, es stimmt. […]

ANNETTE: Sie glauben, mein Sohn ist eine Petze?

MICHEL: Ich glaube gar nichts.

ANNETTE: Wenn Sie gar nichts glauben, dann sagen Sie auch nichts. Lassen Sie Ihre Bemerkungen und Unterstellungen.

VÉRONIQUE: Annette, wir sollten uns nicht aufregen. Michel und ich bemühen uns, Ihnen entgegenzukommen und moderat zu reagieren …

ANNETTE: So moderat auch wieder nicht.

VÉRONIQUE: Ach ja? Warum?

ANNETTE: Oberflächlich gesehen moderat.

[…]

VERONIQUE: Mein Sohn hat zwei Zähne verloren. Zwei Vorderzähne.

ALAIN: Ja, ja, wir haben's kapiert.

VÉRONIQUE: Einen davon für immer.

ALAIN: Er kriegt neue, wir lassen ihm neue einsetzen! Bessere! Ferdinand hat ihm nicht das Trommelfell durchbohrt!

ANNETTE: Es wäre falsch, die Ursache des Problems nicht zu sehen.

VÉRONIQUE: Es gibt keine Ursache. Es gibt einen Elfjährigen, der zugeschlagen hat. Mit einem Stock.

ALAIN: Bewaffnet mit einem Stock.

MICHEL: Wir haben das Wort zurückgezogen.

ALAIN: Sie haben es zurückgezogen, weil wir Einspruch dagegen erhoben haben.

MICHEL: Wir haben es ohne jede Diskussion zurückgezogen.

ALAIN: Ein Wort, das bewusst den Irrtum, die Ungeschicklichkeit ausschließt, ein Wort, das die Kindheit ausschließt.

VÉRONIQUE: Ich glaube, diesen Ton ertrage ich nicht.

[…]

MICHEL: Wir sind alle besten Willens. Alle vier, da bin ich sicher. Warum lassen wir jetzt Irritationen und nutzlose Gereiztheiten die Oberhand gewinnen?…

VÉRONIQUE: Oh, Michel, jetzt reicht's aber! Schluss mit diesen versöhnlichen Tönen. Wenn wir nur oberflächlich moderat sind, bitte, wir können auch anders!

MICHEL: Nein, nein, ich weigere mich, mich auf dieses Niveau zu begeben.

ALAIN: Was für ein Niveau?

MICHEL: Das jämmerliche Niveau, das diese beiden kleinen Idioten uns aufzwingen! So!

[…]

ANNETTE: Meiner Ansicht nach sind beide Seiten irgendwie im Unrecht. Genau. Beide Seiten sind im Unrecht.

VÉRONIQUE: Ist das Ihr Ernst?

ANNETTE: Pardon?

VÉRONIQUE: Denken Sie das wirklich?

ANNETTE: Ich denke es. Ja.

VÉRONIQUE: Unser Sohn Bruno, dem ich heut Nacht zwei Efferalgan mit Kodein geben musste, ist im Unrecht?

ANNETTE: Ganz unschuldig wird er nicht sein.

VÉRONIQUE: Verschwinden Sie! Ich kann Sie nicht mehr sehen! (*nimmt Annettes Handtasche und schleudert sie Richtung Tür)* Raus!

ANNETTE: Meine Handtasche! … (*wie ein kleines Mädchen)* Alain! …

MICHEL: Was ist denn jetzt los? Die sind ja völlig entfesselt.

ANNETTE: (*sammelt den verstreuten Inhalt ihrer Tasche auf)* Alain, Hilfe! …

VÉRONIQUE: Alain, Hilfe!

ANNETTE: Schnauze! …Sie hat mein Puderdöschen zerbrochen! Und meinen Zerstäuber! (*zu Alain)* Verteidige mich, warum verteidigst du mich nicht? …

ALAIN: Wir gehen. […]

VÉRONIQUE: Die tut, als würde ich sie erwürgen!

ANNETTE: Was habe ich Ihnen getan?

VÉRONIQUE: Es sind nicht beide Seiten im Unrecht! Man darf Opfer und Henker nicht verwechseln!

ANNETTE: Henker! […] Bloß weg hier, Alain. Diese Leute sind Ungeheuer! […] Warum lässt du deinen Sohn als Henker bezeichnen? Wir kommen in ihr Haus, um diese Sache zu klären, und dann werden wir beschimpft, angegriffen […], Ferdinand hatte völlig Recht, Ihren Sohn zu schlagen […]!

Aus: Reza, Yasmina: Der Gott des Gemetzels, Aus dem Französischen von Frank Heibert. Libelle Verlag (für Prüfungszwecke überarbeitet)

Lösungsvorschlag

Aufgabe a: Inhaltszusammenfassung

***Hinweis:** Der häufigste **Fehler** bei dieser Aufgabenstellung besteht darin, dass der Dramenauszug **nacherzählt** wird. Verlangt wird vielmehr eine den Originaltext deutlich reduzierende (Umfang) und abstrahierende (Inhalt) Darstellung. Dabei sind folgende Anforderungen zu beachten:*

- ***Kurze** Textvorstellung (→ Überblicksinformation)*

- *Autor*
- *Gattung/Textsorte*
- *Titel/Auszug*
- *Erscheinungsort/-datum und Quelle*
- *Thema*
- *Personal*

– *Zeitstufe: Präsens (Gegenwart)*
– *Keine wörtlichen Zitate → Konjunktiv*
– *Personenkonstellation*
– *Handlungs**skizze***

Bei der Textvorlage handelt es sich um einen Auszug aus dem Drama *Der Gott des Gemetzels* der 1959 geborenen französischen Autorin und Schauspielerin Yasmina Reza. In dem 2006 in Lengwil (Schweiz) veröffentlichten Drama stehen zwei Paare – Véronique und Michel Houillé sowie Annette und Alain Reille – im Zentrum der Handlung. Das Vierpersonenstück zeigt das Scheitern des Versuchs der beiden Ehepaare, einen Konflikt zwischen deren beiden Söhnen Ferdinand und Bruno zivilisiert zu schlichten. Der Textauszug gibt den stark verkürzten Inhalt der Seiten 13, 25–27, 53–56 und 85–87 wieder.

Die Handlung des Stücks spielt im Wohnzimmer der Houillés, die hier zum ersten Mal mit den Eltern des 11-jährigen Ferdinand Reille zusammentreffen, der bei einer Auseinandersetzung dem gleichaltrigen Sohn der Gastgeber zwei Schneidezähne ausgeschlagen hat. Beide Elternpaare zeigen sich zunächst bemüht, den Vorfall zu bagatellisieren, herunterzuspielen. Man versichert sich der gegenseitigen Achtung und Wertschätzung und ist bemüht, tolerant zu sein. Diese Fassade einer bürgerlichen Normalität bekommt aber sehr schnell Risse. Es zeigt sich, dass der Konflikt zwischen den Kindern mehr und mehr das Verhalten der Erwachsenen bestimmt. Erste verbale Missstimmungen eskalieren zum offenen Streit, an dessen Ende pure Aggression steht. Die Autorin setzt mit ihrem Stück Aspekte der modernen Kommunikationstheorie, wie sie z. B. von Paul Watzlawick entwickelt wurde, spielerisch um.

Aufgabe b: Analyse der Gesprächsentwicklung

***Hinweis:** Dieser Aufgabenteil ist relativ komplex. Einerseits geht es um die Analyse des Gesprächsverlaufs, andererseits um das Benennen von Gründen, die letztlich zum Scheitern des Versöhnungsversuchs geführt haben. In beiden Fällen ist der direkte Bezug zum Text erforderlich (Aussage → Textbeleg = Zeilenangabe). Das Gespräch zeigt eine dreiteilige Struktur:*

1	*Achtung gesellschaftlicher Konventionen*	*→ Phase 1 (Zeile 1–41)*
2	*Erste Anzeichen egoistischer Reflexe*	*→ Phase 2 (Zeile 42–66)*
3	*Offene Aggression*	*→ Phase 3 (Zeile 67–116)*

*Analog dazu vollzieht sich das **Scheitern** der Kommunikation:*

Rationale Ausgangssituation

↓ **Toleranz** → Distanz zum Verhalten der Kinder

Aufbrechende Emotionalität

↓ **Egoismus** → Solidarisierung mit dem jeweiligen Kind

Ausbruch des Konflikts

Vorschlag für eine Ausarbeitung:

Phase 1

Das Gespräch beginnt in einer **erzwungen-entspannten Atmosphäre** (vgl. Regieanweisung), was sich am Bemühen der Paare zeigt, die tätliche Auseinandersetzung ihrer Söhne auf eine schon **fast professionell-juristische Ebene** zu verlagern (Z. 1–6). Beide „Parteien" haben sich darauf geeinigt, das Verhalten des Sohnes im Konfliktfall durch eine „Stellungnahme" zu dokumentieren und damit den Anteil des jeweiligen Sohnes am Streit und dessen Folgen zu definieren. Wie im juristischen Alltag wird hier versucht, den **Tatbestand zu differenzieren** und durch eine geeignete Wortwahl zu entschärfen (Z. 6–12). Die dabei auftretenden ersten Unstimmigkeiten können durch den Hinweis auf Toleranz im Umgang miteinander und der gegenseitigen Versicherung von Verständnis für den jeweils anderen Standpunkt vordergründig bereinigt werden (Z. 14 f.). Man ist bemüht, sich keine Blöße zu geben und durch unnötigen Druck auf die andere Partei die eigene Position zu gefährden (Z. 18 f.).

Phase 2

Diese **Fassade bürgerlicher Konvention** bekommt erste ernsthafte **Risse**, als Véronique, Brunos Mutter, den Begriff der körperlichen „Entstellung" und damit indirekt auch die Frage nach der Verantwortung, verbunden mit der Schuldfrage, einbringt (Z. 28). Um den sich daraus ergebenden Vorwurf der Täterschaft abzumildern verweist Annette, Ferdinands Mutter, auf den Aspekt, dass es auch psychische Aggression gibt, wie sie z. B. in der Verbalinjurie „Petze" gegeben ist (Z. 54). Der Versuch, den sich abzeichnenden Konflikt zu vermeiden, scheitert (Z. 61). Die Bereitschaft, „vernünftig" über den Vorfall zu diskutieren, schwindet und gibt der Auseinandersetzung einen neuen, eher unfreundlichen Charakter (Z. 59 und 73). Der am Beginn des Gesprächs erkennbare Wille zur Deeskalation (Z. 14–15), zur Schadensbegrenzung, weicht mehr und mehr der **Polarisierung in eine Täter- und Opfer-Rolle**, die die Paare stellvertretend für ihre Kinder einnehmen (Z. 54).

Phase 3

Verbal vollzieht sich damit eine **Verschärfung des Dialogs**. Veronique betont die Schwere des Vorfalls, Alain nimmt den zu Beginn des Gesprächs fallengelassenen Begriff der „Bewaffnung" wieder auf (Z. 75). Dies führt dazu, dass von der eingangs zwanghaft konstruierten, auf Harmonie bedachten Atmosphäre die letzten Reste beseitigt werden. Wiederum ist es Véronique, die den Willen zur Kooperation aufkündigt (Z. 85). Der **Umschwung vom Rationalen ins Emotionale** zeigt sich in der Verschärfung der Redebeiträge und in der sich nun steigernden Lautstärke (Zahl der Ausrufezeichen ab Zeile 100). Véronique ist es, die den **Übergang zur offenen Aggression** einleitet, indem sie Annettes Handtasche in Richtung Tür schleudert (Regieanweisung in Zeile 100), sie ist es auch, die fordert, „Opfer und Henker nicht [zu] verwechseln" (Z. 111 f.) und darauf besteht, dass „nicht beide Seiten im Unrecht [sind]" (Z. 111). Annette, die den Begriff des „Henkers" auf ihren Sohn bezieht (Z. 114) bricht daraufhin den Versuch, den Streit der Kinder „vernünftig" zu regeln, endgültig ab und solidarisiert sich kompromisslos mit Ferdinand und seiner Tat, die sie mit den Worten „Ferdinand hatte völlig Recht, [Bruno] zu schlagen" (Z. 116 f.) für gerechtfertigt erklärt.

Gründe für das Scheitern der Kommunikation

Hinweis: *In diesem Aufgabenteil geht es darum, aufzuzeigen, warum eine der bürgerlichen Konvention und Norm folgende (vgl. Regieanweisung, Zeile 1–4) Gesprächssituation, deren Ziel der Ausgleich unterschiedlicher Standpunkte ist, trotz der offensichtlichen Bereitschaft der beteiligten Paare (vgl. Zeile 18–25), eine „vernünftige" Lösung zu finden, letztendlich scheitert. Einen möglichen Erklärungsansatz zu dieser Frage bietet die Kommunikationstheorie unter dem Stichwort Konstruktivismus. Darunter versteht man die Annahme (Axiom), dass die menschliche Kommunikation nicht nur dem Informationsaustausch (Umgang mit dem*

Streit der Kinder und dessen Folgen) dient, sondern auch eine Beziehungsseite besitzt, die der Tatsache Rechnung trägt, dass die an der Kommunikation beteiligten Partner in konstruierten, d. h. von in ihnen selbst erdachten Wirklichkeiten leben (vgl. Watzlawick, Paul u. a.: Menschliche Kommunikation. Formen, Störungen, Paradoxien. Bern, Göttingen, Toronto, Seattle [9]1996)

Opfer: Bruno	Kinder	Täter: Ferdinand	→ **Inhalt** (Gewalt)
↓		↓	
Ehepaar Houille	Eltern	Ehepaar Reille	→ Kommunikation (Schlichtung)
↓		↓	
Ankläger	⟺ **Konflikt** ⟺	Verteidiger	→ **Beziehung** (Identifikation)

Den **Inhalt** des Gesprächs zwischen den beiden Ehepaaren bildet ein Streit zwischen deren Söhnen, dessen Konsequenzen nicht diskutierbar sind: Fakt ist, dass Bruno bei einer tätlichen Auseinandersetzung unter Kindern zwei Zähne verloren hat (Z. 5 f.). Aufgabe der Eltern wäre es jetzt eigentlich, die Streitursache zu klären, die Söhne zu beruhigen bzw. auszusöhnen und die Kostenfrage zu regeln. Anfangs scheint dies auch zu gelingen: Das Gespräch findet in einer ruhigen, offensichtlich ausgeglichenen Atmosphäre statt. In dem Maße, wie sich die Paare zunächst latent (Z. 30 f.), dann immer offensichtlicher mit ihren Söhnen identifizieren (Z. 34), bricht die **Beziehungsseite** des Kommunikationsversuchs auf, die Rationalität (Z. 1 ff.) weicht mehr und mehr der Emotionalität (Z. 28 ff.) und manifestiert sich in blanker Aggression (Z. 59 ff.), die über die verbale Ebene hinausgeht (Z. 100). Die zunehmende Gereiztheit spiegelt sich in dem allseitigen Bestreben wider, jedes Wort auf die Goldwaage zu legen (vgl. Z. 54 ff.). Man *will* sich nicht mehr verstehen, sucht gezielt nach Gelegenheiten, dem „feindlichen" Paar zu widersprechen und die Richtigkeit der eigenen Position herauszustellen. Das Gespräch endet in einer Sackgasse, statt des zivilisierten Konversationstons sucht man nun Zuflucht bei archaischeren Verhaltensweisen: Zuletzt schleudert Véronique Annettes Tasche weg, unternimmt somit einen Übergriff auf deren persönlichen Besitz. Damit reagiert sie ähnlich gewalttätig wie Ferdinand, als der ihrem Sohn zwei Zähne ausgeschlagen hat. Ein weiteres gütliches Gespräch verhindert sie, indem sie Ferdinand als „Henker" (Z. 111) bezeichnet. Nach dem anfänglichen Bemühen, die kindliche Untat herunterzuspielen, verfällt Véronique nun ins andere Extrem, indem sie einen völlig überzogenen Vergleich anstellt. Eine „moderate" Lösung des Konflikts ist nun nicht mehr möglich.

Aufgaben:

a) Stellen Sie den Text kurz vor und geben Sie Inhalt und Aufbau des Textes wieder.

b) *Zu bearbeiten ist eine der folgenden Aufgaben:*

Nehmen Sie Stellung zu der Entwicklung, dass immer mehr Menschen Online-Netzwerke nutzen.

oder

Welche Gefahren birgt die Nutzung von Online-Netzwerken für den Datenschutz des Bürgers, und wie könnte der Einzelne eigenverantwortlich einem Missbrauch von Daten begegnen?

Der entblößte Mensch
von Bernd Graff

Die Mitgliederzahlen von Online-Netzwerken können nicht mehr anders als in Staatengröße gedacht werden. In dieser Woche vermeldete die Website Facebook[1], im Februar 2004 als Exklusivzirkel für Harvard-Studenten[2] gegründet, dass sich bei ihr mittlerweile 250 Millionen Nutzer weltweit registriert haben. Das sind zwar noch etwas weniger, als die USA Einwohner haben. Doch bei Zuwachszahlen von 90 000 Neu-Mitgliedern täglich dürfte auch die 300-Millionen-Grenze bald erreicht sein.

Das amerikanische Marktforschungsunternehmen Comscore will ermittelt haben, dass 734 Millionen Menschen in aller Welt ein solches Netzwerk nutzen. Immer häufiger übrigens über ein mobiles Gerät und nicht über stationäre Rechner. Damit wären zwei Drittel der Online-Bevölkerung inzwischen Mitglieder bei geschätzten 2 000 Internet-Netzen, um sich dort gegenseitig zu suchen und zu finden, Interessengruppen zu bilden oder Nachrichten, Bilder und Videos auszutauschen. Kinder tun es, Erwachsene tun es, Alte tun es: Man diskutiert, offenbart sich, sein Leben, seine Meinungen und Neigungen mehr oder weniger unverhohlen.

Inzwischen ist das tägliche Verweilen in einem sozialen Web wie Facebook, MySpace[3], Xing[4], lokalisten.de[5], StudiVZ[6] und wer-kennt-wen.de[7] für Menschen mit Zugang zum Internet so selbstverständlich wie der Gebrauch von Telefonen. Zehn Prozent der gesamten Online-Zeit werden mit dieser Spielart des Web 2.0 verbracht. Kaum ein anderer gemeinsamer Mediengebrauch erreicht sonst noch solche Beteiligungszahlen – die Trauerfeier für Michael Jackson einmal ausgenommen. Und das, obwohl soziale Netzwerke keinen passiven Konsumenten von Programmen kennen, sondern den aktiven Nutzer erwarten, der selbst Beiträge verfasst und viel über sich, seine Meinung und sein Befinden preisgibt.

Genau hier, bei der alltäglichen Publikation individueller Daten, fangen die Probleme an, deren Ausmaß niemand einschätzen kann. Es ist aber schon jetzt erstaunlich, wie viele Informationen aus dem Alltag der Nutzer sich im Netz spiegeln. Noch vermag niemand zu sagen, was aus all den Datensätzen wird, die sich im Laufe von Jahren und Generationen dort ansammeln. Wie also soll die Gesellschaft damit umgehen, dass aus der Kommunikation der Gegenwart irgendwann einmal das Gedächtnis der Alltagskultur geworden sein wird? Ein ziemlich verlässliches zumal, das weder die Bilder noch das Geschwafel der eigenen Jugend vergisst. Eine Archäologie des Netzes und seiner Webinschriften steht aus verständlichen Gründen noch aus. Und so weiß keiner, was einmal aus den milliardenfachen Facebook-Beiträgen in zehn oder gar in fünfzig Jahren werden wird, wo sie lagern, wem sie gehören und für wen sie dann zugänglich sein werden. Wird es den Jugendlichen von heute als Erwachsenen peinlich sein, wenn ihr dummes Zeug, an das sie inbrünstig glauben, in Jahrzehnten noch im Netz abrufbar sein wird? So unverblümt und digitalfrisch wie am ersten Tag?

Massenmedien des letzten Jahrhunderts waren nach dem klassischen Sender-Empfänger-Modell aufgebaut: Eine Publikationszentrale versorgte zwar sehr viele Menschen mit Informationen. Doch das, was hier Kommunikation genannt wurde, verlief immer nur in eine Richtung: Vom Sender zum Empfänger. Die Empfänger ihrerseits besaßen gar nicht die Mittel und folglich nicht die Reichweite, um selber auf Sendung gehen zu können. Wer sich austauschen wollte, besprach sich in unmittelbarer Begegnung mit seinen Freunden, im Einzelgespräch am Telefon oder zeitverzögert per Post. Das ist inzwischen anders: Die sozialen Netze des Internet sind per se Mehrweg-Massenkommunikation. Jeder ist sein eigener Sender mit der Chance, tatsächlich weltweit wahrgenommen zu werden. YouTube-Videos von Unbekannten, die millionenfach angeschaut wurden, belegen das. Und doch gibt es gravierende Unterschiede: Zwar agiert man mutmaßlich in der intimen Öffentlichkeit seiner online versammelten Freunde. Doch wird hier nicht einfach nur Intimes zur Schau gestellt? Das dürfte gerade für Eltern von besonderer Brisanz sein: Deren Kinder lassen sich in Online-Plattformen über Gott, die Welt und die politischen Ansichten des Elternhauses aus. Die Anonymität des Netzes, die Leichtigkeit, mit der dort „Freundschaften“ geschlossen und wie Trophäen gesammelt werden, sorgen außerdem dafür, dass nicht immer klar ist, mit wem der Nachwuchs Umgang pflegt.

Die Bereitschaft auch von Erwachsenen jedenfalls, sich dieser technisch vermittelten Öffentlichkeit zu präsentieren, war zuvor nur von Schauspielern aus Film und Theater bekannt. Vielleicht muss man also eine Bühnenmetapher bemühen, um diese oft eigenartige Staffage der Webpräsenz, den auf Pointen ausgerichteten Ton und die oftmals verwinkelte Konstruktion der Rollenprofile zu verstehen, unter denen sich Zeitgenossen im Netz dargestellt sehen wollen. Schon darum ist kaum zu klären, was virtuelle Communities eigentlich sind: Gemeinschaften, so real wie andere auch, Informationspools und Medien für die demokratische Wissens-und Willensbildung? Plattformen für ungezügelte Selbstdarstellungen, Programme, in die man sich reinzappt wie in die tägliche TV-Soap? Die Antwort darauf scheint banal: Sie sind all das und mehr und folglich so facettenreich wie das Leben auch.

Und gerade darum müssen diese Phänomene jeden Datenschützer mit intakter Selbstachtung auf den Plan rufen. Denn unabhängig davon, dass die Datenschutzbefohlenen ihr „Recht auf informationelle Selbstbestimmung“ oftmals nutzen, um alle Informationen über sich selbst ins Web zu stellen, scheinen die Plattformbetreiber wie Spinnen im Netz auf personenbezogene Informationen zu warten. So kritisierten neben der Grünen-Fraktionschefin im Bundestag, Renate Künast, auch der Bundesverband der Verbraucherzentralen und der Bundesdatenschutzbeauftragte Peter Schaar in dieser Woche Datenmissbrauch, Schutzlücken und undurchsichtige Geschäftsbedingungen der Betreiber: Sie könnten persönliche Informationen über Privatleute einholen, Verhaltensdaten der Nutzer auswerten und Profildaten Dritten zugänglich machen. Außerdem kaschierten die Betreiber diese Nutzung der personenbezogenen Daten und veränderten heimlich die Klauseln zu ihren Gunsten, so die Vorwürfe. Einige Anbieter gelobten Besserung, andere verwiesen auf unterschiedliche Rechtsstände in ihren jeweiligen Herkunftsländern. Auch hier wird deutlich, dass sich diese junge Technik noch entwickelt, ihre Richtlinien und Gebrauchsanweisungen gerade erst entstehen.

Die Menschheit sendet global, aber denkt noch immer lokal. Bald schon werden die Inhalte des Internet zum Bestandteil der überlieferten Geschichte. Doch unabhängig davon, dass noch niemand die Langzeitwirkung des gegenwärtigen Daten-Exhibitionismus ausmalen kann, muss dennoch klar sein: Die virtuelle Welt ist immer auch die wirkliche.

Aus: Süddeutsche Zeitung vom 18. 07. 2009

1 Facebook: Website zur Bildung und Unterhaltung sozialer Netzwerke
2 Harvard University (kurz Harvard): älteste private Eliteuniversität der USA
3 MySpace: mehrsprachiges, werbefinanziertes virtuelles soziales Netzwerk
4 Xing: webbasierte Plattform zur Verwaltung vorwiegend geschäftlicher Kontakte
5 lokalisten.de: zu 90 % zu ProSiebenSat.1gehöriges geschlossenes, virtuelles soziales Netzwerk
6 StudiVZ: virtuelles soziales Netzwerk für Studenten
7 wer-kennt-wen.de: Online-Netzwerk, das der RTL interactive GmbH, einer Tochter von RTL Deutschland, gehört.

Lösungsvorschlag

Aufgabe a: Inhalt und Aufbau des Textes

***Hinweis:** Die Aufgabe kann entweder in Form einer Inhaltsangabe in Thesenform oder einer strukturierenden Textzusammenfassung gelöst werden. Eine Kurzvorstellung ist dieser Lösung jeweils voranzustellen.*

In dem Kommentar *Der entblößte Mensch*, der am 18. 7. 2009 in der Süddeutschen Zeitung erschienen ist, untersucht Bernd Graff kritisch die Entwicklung, dass immer mehr Menschen Online-Netzwerke nutzen und dabei persönliche Daten freigeben.

I. Bernd Graff informiert über die rasante Ausbreitung von Online-Netzwerken. (Z. 1–23)
   1. Die User-Zahlen steigen ins Unermessliche.
   2. Alle Altersgruppen nutzen inzwischen Online-Netzwerke.
   3. Die Verweildauer in Online-Netzwerken hat durch neue technische Möglichkeiten rapide zugenommen.

II. Der Autor führt Probleme im Umgang mit Online-Netzwerken an. (Z. 24–65)
   1. Die zukünftige Nutzung der Informationen, die die User über sich preisgeben, ist unklar.
   2. Informationen, die man unbedacht online geäußert hat, können vielleicht einmal negativ gegen einen verwendet werden.
   3. Während früher für den Einzelnen Massenkommunikation kaum möglich gewesen ist, kann man sich heute leicht der ganzen Welt selbstdarstellerisch präsentieren.
   4. In den Online-Foren wird ein oberflächlicher Umgang mit anderen Menschen gepflegt.
   5. Gerade Kinder machen sich über die Konsequenzen ihrer teils recht privaten Äußerungen in Online-Netzwerken zu wenig Gedanken.

III. Er mahnt notwendige Entwicklungen an, um die Datenschutzprobleme von Online-Netzwerken zu beseitigen. (Z. 66–84)
   1. Die Weitergabe von persönlichen Daten durch die Anbieter an Dritte muss unterbunden werden.
   2. Betrügereien seitens der Anbieter sind abzustellen.
   3. Die fehlende Rechtssicherheit durch international verschiedene Regelungen im Umgang mit persönlichen Daten muss behoben werden.
   4. Der einzelne User sollte sich klarmachen, dass seine ins Netz gestellten Informationen für ihn langfristig noch ungeahnte Folgen haben können.

Aufgabe b: Stellungnahme

Hinweis: Eine der zwei Fragestellungen ist auszuwählen und zu bearbeiten. Bei der ersten Alternative ist darauf zu achten, dass die Aufgabenstellung nach Online-Netzwerken fragt. Es geht also nicht allgemein um die zunehmende Internetnutzung.
Im Zusammenhang mit der zweiten Alternative müssen Sie beachten, dass keine dialektische Themafrage vorliegt, sondern eine linear-steigernde Stellungnahme gefordert ist. Zudem ist die Aufgabenstellung zweigliedrig formuliert. Sie sollten keinen Teil der Aufgabenstellung vergessen.
Während die hier vorliegende Lösung Alternative I in einem geschlossenen Aufsatz darbietet, wird Alternative II lediglich skizziert.

Alternative I: „Nehmen Sie Stellung zu der Entwicklung, dass immer mehr Menschen Online-Netzwerke nutzen."

In seinem Kommentar „Der entblößte Mensch", der am 18. 7. 2009 in der Süddeutschen Zeitung erschienen ist, skizziert Bernd Graff einleitend, dass die Zahl der Menschen, die sich in Online-Netzwerken anmelden, inzwischen gewaltige Ausmaße annimmt. Es stellt sich dabei allerdings die Frage, ob diese Entwicklung tatsächlich zu befürworten ist.

Auf der einen Seite ist dieser Trend kritisch zu sehen, da er wesentlich zum **Sprachverfall** beiträgt. Die User pflegen in Foren und ganz besonders in Chats einen sorglosen Umgang mit der Sprache. Anstelle ganzer Sätze und Wörter werden häufig Kürzel, Abkürzungen oder Emoticons benutzt. Es besteht die Gefahr, dass sich die gebrochene und verkürzte Kommunikation bei den Usern so einschleift, dass sie diese auch in andere sprachliche Kontexte übertragen und bald nicht mehr situationsangemessen formulieren können. Aus Leichtsinn wird in einem offiziellen Brief aus „Mit freundlichen Grüßen" ein „Mfg" oder im Extremfall aus einem „Sehr geehrte Damen und Herren" ein „Hi". Dass das beim Adressaten Unverständnis auslösen kann, steht außer Frage.

Zudem weist der Kommentar darauf hin, dass die in den Online-Netzwerken preisgegebenen **persönlichen Informationen** nie ganz privat sind und von einer breiten **Öffentlichkeit langfristig eingesehen** werden können, was fatale Folgen für den Benutzer haben kann. Gerade junge Menschen, die auch noch zur Schule gehen, stellen zum Beispiel immer wieder leichtfertig Bilder von der letzten Party in ihre Profile oder äußern sich unbedacht zu Lifestyle-Themen und ihrer eigenen Biografie. Dass dies alles im Falle einer späteren Bewerbung von Personalleitern abgerufen werden kann, um die Kandidaten über ihre Bewerbungsunterlagen hinaus zu prüfen, kommt den wenigsten in den Sinn. Hat der potenzielle Arbeitgeber dann kein Verständnis für etwaige Jugendeskapaden, ist die Chance auf Anstellung gefährdet.

Auf der anderen Seite ist die Entwicklung, dass immer mehr Menschen Online-Netzwerke nutzen, aber auch positiv zu werten. So kann die Anonymität im Netz bewirken, dass man eher als im wirklichen Leben bereit ist, **über Probleme** zu **sprechen** und sich Hilfe zu holen. Auf www.selbsthilfeforen.de findet man beispielsweise eine große Liste von Netzwerken, die einem in schwierigen Lebenssituationen weiterhelfen können, etwa im Zusammenhang mit psychischen Krankheiten, Abhängigkeit oder Sexualität. Häufig fällt es gerade in diesen Bereichen schwer, sich im unmittelbaren Umfeld auszusprechen; zu groß ist die Furcht vor Stigmatisierung oder Ablehnung. In den sozialen Netzwerken hingegen kann man sich erste Tipps holen oder durch Kommunikation mit anderen Betroffenen Rückhalt und Mut finden, sich Hilfe zu holen. Folglich ist die zunehmende Nutzung von Online-Netzwerken eine zu begrüßende Entwicklung.

Des Weiteren können Online-Foren Menschen helfen, **aus ihrer Isolation und Einsamkeit** zu **gelangen**. Viele verzweifeln auf der Suche nach der großen Liebe und trauen sich im wirklichen Leben nicht, andere Menschen anzusprechen und um eine Verabredung zu bitten. Hier gibt es inzwischen schon unzählige Internet-Foren, die sich dieses Problems angenommen haben. Es können eigene Profile angelegt, andere angeschaut werden, „Tapsen" vergeben oder Nachrichten verschickt werden. Ist die Kommunikation im Internet erst einmal im Gange, ist die erste Hürde zur Kontaktaufnahme schon einmal überwunden. Und selbst wenn doch keine Verabredung zustande kommt, so muss man sich auch keine Gedanken machen, da das Gespräch allenfalls ein virtueller Flirt gewesen ist.

Der wichtigste Grund dafür, dass die zunehmende Nutzung der Online-Foren zu befürworten ist, wird schon von Bernd Graff in den Zeilen 61 f. folgendermaßen angesprochen: Virtuelle Communitys können „Informationspools und Medien für die **demokratische Wissens- und Willensbildung**“ sein. Bestes Beispiel ist „Twitter“, ein Forum, das bei den letzten Regierungswahlen in Iran von der oppositionellen Bewegung genutzt wurde, um auf vermeintliche Missstände und Demokratieverstöße aufmerksam zu machen. Angesichts der staatlichen Zensur wäre der Rest der Welt nicht derart für die Zustände im Iran sensibilisiert worden oder hätte vielleicht überhaupt nie von den Straßenschlachten erfahren. Das Regime wäre so vielleicht noch brutaler gegen die Demonstranten vorgegangen. Netzwerke können Menschen gezielt über politische Entwicklungen weltweit informieren und Bürger mündig und aufgeklärt machen.

Wägt man nun abschließend beide Positionen ab, so dürfen die negativen Seiten dieser neuen Entwicklung nicht außer Acht gelassen werden. Sprachverfall und vor allem der Verlust der Privatsphäre sind bedenkliche Gefahren. Allerdings überwiegen doch die positiven Aspekte. Online-Netzwerke verbessern die Lebensqualität durch Unterstützung bei der Lösung individueller und mit Scham verbundener Probleme, durch Hilfe bei sozialer Integration und durch Förderung der Entwicklung einer gesunden, stabilen und verantwortungsbewussten Persönlichkeit. Zudem können sie wichtige Aufgaben im demokratischen Wissens- und Willensbildungsprozess erfüllen.

Um den möglichen Problemen entgegenzuwirken, ist zunächst die Schule mit einer nachhaltigen Medienpädagogik gefordert. Sie kann hier durchaus auf außen stehende Hilfe zurückgreifen: So können Berufsberater vom Arbeitsamt bei ihren Bewerbungstrainings in der Schule den Schülern mit Blick auf ihre berufliche Zukunft die notwendige Vorsicht im Zusammenhang mit Online-Foren nahebringen. Zuletzt ist der Staat durch aufklärende Kampagnen und Schaffung eines schützenden rechtlichen Rahmens in der Verantwortung.

Alternative II: „Welche Gefahren birgt die Nutzung von Online-Netzwerken für den Datenschutz des Bürgers, und wie könnte der Einzelne eigenverantwortlich einem Missbrauch von Daten begegnen?“

– In der **Einleitung** kann auf den vorliegenden Kommentar Bezug genommen werden. Bernd Graff kritisiert hier Datenschutzprobleme im Zusammenhang mit der immer beliebter werdenden Nutzung von Online-Netzwerken. Daran anschließend sollte die Themafrage eingebunden werden.

  Im **Hauptteil** müssen zunächst mögliche Gefahren der Online-Netzwerknutzung für den Datenschutz des Bürgers argumentativ erschlossen werden. Mögliche tragende Aspekte könnten sein:

  - Der User verliert teilweise seine Privatsphäre und muss berufliche Nachteile hinnehmen (vgl. die obige Ausführung zu Alternative I).
  - Durch die Angabe von Interessen in Profilen können Firmen gezielt Werbung versenden.
  - Der Einzelne verliert die „informationelle Selbstbestimmung“ (Z. 68), da er häufig nicht kontrollieren kann, welche Daten von Dritten gesehen werden können oder nicht.

  Im Anschluss an diese möglichen Argumente ist die Frage zu beantworten, wie der Einzelne eigenverantwortlich dem Datenmissbrauch begegnen könnte:

  - Der Einzelne muss sich gründlich über die verschiedenen Formen des Datenmissbrauchs informieren, um reagieren zu können.
  - Jeder sollte sich überlegen, welche Informationen er von sich preisgeben möchte.
  - Bei erfolgtem Datenmissbrauch sollte man sich über seine Rechte informieren und gegebenenfalls juristische Schritte einleiten.

Aufgaben:

a) Stellen Sie den Text vor. Gehen Sie dabei auch auf Textsorte, Thema und Kernaussagen ein.

b) Untersuchen Sie die Aussageabsichten des Textes und zeigen Sie, wie sie sprachlich umgesetzt werden.

c) Wie beurteilen Sie die Ausdehnung der Ladenöffnungszeiten an Sonntagen?

Es gibt mehr als Konsum

von Alexander Jungkunz

Das Sonntags-Urteil – eine Wende des Zeitgeists? Es gibt mehr als Konsum. Kann sein, dass dieses Karlsruher Urteil[1] mehr ist als nur eine sehr kräftige, beeindruckende Bestätigung der Sonderrolle des Sonntags. Denn die Verfassungsrichter stemmen sich mit ihrem Spruch auch sehr deutlich gegen einen Zeitgeist, der die vergangenen Jahrzehnte prägte: gegen die zunehmende Durchökonomisierung und -flexibilisierung der Gesellschaft. Die Richter greifen das wachsende Unbehagen über diesen Trend auf, indem sie sehr klar sagen, was von den Konsum-und Wachstums-Predigern oft recht vehement bestritten wird: dass der Mensch nämlich Pausen braucht.

Pausen? Angesagt war zuletzt vor allem deren Abschaffung. An die Sendepause im Fernsehen erinnern sich nur noch Ältere. Die Arbeitszeiten wurden durchflexibilisiert – mit Vor- und Nachteilen. Aus dem englischen Büro-Arbeitszeit-Slogan „Working 9 to 5“ wurde längst das „24/7“: Viele Menschen müssen, etliche von ihnen wollen sogar an sieben Tagen der Woche 24 Stunden lang, rund um die Uhr, erreichbar sein. Beantworten Mails prompt, twittern[2], schreiben SMS – und arbeiten dazwischen auch noch. Wichtige, ja zentrale Weichenstellungen in Politik und Wirtschaft werden inzwischen gern mitten in der Nacht getroffen – und niemand wundert sich darüber.

Die Geschichte der zusehends ausgeweiteten Ladenöffnungszeiten war bei dieser Aufweichung von Zeit-Konturen stets Vorläufer: Cleveren Marketing-Strategen gelang es, den Menschen einzuimpfen, dass Einkaufen (pardon: Shoppen) erstens ein Erlebnis (pardon: Event) sei und dass es daher, zweitens, am besten ohne Pausen verfügbar sein müsse. Nun mag Einkaufen ja sehr wohl Spaß machen. Aber wenn viele einen Stadt- mit einem Einkaufsbummel gleichsetzen und dabei verlernen, was man in einer Stadt gerade dann erleben und sehen kann, wenn die Läden mal zu sind; wenn für manche Shoppen also zum Ersatz fürs echte Leben wird – dann läuft irgendwas schief. Dann nämlich dominiert die Ökonomie derart den Alltag, dass der Mensch zu ihrem Gefangenen wird: Ich shoppe, also bin ich.[3]

Nun haben die Kirchen gar nicht gegen die Ausweitung der Ladenöffnungszeiten während der Woche geklagt; da wird das Angebot so gestaltet, wie es den Städten passt. Berlin wagt teils das Rund-um-die-Uhr-Shoppen; in kleineren Orten machen die Händler dann dicht, wenn zu wenig Kunden kommen. Denn die können ihr Geld ja nur einmal ausgeben: Selbst ständig offene Läden erhöhen nun mal die Kaufkraft nicht; daher sprechen auch gewichtige ökonomische Gründe für das Karlsruher Urteil.

Die Richter gingen auf die Argumente der Kirchen ein, legten sie aber weniger religiös als gesellschaftspolitisch aus – und bestätigten gerade so die Bedeutung von Feiertagen; ob man die nun „heiligt“ oder „einhält“, das ist dann Glaubenssache. Karlsruhe bestätigte, was Soziologen wie Theologen klug begründen – und was Arbeitnehmer wie Familien hautnah spüren: Es braucht einen Tag, der anders ist als die anderen sechs; eine Zäsur, eine Pause, eine Zeit, die nicht von Aktion(ismus) geprägt ist, sondern Raum bietet für anderes, für Gespräche, Ausflüge, auch fürs Nichtstun und für Langeweile – denn gerade in solchen Momenten, die für Ökonomie-Fetischisten die pure Zeitverschwendung sind, steckt die Chance zum Innehalten, Nachdenken, zum Entspannen und wirklichen Leben.

Ohne Sonntag wären alle Tage gleich: Mit diesem Spruch kämpften die Kirchen gegen die Aushöhlung des Feiertags. Wirtschaft ist ohne Zweifel wichtig; das lehrt die Krise – aber sie darf nicht alles sein und über allem stehen; sie darf nicht zur neuen Religion, zum neuen Glauben werden; auch das lehrt die Krise. Das Karlsruher Urteil ist daher ein bemerkenswertes, ein wichtiges Votum gegen dieses Diktat der Ökonomie.

Jungkunz, Alexander: Es gibt mehr als Konsum, in: Nürnberger Nachrichten vom 2. Dezember 2009 (für Prüfungszwecke überarbeitet)

1 Das Bundesverfassungsgericht in Karlsruhe hat am 1. Dezember 2009 die vier verkaufsoffenen Adventssonntage in Berlin für verfassungswidrig erklärt, da sie gegen den Sonntagsschutz im Grundgesetz verstießen. Damit gaben die Richter einer Klage der Kirchen teilweise statt. Das Ladenschlussgesetz von 1956 in der Fassung von 2006 erlaubt die Ladenöffnung an bis zu vier Sonn- und Feiertagen im Jahr außer im Monat Dezember.
Das Berliner Abgeordnetenhaus hatte das Ladenschlussgesetz am stärksten von allen Bundesländern liberalisiert: Die Läden durften an den Adventssonntagen und an bis zu sechs weiteren Sonntagen geöffnet werden.

2 twittern: in einem meist öffentlich einsehbaren sozialen Netzwerk Beiträge veröffentlichen

3 In Anlehnung an die berühmte These „Cogito ergo sum“ – „Ich denke, also bin ich“ des Philosophen René Descartes.

Lösungsvorschlag

Aufgabe a: Überblicksinformation

Hinweis: **Textvorstellung** → *Dieser Aufgabenteil dient der eigentlichen Textaneignung und zwingt zu einem genauen Lesen und Hinterfragen der Textvorlage, was beides für die zentrale Textdiskussion unabdingbare Voraussetzungen sind. Hilfreich ist hierbei als Grundlage das sogenannte* **Stereotype Regest**, *welches die wichtigsten formalen und inhaltlichen Textmerkmale kurz und prägnant erfasst:*
- *Autor*
- *Quelle*
- *Textsorte*
- *Thema/Überschrift*
- *Kontext*
- *Anlass*
- *Aussageabsicht*
- *Hauptaussage*

Der Kommentar mit dem Titel *Es gibt mehr als Konsum* wurde von Alexander Jungkunz am 2. 12. 2009 in den *Nürnberger Nachrichten* veröffentlicht. Das Urteil des Karlsruher Verfassungsgerichts zur Berliner Regelung verkaufsoffener Adventssonntage vom 1. 12. 2009 war Anlass für den Autor, sich grundsätzlich mit der Frage nach der Bedeutung der Freizeit in unserer Gesellschaft zu beschäftigen. Mit seinem Text will Jungkunz den Lesern seine Überzeugung nahebringen, dass der von der modernen Arbeitsgesellschaft geforderten ständigen Verfügbarkeit der Arbeitskräfte Grenzen gesetzt werden müssen. Um den Bedürfnissen des Einzelnen nach Ruhe, sozialen Kontakten (Familie, Freunde) und Abwechslung gerecht zu werden, fordert er in diesem Zusammenhang die Festschreibung von Auszeiten.

Aufgabe b: Sprachanalyse und Intention

Hinweis: **Aussageabsicht** → *Jeder Verfasser eines wie auch immer gearteten Textes (Nachricht, Kommentar, Glosse, Gebrauchsanleitung, Schulordnung usw.) versucht, bei seinen potenziellen Lesern konkrete Ziele zu erreichen (Zustimmung, Widerspruch, Empörung, Belustigung, Unterhaltung, Information, Anpassung usw.). Das Mittel, das er zur Umsetzung dieser Ziele benutzt, ist die Rhetorik. Durch die Analyse der eingesetzten rhetorischen und stilistischen Mittel soll in diesem Aufgabenteil untersucht werden, wie der Autor seine* **Intention**, *d. h. seine Aussageabsicht, sprachlich umsetzt. Dabei ist es hilfreich, zunächst die Hauptintention des Textes darzustellen und diese dann in Teilintentionen zu zerlegen. Diese ergeben sich aus dem funktionalen Aufbau des Textes, der bei kommentierenden Texten (in der Regel handelt es sich bei den Prüfungsaufgaben um solche) grundsätzlich wie folgt beschrieben werden kann:*
- *Vorstellung des Themas*
- *Problematisierung*
- *Bewertung*

Mit dem Diktum „Es gibt mehr als Konsum“ verkündet der Autor bereits in der Überschrift seinen Standpunkt zur Frage der Verkaufszeitenregelung. Er begrüßt das Karlsruher Urteil nachdrücklich. Um seine Meinung dem Leser plausibel zu machen, gliedert er seinen Text in drei inhaltliche Abschnitte, die jeweils einer eigenen Intention folgen:

Jungkunz möchte deutlich machen, dass er das Karlsruher Urteil im positiven Sinne für bedeutsam hält:
Er leitet seinen Kommentar mit einer **rhetorischen Frage** ein (Z. 1), die einerseits kommunikativen Charakter hat – der Leser fühlt sich angesprochen –, andererseits mit dem **Neologismus** „Sonntags-Urteil" (Z. 1) Interesse wecken soll. Der Begriff „Zeitgeist" (Z. 1) verweist in diesem Zusammenhang auf die Aktualität des Themas. Der Verfasser beantwortet diese Frage mit der Wiederholung der Überschrift, die gleichzeitig die Kernaussage, seine zentrale These, zum Thema der „[Durch]flexibilisierung der Gesellschaft" (Z. 5) darstellt. Durch **Substantivierungen** wie „Durchökonomisierung und -flexibilisierung" (Z. 5) unterstreicht er die Dramatik der Veränderungen auf dem Arbeitsmarkt. Weitere Neologismen wie „Konsum- und Wachstums-Prediger" (Z. 7) ironisieren die Verfechter des sich dahinter verbergenden Trends, den der Autor mit „aus […] ‚Working 9 to 5' wurde längst das ‚24/7'" (Z. 11 f.) paraphrasiert. Mit dieser **Hyperbel** möchte er die Gefahr eines Weges aufzeigen, der dem Individuum keine Freiräume mehr bietet und die ökonomischen Anforderungen zum obersten Prinzip erklärt, dem sich alles und jeder unterzuordnen hat. Dem stellt er das Urteil der Karlsruher Richter gegenüber, dessen Bedeutung er apodiktisch in der Feststellung zusammenfasst, „dass der Mensch Pausen braucht." (Z. 8) Spannung verleiht er seinen Aussagen mithilfe von **Satzkonstruktionen**, deren Aussagen durch Nebensätze, abgetrennt durch Gedankenstriche, eine wertende Erweiterung erfahren (Z. 10 f., 14 und 16).

Der Autor kritisiert die Dominanz der Wirtschaft in unserer Gesellschaft:
Mit einer **Inversion** („Pausen? Angesagt war zuletzt vor allem deren Abschaffung", Z. 9) weist er seine Leser auf Widersprüche in der modernen Lebensgestaltung hin, die den Menschen nicht mehr als Individuum mit spezifischen Bedürfnissen anerkennt, sondern in ihm ein rund um die Uhr verfügbares Produktionsmittel sieht, dessen Wesen dadurch gekennzeichnet ist, dass es kontinuierlich „SMS" schreibt, „Mails" beantwortet und „twittert" (Z. 13 f.: Akkumulation) – und das an „sieben Tagen der Woche" (Z. 12 f.). Mit dieser **hyperbolisch** formulierten Aussage **ironisiert** der Autor die Erwartungen der „Wachstums-Prediger" (Z. 7), die letztlich im Menschen nur noch dessen Funktion für den Arbeitsprozess und den Konsum sehen, seine Fähigkeiten und Bedürfnisse auf die eines Automaten reduzieren. Der Neologismus „Ökonomie-Fetischisten"[1] (Z. 40) unterstreicht dieses Diktum. Mit der negativ konnotierten **Metapher** „Marketing-Strategen gelang es, den Menschen einzuimpfen […]" (Z. 18 f.) demaskiert der Autor die Absicht, Verkaufszeiten auszuweiten, als bloße Manipulation, die aus dem denkenden Individuum eine konsumfixierte Marionette macht. Dies unterstreicht er mit der **Umdeutung** eines der Leitgedanken der philosophischen Aufklärung: „Cogito ergo sum" (Descartes), in „Ich shoppe, also bin ich" (Z. 25 f.). Der Mensch mutiert vom selbstbestimmten Wesen zum Spielball der Ökonomie und ihres Marketings.

Der Verfasser unterstreicht die Bedeutung von Pausen und Ruhezeiten:
Mit der als **Klimax** formulierten **Akkumulation** „Es braucht einen Tag, der anders ist als die anderen sechs; eine Zäsur, eine Pause, eine Zeit […]" (Z. 37 f.) kommt Jungkunz zum Kern seiner Aussage: Der Mensch braucht Freiräume. Stilistisch wechselt seine Darstellung der Problematik jetzt von einem eher ironisch, polemisch geprägten Ton in eine um **Sachlichkeit** bemühte Darlegung seiner Intention: **Antithetisch** unterstreicht er die Bedeutung einer Auszeit im Alltag der Menschen („Zeit, die […] Raum bietet für anderes, für Gespräche, Ausflüge, auch fürs Nichtstun und für Langeweile", Z. 38 f.), deren Notwendigkeit er mit der **Klimax** „[eine] Chance zum Innehalten, Nachdenken, zum Entspannen und wirklichen Leben" (Z. 41) unterstreicht.

---

1 Umschreibung des Marx'schen Begriffs „Warenfetischismus": Mit **Warenfetisch** bezeichnet Karl Marx in seinem Hauptwerk ***Das Kapital*** (1867) einen bestimmten ideologischen Zustand gesellschaftlicher Beziehungen im Kapitalismus. Die Produkte menschlicher Arbeit entwickeln für die Menschen unter den Bedingungen der kapitalistischen Produktionsweise ein scheinbares „Eigenleben", vergleichbar mit der Zauberkraft, die, aus Sicht der europäischen Aufklärer, von Afrikanern ihren Fetischen zugesprochen wurde.

Aufgabe c: Bewertung = Argumentation → dialektische Form der Erörterung

Hinweis: **Beurteilung →** *Die Aufforderung zur Beurteilung der Textaussage verlangt eine persönliche Stellungnahme in Form einer argumentativen Auseinandersetzung mit dem Text und seiner Aussage. Der Terminus „Beurteilung" beinhaltet dabei die Aufforderung, die Aussage des Autors zu diskutieren, was auf eine dialektische Erörterung hinausläuft. Verlangt wird also eine Textdiskussion, deren Struktur allgemein folgendermaßen beschrieben werden kann:*

These → Textaussage **PRO**

↕

Antithese → Widerspruch **CONTRA**

↓

Synthese → persönliche Bewertung

These, Antithese und Synthese müssen dabei entsprechend den Anforderungen an eine Argumentation formuliert werden:

Behauptung

↓

Erläuterung / Begründung

↓

Beleg (möglichst konkretes Beispiel)

↓

Schlussfolgerung (= Bestätigung der Behauptung → Rückführung)

Es liegt in der Formulierung der Aufgabenstellung begründet, dass hier nur sehr allgemein auf die Ausführung dieses Aufgabenteils eingegangen werden kann (Textauffassung, persönliche Erfahrungen, Einstellung zum Thema). Deshalb versteht sich das Folgende nur als eine exemplarische Möglichkeit zur Erörterung des Themas.

Thesen → Text (Autor)
- Die Gesellschaft unterliegt dem Diktat des Marktes.
- Der Mensch braucht Zeiten der Ruhe und Erholung.
- Die Arbeitnehmer werden durch die Ausweitung der Ladenöffnungszeiten übermäßig stark belastet.

Antithesen → Widerspruch
- Verkaufsoffene Sonntage ermöglichen ein stressfreies Einkaufen für berufstätige Arbeitnehmer.
- Sonntage sind auch jetzt schon keine generell arbeitsfreien Tage (vgl. Schichtarbeit).
- Staatliche Regelungen entmündigen und sind immer ein Eingriff in die Entscheidungsfreiheit des Einzelnen.

Synthese → persönliche Stellungnahme (= eigene Meinung!)

Hinweis: *In diesem Argumentationsschritt ist Ihre persönliche Einstellung zu der vom Autor aufgezeigten Thematik gefragt. Aufbauend auf den in These und Antithese dargestellten Erwägungen sollen Sie zu einem eigenständigen Urteil zur Frage der Ausweitung der sonntäglichen Öffnungszeiten gelangen. Dabei sind ganz allgemein drei Varianten denkbar:*
- *Zustimmung zur Meinung des Autors*
- *Begründung des Widerspruchs*
- *Kompromiss aus These und Antithese*

Ausarbeitung eines Argumentationsstrangs:
These
Die Arbeitnehmer werden durch die Ausweitung der Ladenöffnungszeiten zusätzlich belastet und eingeengt.

Erläuterung/Begründung
In einer Arbeitswelt, die geprägt ist durch immer höhere Anforderungen und Herausforderungen am Arbeitsplatz, die dadurch entstehenden gesundheitlichen Belastungen und die heute schon hohe Verfügbarkeit des Einzelnen, erscheint die Forderung der Arbeitgeber nach einem weiteren Abbau der geregelten Freizeit kontraproduktiv. Immerhin besteht die Gefahr, dass dies nur der erste Schritt ist zu einer weiteren Aufweichung arbeitsrechtlicher Regelungen, an deren Ende ein Arbeitsmarkt stehen könnte, der frei ist von allgemein verbindlichen rechtlichen und sozialen Festlegungen.

Beispiel
Schon heute sind knapp zwei Drittel der neu vermittelten Arbeitsverträge befristet oder auf Teilzeitarbeit ausgelegt. Was die einen als die Verwirklichung des Prinzips der Freiheit des Marktes feiern, wird von anderen mit Grausen wahrgenommen. Sie verweisen auf die Konsequenzen für den einzelnen Arbeitnehmer: stärkere Abhängigkeit bei Lohn- und Arbeitszeitfragen.

Schlussfolgerung
Vor diesem Hintergrund erscheint es richtig und wichtig, dass der Gesetzgeber für ein Minimum an rechtlich verbindlichen Regelungen sorgt, die die Position des Einzelnen auf dem Arbeitsmarkt stärken. In diesem Kontext kann auch der Karlsruher Richterspruch gesehen werden.

↕

Antithese
In einer Zeit, die geprägt ist durch tief greifende Veränderungen in nahezu allen Bereichen unserer Gesellschaft, gerade aber auch in der Welt der Arbeit, erscheint es antiquiert und dirigistisch, auf Regelungen zu bestehen, deren Ursprünge in einer Zeit zu finden sind, die von der industriellen Produktion bestimmt war.

Erläuterung/Begründung
Im Bewusstsein einer breiten Öffentlichkeit ist die Tatsache noch nicht angekommen, dass wir uns längst von der klassischen Industriegesellschaft entfernt haben. Globalisierung, Kommunikations- und Informationstechniken prägen seit den Achtzigerjahren des 20. Jahrhunderts unsere Art zu leben und zu arbeiten. Ein Großteil der Arbeitnehmer entspricht heute nicht mehr dem Bild des klassischen Arbeiters, der seiner Tätigkeit in einer Fabrik nachgeht, gewerkschaftlich organisiert ist und sich auf feste Tarifbestimmungen berufen kann. Die Dienstleistungsgesellschaft, die mittlerweile die Industriegesellschaft weitgehend abgelöst hat, verlangt nach flexiblen und mobilen Mitarbeitern, die sich den jeweiligen Forderungen anpassen können.

Beispiel
Im Zuge der fortschreitenden Globalisierung sind immer mehr Arbeitsplätze, das gilt besonders für den Bereich der höher qualifizierten Berufe, mit dem Ausland vernetzt. Dies bedeutet oftmals, dass man sich den Bedingungen eines anderen Landes anpassen muss: z. B. in Bezug auf Tageszeit, Feiertagsregelungen usw. Immer mehr Menschen sind heute bereit, diese Forderungen zu erfüllen. Das gilt vor allem für Singles: Sie sind besonders leistungsorientiert und -bereit, verfügen über ein hohes Maß an Flexibilität und Mobilität und kommen damit dem Ziel der Kommunikationsgesellschaft nahe, immer erreichbar, aber eben auch verfügbar zu sein.

Schlussfolgerung
Strikte staatliche Regelungen, wie sie das Karlsruher Urteil am Beispiel der Sonntagsöffnungszeiten einfordert, bedeuten in diesem Zusammenhang eine Gängelung des Einzelnen, der in seiner Entscheidungsfreiheit beim Einkaufen und Arbeiten bevormundet wird.

Synthese
Bei seiner Argumentation übersieht Jungkunz, dass Sonntagsarbeit bzw. flexible Arbeitszeiten, die nicht an einen festen Plan von Montag bis Freitag gebunden sind, nichts Neues sind. In Form der Schichtarbeit gehören sie zu den die Produktionsarbeit prägenden Faktoren. Diese Form der Arbeit wird heute mehr und mehr abgelöst durch Arbeitszeitmodelle, bei denen der Einzelne bei der Gestaltung seines Alltags, zu dem unter anderem auch Einkaufen und Arbeiten gehören, ein Maximum an Freiheit besitzt. Das starre Festhalten an tradierten Regelungen, die Ladenöffnungszeiten und die damit verknüpfte Sonntagsarbeit sind hier nur Beispiele und entsprechen somit nicht mehr dem vom Autor zitierten „Zeitgeist".

Aufgaben:

a) Fassen Sie den Inhalt des Romanauszuges zusammen.

b) Charakterisieren Sie Marie.

c) Analysieren Sie die Entwicklung des Gesprächs zwischen Lars und Marie im Restaurant Raumschiff und beurteilen Sie den Erfolg für den jeweiligen Gesprächspartner.

Martin Suter (geb. 1948): **Lila, Lila** (2004)

Marie Berger war mit Lars im Raumschiff essen gegangen, ein Versöhnungsessen, wie er es nannte.
Sie brauchte kein Versöhnungsessen, denn sie hatte keinen Streit. Lars war einfach ein Missverständnis. Aber weil er so unglücklich dreingeschaut hatte und es Dezember war und auch sie nicht gegen die Tristesse des Weihnachtsrummels gefeit, hatte sie zugesagt.
Das war ein Fehler gewesen. Der Tag der Verabredung überraschte sie mit einem Frühlingshimmel und einem Lüftchen voller Süden. Nicht das Wetter für eine Aussprache mit einem Verflossenen, der noch nicht wusste, dass er einer war.
Am liebsten hätte sie ihm abgesagt, aber sie konnte ihn nicht erreichen, er hatte sein Handy ausgeschaltet. In weiser Voraussicht, wie sie vermutete.
Das Raumschiff war ein zu großes, zu lautes, zu teures Designerlokal, nicht Maries Welt. Schon eher die von Lars, der Nationalökonomie studierte und im Vertrauen auf eine große Wirtschaftskarriere schon einmal etwas über seine Verhältnisse lebte.
Als Marie eintraf – pünktlich, denn sie wollte den Abend nicht mit dem Handicap beginnen, zu spät gekommen zu sein –, saß Lars schon an einem Tischchen mitten im Getümmel. Er sprang auf und winkte mit beiden Armen, wie ein Schwimmer in Not. Sie steuerte auf seinen Platz zu und versuchte, die Gäste zu ignorieren, die sie, ohne ihre Gespräche zu unterbrechen, mit einem Seitenblick taxierten.
Lars empfing sie stehend und bot ihr seinen Platz an. „Von hieraus siehst du die Leute."
„Die interessieren mich nicht", entgegnete sie. Erst als sie sich mit dem Rücken zum Lokal gesetzt hatte, wurde ihr klar, dass er die Bemerkung nicht als Kritik am Lokal, sondern als Kompliment an ihn verstanden hatte. Er setzte sich ihr gegenüber, faltete die Hände unter dem Kinn und schaute ihr lächelnd in die Augen.
„So habe ich das nicht gemeint, Lars."
„Wie?"
Wenn er sich dabei nicht so unwiderstehlich gefunden hätte, hätte sie es ihm bestimmt schonender beigebracht. So aber sagte sie: „Ich wollte damit nicht sagen, dass mich dein Anblick mehr interessiert."
Eigentlich hätte sie jetzt aufstehen und gehen sollen. Aber Lars blickte sie so erschrocken an, dass sie dem Satz mit einem kleinen Lächeln etwas von seiner Schroffheit nahm. Er lächelte erleichtert zurück, winkte einem Kellner und bestellte zwei Glas Champagner.
Wenn er sie gefragt hätte, hätte Marie gerne ein Glas Champagner genommen. Aber jetzt sagte sie: „Mir lieber ein Mineralwasser."

Marie Berger war vierundzwanzig. Seit etwas über einem Jahr ging sie wieder zur Schule. Sie wollte das Gymnasium abschließen, das sie mit sechzehn aufgegeben hatte, um eine Ausbildung als Dekorateurin anzufangen. Um ihr kreatives Potential auszuschöpfen, wie sie ihrer Mutter erklärt hatte.

Marie hatte fast fünf Jahre gebraucht, um ihrer Mutter recht geben zu können, dass das ein Fehler gewesen war. Und sie zu bitten, sie bis zum Abschluss der Schule wieder in ihrer Dreizimmerwohnung aufzunehmen. So sparte Marie sich die Miete. Die Kosten für die Ausbildung und was sie zum Leben brauchte, bezahlte sie aus ihrem Ersparten und dem Honorar, das ihr drei Stammkunden für die monatliche Schaufensterdekoration bezahlten. Ein Laden für Modeschmuck, eine Boutique für Designermode und ein Apotheker, der sich weigerte, die Werbedisplays der Pharmaindustrie in die Fenster zu stellen.

Vielleicht hätte sie mit einem andern Job mehr verdient, aber Schaufenster dekorieren besaß den Vorteil, dass es sich mit dem Schulbetrieb vereinbaren ließ. Und auch den, dass es sie immer wieder daran erinnerte, welchen Beruf sie auf keinen Fall mehr ausüben wollte. Sie hatte schon während der Lehre ihre Liebe zu Büchern entdeckt und wollte diese zu ihrem Beruf machen, indem sie Literatur studierte.

„Das ist, als ob du aus Liebe zur Gerechtigkeit Jura studieren wolltest“, hatte ihr Vater gesagt, als sie ihn fragte, ob er allenfalls bereit wäre, sich an den Kosten des zweiten Bildungswegs zu beteiligen. Ein ziemlich hoffnungsloses Unterfangen, denn er hatte sich seit der Scheidung auch am ersten nur widerwillig beteiligt.

Das Leben mit ihrer Mutter war nicht einfach. Nicht aus den üblichen Gründen. Myrtha, so musste sie ihre Mutter seit frühster Kindheit nennen, mischte sich nicht in ihre Angelegenheiten. Im Gegenteil, sie ließ Marie ihr Leben leben und lebte ihres. Und das war es, was das Zusammenleben immer öfter schwierig gestaltete. Myrtha führte für Maries Geschmack ein etwas zu aktives Liebesleben. Immer wieder musste Marie aus der kleinen Wohnung flüchten, um die Schäferstündchen ihrer Mutter nicht zu stören. Nicht, dass es Myrtha peinlich gewesen wäre. Marie war es peinlich.

An einem solchen Abend hatte sie auch Lars kennengelernt. Ihre Mutter war kurz nach zehn mit einem dänischen Reiseführer – sie arbeitete in einem Reisebüro – nach Hause gekommen, und Marie hatte die Harmonie mit der Bemerkung „der hat doch bestimmt ein Hotelzimmer“ gestört. Ihre Freundin Sabrina, die ihr in solchen Momenten jeweils Unterschlupf bot, gab Marie am Telefon zu verstehen, dass sie sich in einer ähnlichen Situation wie Myrtha befand.

So landete sie im Bellini, einer Bar, in der sie meistens jemanden traf, den sie kannte.

Aber an diesem Abend war im ganzen Bellini kein bekanntes Gesicht zu entdecken. Marie setzte sich an die Bar und trank ein Glas Asti. Und als der Barmann ihr nach einer Viertelstunde „von dem Herrn vis-a-vis“ ein zweites brachte, lehnte sie es nicht ab und schickte dem Spender ein Lächeln über den Tresen. So kam sie mit Lars ins Gespräch.

Es war nicht Maries Art, sich in einer Bar aufreißen zu lassen. Aber an jenem Abend fühlte sie sich so ausgestoßen, dass sie Lars nach kurzer Zeit fragte: „Hast du eine eigene Wohnung, oder teilst du sie mit jemandem?“

Dass sie Lars danach wieder traf, lag allein daran, dass sie sich aus Prinzip auf keine one-night-stands einließ.

So setzte sich die Reihe von Missverständnissen fort. Beinahe zwei Monate, in denen sie es nicht schaffte, ihm reinen Wein einzuschenken. Kam dazu, dass es sich um November und Dezember handelte, die beiden Monate, in denen Myrtha ihre gefürchtete Jahresschlussdepression auslebte und Marie lieber einen Bogen um sie machte. Und kam auch dazu, dass Lars zwar nicht ihr Typ, aber ein großzügiger Restaurantbegleiter und guter Liebhaber war.

Dass sie sich nicht eingestehen wollte, dass die beiden letzten Gründe eine Rolle spielten, hatte weiter dazu beigetragen, die Affäre in die Länge zu ziehen.

Und dann natürlich auch Lars selber. Seine Mischung aus Arroganz und Verletzlichkeit. Als hätten in den sechsundzwanzig Jahren seines Lebens weder er noch sonst jemand je an ihm gezweifelt. Beim kleinsten Verdacht, es könnte möglich sein, ihn nicht vorbehaltlos zu lieben und zu bewundern, stand er den Tränen nahe. Das machte es für Marie nicht einfacher, ihm den Laufpass zu geben. Sie war in der Praxis weniger kühl als in der Theorie.

Deswegen war sie dankbar gewesen für den Vorwand, sich zurückzuziehen. Es war um die Börse gegangen. Lars hatte ihr im Detail den Unterschied zwischen einem Bullen- und einem Bärenmarkt[1] erklärt, und sie hatte sich dabei ostentativ gelangweilt. Plötzlich hatte er seine Ausführungen pikiert abgebrochen mit der Bemerkung: „Entschuldige, das interessiert dich wohl nicht."

Sie hatte geantwortet: „Das ist untertrieben. Es kotzt mich an. Ich verachte Leute, die daran Geld verdienen, dass Firmen Leute entlassen, damit sie höhere Gewinne erzielen."

Einen Moment war er fassungslos gewesen. Dann hatte er ihr das Stichwort geliefert: „Dann verstehe ich nicht, wie du mit einem Mann der Wirtschaft zusammen sein kannst."

Mann der Wirtschaft!

„Das verstehe ich allerdings auch nicht", hatte sie festgestellt und war gegangen.

Und jetzt saß sie also mit Lars im Raumschiff und musste das Missverständnis aufklären. Der Kellner brachte den Champagner für ihn und Mineralwasser für sie. Sie bereute es, dass sie ihre Unabhängigkeit nicht wenigstens mit einem Cocktail demonstriert hatte.

Der einzige Wandschmuck des Lokals bestand aus verschiedenfarbigen Streulichtern. Aus riesigen Boxen pulsierte der sture Beat der Chill-out-Musik.

„Ich weiß nicht, ob man mit Champagner und Mineralwasser anstoßen darf", sagte Lars.

„Ich wusste nicht, dass es auch dafür Vorschriften gibt."

„Also stoßen wir an?"

„Von mir aus."

Als sich die Gläser berührten, fragte Lars: „Frieden?"

Marie stellte das Glas ab. „Wir haben keinen Streit, Lars. Wir passen nicht zusammen."

„Wir ergänzen uns."

Marie seufzte. „Ich suche nicht die große Ergänzung. Ich suche die große Liebe."

Lars schwieg.

„Mach nicht so ein Gesicht, es bricht mir das Herz."

„Dann besteht ja noch Hoffnung."

Marie nahm Lars' Champagnerglas und hielt es einem vorbeigehenden Kellner entgegen. Dieser nickte.

Schweigend warteten sie, bis er ihr auch ein Glas gebracht hatte. Marie hob es. „Lass uns auf die vergangenen Wochen anstoßen und die Sache wie zwei Erwachsene zu Ende bringen."

Aber das war zu viel verlangt von Lars. Während der Vorspeise bettelte er, beim Hauptgang machte er ihr Vorwürfe und beim Kaffee hatte er es geschafft, der Sache den Anschein zu geben, als sei er es, der sie loswerden wolle.

Das ärgerte sie zwar, aber es hatte den Vorteil, dass sie sich nicht verpflichtet fühlte, die Rechnung zu teilen. Sie hätte nämlich nicht genug dabei gehabt.

Sein Angebot, sie irgendwo abzusetzen, lehnte sie ab. […]

Die Nacht war noch klarer, als es der Tag gewesen war. Aber in den drei Stunden, die sie sich mit Lars herumgequält hatte, war das Thermometer gefallen. Ein eisiger Wind ließ ihre Augen tränen. Immer wieder musste sie die Hände aus den Manteltaschen nehmen und damit ihre Ohren wärmen.

Ihre Bemerkung über die große Liebe ging ihr nicht aus dem Kopf. Sie hatte sie mehr aus Freude an der Formulierung gesagt. „Ich suche nicht die große Ergänzung, ich suche die große Liebe", war ein Satz, wie er ihr gefiel. Aber war etwas dran? Suchte sie die große Liebe? Nicht so, wie das alle taten, sondern wirklich? War sie auf der Suche?

Waren Lars und die anderen vor ihm Etappen auf dem Weg zum großen Ziel?

Die Straßen des trendy gewordenen Arbeiterviertels waren menschenleer. In vielen Fenstern hingen Lichtgirlanden, und die Schaufenster der türkischen Imbisse, Thai-Takeaways und asiatischen Lebensmittelläden blinkten und glitzerten in allen Farben.

Marie fühlte sich plötzlich einsam. Ein neues Gefühl. Allein hatte sie sich schon oft gefühlt. Das fühlte sich gut an. Es machte sie unabhängig und selbstständig. Aber einsam? Einsam war anders. Einsam fühlte sich an, als müsste sie augenblicklich unter Menschen, je mehr desto besser.

Von einer Hauswand weiter vorne warf ein Projektor einen Schriftzug aufs Trottoir. „Esquina", konnte Marie lesen, als sie näher kam. Aus dem Eingang drang warmes Licht, wie aus einer guten Stube. Und Salsa statt Techno.

Aus: Suter, Martin: Lila, Lila, © 2004 Diogenes Verlag AG Zürich, S. 13–20 (für Prüfungszwecke überarbeitet)

1 Der Begriff *Bullenmarkt* steht an der Börse für anhaltend steigende Kurse und *Bärenmarkt* für anhaltend sinkende Kurse.

Lösungsvorschlag

Aufgabe a: Zusammenfassung des Inhalts

***Hinweis:** Der Romanauszug beginnt kurz vor Maries Zusammentreffen mit Lars im Szenelokal „Raumschiff" und endet damit, dass Marie das Restaurant verlässt und bei ihrem Gang durch die Straßen letztendlich vor der Salsa-Bar „Esquina" landet. In diese Gegenwartshandlung ist ein Rückblick eingebettet, der allgemeine Informationen zur Protagonistin enthält und vom Beginn und Charakter ihrer Affäre mit Lars handelt. Hier wird auch vom Ausgang des vorletzten Gesprächs zwischen den beiden erzählt. Beachten Sie, dass es sich um zwei verschiedene Gespräche handelt. Bei der Inhaltsangabe ist es sinnvoll, chronologisch vorzugehen.*

Der vorliegende Auszug aus dem im Jahre 2004 erschienenen Roman *Lila Lila* von Martin Suter (geb. 1948) handelt von dem Versuch der Protagonistin Marie Berger, sich von ihrem Liebhaber Lars zu trennen.

Marie ist 24 Jahre alt, möchte ihr Abitur nachholen und wohnt deshalb bei ihrer Mutter, deren indiskretes Liebesleben die Tochter des Öfteren aus der Wohnung treibt. So lernt sie eines Abends den Nationalökonomie-Studenten Lars in einer von ihr oft besuchten Bar kennen und geht mangels Alternative mit zu ihm nach Hause. Nur, weil Marie „one-night-stands" prinzipiell ablehnt, bleibt Lars zwei Monate lang ihr Liebhaber und Begleiter, bevor er ihr eines Abends unabsichtlich die Gelegenheit gibt, sich aufgrund eines Streits von ihm zurückzuziehen. Er bittet sie um ein Versöhnungsessen, auf das sie sich nur unwillig einlässt und auch nur deshalb, um einen endgültigen Schlussstrich unter die Affäre zu ziehen. Marie bleibt im Laufe des Gesprächs unnachgiebig, sodass sogar Lars die Aussichtslosigkeit seiner Bemühungen begreift. Ihm gelingt es aber, sich selbst als denjenigen hinzustellen, der die Beziehung beendet hat. Unter dem Eindruck des Gesprächs, in dem sie den Wunsch, sich zu trennen, mit ihrer Suche nach der „großen Liebe" begründet hat, läuft sie sinnierend durch die Stadt und kommt schließlich zur Bar „Esquina", die sie zu interessieren scheint.

Aufgabe b: Charakterisierung von Marie

***Hinweis:** Die Charakterisierung ist nicht einfach zu strukturieren, da der Textausschnitt bei der Figurenzeichnung keine bestimmte Reihenfolge aufweist. Deshalb sollte man Oberbegriffe bilden, die einzelne Aspekte der Figur betreffen. Hier wurden folgende Sinneinheiten gewählt: Allgemeine Angaben – Einstellung zu Beruf, Einkommen und Lebensstil – Ambivalenz des Strebens von Marie, konsequent und unabhängig zu sein, und Kontrast zwischen „Theorie" und „Praxis" ihrer Abgeklärtheit – ihre Einsamkeit (Ursache und aktueller Stand).*

Die 24-jährige Marie geht seit „etwas über einem Jahr […] wieder zur Schule“ (Z. 34). Sie **will „das Gymnasium abschließen**, das sie mit sechzehn aufgegeben“ hat, „um eine **Ausbildung als Dekorateurin** anzufangen“ (Z. 34 ff.). Sie lebt aus Kostengründen mit ihrer Mutter Myrtha in deren Dreizimmerwohnung. Für ihre Ausbildung und ihren Lebensunterhalt greift sie auf ihr „Erspartes“ zurück und „jobbt“ in ihrem erlernten Beruf (vgl. Z. 40–44). Über Maries Äußeres erfährt der Leser nicht viel, sie scheint aber **attraktiv** zu sein, da sie sonst wohl kaum von einem Mann wie Lars in der Bar angesprochen worden wäre. Zudem wird sie im Restaurant von den anderen Gästen „taxiert[]“ (Z. 18).

Marie hält sich für **kreativ** (vgl. Z. 36 f.) und möchte Literatur studieren, da sie „schon während der Lehre ihre **Liebe zu Büchern** entdeckt“ hat (Z. 48 f.). Das erscheint in gewissem Maße **willkürlich, aber** trotzdem auch **konsequent**. In jedem Fall lässt sich feststellen, dass Marie nicht nach einem gut situierten, geordneten Leben strebt, sondern ihrem **Hang zu Künstlerischem, Geistigem** nachgeht. Daher gibt sie sich **erhaben über schnödes und sozial unverantwortliches Gewinnstreben** – auch wenn sie es mittelbar ausnutzt (vgl. Z. 11 ff., Z. 81). Lars, der „über seine Verhältnisse“ (Z. 12 f.) lebt, kommt nämlich genau aus dieser Welt. Großtuerisches Ambiente und Lifestyle stoßen Marie eigentlich ab, ihr gefallen – so lässt sich schließen – kleine, gemütliche Lokale, die „warmes Licht“ ausstrahlen „wie […] eine[] gute[] Stube“ und „Salsa statt Techno“ spielen (Z. 146 f.).

Marie scheint an sich eine **sehr eigenwillige Person** zu sein. Einmal gesetzte Maßstäbe will sie unbedingt einhalten und legt dabei eine fast zwanghafte **Sturheit** an den Tag. So braucht sie „fast fünf Jahre, um ihrer Mutter recht geben zu können, dass es ein Fehler gewesen [ist]“, die Schule abzubrechen (vgl. Z. 38 f.). Auch die Affäre mit Lars zieht sich nur deshalb hin, weil „sie sich **aus Prinzip auf keine one-night-stands**“ (Z. 75 f.) einlässt. Sie zwingt sich fast masochistisch, ihren Geboten treu zu bleiben, um ihre **Unabhängigkeit** zu beweisen (vgl. Z. 32 f.). Selbstquälerische Tendenzen zeigen sich auch darin, dass sie sich ständig die Fehlentscheidungen vor Augen führt, die sie getroffen hat. So dient das Dekorieren von Schaufenstern für drei Stammkunden nicht nur dem Gelderwerb, sondern auch dazu, „sie immer daran [zu erinnern], welchen Beruf sie auf keinen Fall mehr ausüben“ (Z. 47 f.) will.

Trotzdem aber ist sie **pragmatisch** – ohne sich dies in jedem Fall einzugestehen: Obwohl sie Myrthas Lebenswandel sehr stört, zieht sie wieder bei ihrer Mutter ein, um die Miete zu sparen (vgl. Z. 39 ff.). Die Arbeit als Dekorateurin ist zwar nicht so lukrativ wie andere Jobs, lässt sich aber „mit dem Schulbetrieb vereinbaren“ (Z. 46). Dass auch Lars’ Tauglichkeit zum Restaurantbegleiter und Liebhaber ein Grund gewesen ist, ihm „keinen reinen Wein einzuschenken“, will sie sich jedoch nicht eingestehen (vgl. Z. 80–84). Wichtig ist es für Marie, immer das **Gefühl** zu haben, **eigene Entscheidungen zu treffen**. Sie verhält sich Lars gegenüber **betont emanzipiert** (vgl. Z. 32 f.). Zwischen ihrer praktischen Seite und ihrem Wunsch, einem bestimmten, von ihr selbst gezeichneten Bild zu entsprechen, besteht ein **Widerspruch**.

Immer wieder zeigt sich diese **Ambivalenz**. Gegenüber ihrem Liebhaber verhält sie sich im gleichen Maße **unsensibel wie feinfühlig** (vgl. Z. 24–28, 85–90). Sie kann Lars eigentlich nicht leiden, da sie ihn als selbstverliebt und langweilig empfindet, sie ist seiner zur Schau gestellten Verletzlichkeit aber nicht gewachsen (vgl. Z. 29 f.). Seinen Narzissmus schätzt sie nicht, sie hat eigentlich nichts übrig für den „Mann der Wirtschaft“ (Z. 99 f.). Seine Ausführungen zum Bullenmarkt langweilen sie so, dass sie hier zum ersten Mal die Gelegenheit ergreift, ihn buchstäblich sitzen zu lassen (vgl. Z. 99 ff.). Sie erweist sich als **schlagfertig und redegewandt, aber auch unehrlich** (vgl. Z. 101, 107–116). Das zeigt sich unter anderem im letzten Gespräch. Ihre **Feinfühligkeit**, die auch **etwas** nach **Feigheit** aussieht, steht ihrem offensichtlichen Wunsch nach klaren Verhältnissen immer wieder im Weg. Sie kann Lars’ selbstverliebtes Gehabe zwar nicht ausstehen, erträgt aber genauso wenig seinen „unglücklich[en]“ (Z. 4 f.) Gesichtsausdruck.

Es ist eine gewisse **Bindungsangst** bei Marie festzustellen, die womöglich aus ihrer Kindheit herrührt: Da ist auf der einen Seite die **Mutter**, die sich von ihrem Kind beim Vornamen nennen lässt – wohl, weil sie sich ihre Jugendlichkeit bewahren will –, die „ihr Leben lebt" und der ein Liebhaber wichtiger ist als die eigene Tochter (vgl. Z. 54–60), auf der anderen Seite ein von der Mutter geschiedener **Vater**, der ebenfalls wenig Interesse an Marie zu zeigen scheint (vgl. Z. 50–53). So kann man vermuten, dass Marie schon früh auf sich selbst gestellt gewesen ist und von den Eltern **wenig Aufmerksamkeit** erfahren hat. Aus dieser Not hat sie möglicherweise eine Tugend gemacht und ihr Selbstbewusstsein mit dem Gefühl gestärkt, **auf niemand anderen angewiesen** zu sein (vgl. Z. 141 f.). Von der Mutter und ihrem für Marie peinlichen Verhalten grenzt sie sich dadurch ab, dass sie ihre Affären grundsätzlich nicht auf nur eine Nacht beschränkt und ihre Liebhaber auch nicht mit nach Hause bringt.

Es wird deutlich, dass Marie ihre **Einsamkeit** verdrängt, angeblich ein „neues Gefühl" (Z. 141). Sie trennt es ganz strikt vom **Alleinsein**, das sie **mit Unabhängigkeit gleichsetzt**, was sich angeblich gut anfühlt (vgl. Z. 142 f.). Dass sie meint, erstmals Isolation zu empfinden, ist wieder ein Beispiel für ihren Hang zur Selbsttäuschung. Schließlich lässt sie sich auf Lars ein, weil sie sich an jenem Abend „so [!] ausgestoßen", also einsam fühlt und das nicht zum ersten Mal (Z. 72 f.). Marie scheint aber nicht darüber nachdenken zu wollen, warum ihre zwischenmenschlichen Beziehungen eher Notlösungen gleichen. Sie geht ins „Bellinis", weil sie nach der Flucht aus der Wohnung ihrer Mutter bei einer Freundin keinen Unterschlupf findet und in der Bar Freunde zu treffen hofft (vgl. Z. 61–71). Sie lässt sich von Lars „aufreißen", obwohl er nicht ihr Typ und es nicht ihre Gewohnheit ist, folgt ihm nach Hause und bleibt mit ihm u. a. deshalb zusammen, weil „Myrtha ihre gefürchtete Jahresabschlussdepression auslebt" (Z. 69–74, 79 f.). Beim Verlassen des Lokals „Raumschiff", als ihr die Gedanken um das Wort „große Liebe", das sie im Gespräch als Waffe eingesetzt hat, „nicht mehr aus dem Kopf gehen", fragt sie sich, ob sie wirklich, wie gegenüber Lars behauptet, unbewusst danach sucht (vgl. Z. 133–136). Sie landet vor einer Bar, die ihr mehr zu entsprechen scheint als das gerade besuchte Designerlokal (vgl. Z. 145 ff.). Man ahnt, dass sie diese betreten und in ihren alten Trott zurückfallen wird, um das unangenehme Gefühl der Einsamkeit zu vertreiben.

Aufgabe c: Analyse des Gesprächs und Beurteilung

Hinweis: *Diese Aufgabenstellung ist ungewöhnlich. Sie besteht aus einer Analyse eines Gesprächsverlaufs – ähnlich wie beim Drama – und einer Beurteilung. Sie müssen also zunächst das Kommunikationsverhalten der Protagonisten untersuchen und dann bei jeder Person durch Abwägung entscheiden, ob sie das Lokal erfolgreich – und wenn ja, in welchem Maße – verlässt. Hier ist darauf zu achten, dass der offensichtliche Erfolg beziehungsweise Misserfolg nicht unbedingt ein umfassender Triumph oder eine umfassende Niederlage sein muss. Vorangestellt ist eine Einführung zu den Umständen des Treffens, die als Grundlage der Gesprächsanalyse dient.*

Das Gespräch zwischen Marie und Lars beginnt, bevor der Leser erfährt, wer Marie ist und um wen es sich bei Lars handelt. Man wird sofort darüber informiert, dass Marie am liebsten gar nicht zu diesem Treffen gehen würde und dass Lars für sie ein „Missverständnis" darstellt (vgl. Z. 3 f.). Schon am **Verhalten vor der eigentlichen Aussprache** erkennt man, dass Marie es Lars so schwer wie möglich machen will, ihren Verehrer zu spielen, während Lars alles daran setzt, Marie für sich einzunehmen (vgl. Z. 14–33).

Beide Protagonisten erscheinen zu früh, wobei Lars seiner **Rolle als Gentleman** gerecht wird und bereits am Tisch sitzt, als Marie das Restaurant betritt. Das kann natürlich auch an seiner ehrlichen Zuneigung für Marie liegen. Dass er vom Stuhl aufspringt, als sie auf ihn zukommt, „und winkt wie ein Schwimmer in Not" (Z. 16), zeigt, wie dringend er sie erwartet hat. Er bemüht sich, aufmerksam zu sein, oder ist es gar von Natur aus, jedenfalls hat er für Marie den Platz vorgesehen, von dem aus sie die Leute beobachten kann, ist also überaus bemüht, ihr zu gefallen (vgl. Z. 14–19). Champagner zu bestellen, ohne nachzufragen, sieht er offensichtlich nicht als Ignoranz gegenüber Maries Wunsch nach Selbstbestimmung, sondern als Zeichen seiner Freude über ihre Anwesenheit. Er reagiert nicht ärgerlich auf ihre kühle Art, was verständlich wäre, sondern versucht, ihrer Abweisung die Spitze zu nehmen (vgl. Z. 117). Immer wieder sind es seine Blicke – erschrocken oder verletzt –, die Marie dazu bringen, ihre harschen Worte abzumildern (vgl. z. B. Z. 29 f.), was möglicherweise eher einer (unbewussten?) Strategie als echtem Empfinden entspringt. Als seine **Beharrlichkeit** diesmal jedoch nicht fruchtet, wechselt er die Taktik mit der Speisenfolge, macht ihr **Vorwürfe**, nachdem Betteln nichts hilft, und stellt sie schließlich als die von ihm Abservierte hin. Sein Verhalten ändert sich also mit der wachsenden Erkenntnis, die gewünschte Versöhnung nicht erreichen zu können. Von da an geht es nur noch um die **Wahrung seines Stolzes** (vgl. Z. 123 ff.).

Marie geht von Anfang an auf **Konfrontation** und reagiert schnippisch auf seinen Hinweis, dass er ihr den „besseren" Platz zugedacht hat. Sie stellt sofort richtig, dass ihre Aussage nicht freundlich gemeint war, als sie an seinem erfreuten Blick merkt, dass er sie ganz falsch verstanden hat (vgl. Z. 24–28). Den Champagner, den er bestellt, ohne sie zu fragen, lehnt sie sofort ab, obwohl sie gerne einen getrunken hätte (vgl. Z. 32 f.). Sie will an diesem Abend keinerlei Kompromisse – auch nicht mit sich selbst – eingehen. Später ordert sie dann demonstrativ selbst ein Glas (vgl. Z. 118 ff.). Sämtlichen Strategien Lars', sie zu einer Fortsetzung der Beziehung zu bewegen, zeigt sie sich diesmal gewachsen, auch wenn sie ihre erste **Unfreundlichkeit** noch **abschwächt:** Die Richtigstellung am Anfang, als er glaubte, die Leute interessierten sie seinetwegen nicht, entschärft sie mit einem Lächeln (vgl. Z. 29 ff.). Ansonsten weicht sie nicht von ihrer Entscheidung ab, auch wenn sie ihm mit dem Vorwand, die große Liebe zu suchen, zumindest eine Art **Rückzugsgebiet offenlässt** (vgl. Z. 114). Sie duldet sogar die Volte, die Lars am Ende schlägt, auch wenn es sie ärgert. Als Ausgleich lässt sie sich das Essen bezahlen, lehnt es aber ab, sich von ihm heimfahren zu lassen (vgl. Z. 126 ff.).

Lars hat mit der Unterredung sein eigentliches **Ziel**, die Beziehung zu Marie am Leben zu erhalten, **nicht erreicht**. Trotzdem ist er nicht ganz erfolglos, da er es schafft, sein **Scheitern** zu **kaschieren** und sich selbst zu belügen, um sich nicht selbst hinterfragen zu müssen und den Mythos, unwiderstehlich zu sein, für sich aufrechtzuerhalten. **Marie** wiederum hat ihr **Ziel erreicht**, kann aber ihren Erfolg nicht wirklich genießen, da sie am Ende als Verlassene dasteht und sich dann auch noch einsam fühlt – nicht, weil sie sich nach Lars zurücksehnt, sondern weil in dem Gespräch mit ihm Worte gefallen sind, die sie zum Nachdenken über ihre eigene Isolation gebracht haben.

Aufgaben:

a) Fassen Sie den Inhalt der Szene zusammen.

b) Charakterisieren Sie die junge Mutter.

c) Begründen Sie mithilfe ausgewählter Textpassagen, dass die Skepsis der jungen Mutter gegenüber dem linkischen Mann berechtigt ist.

Botho Strauß (geb. 1944)
Paniktag[1] (2009)

Supermarkt. Einkaufsregal mit Haushaltswaren, zum Teil leergekauft. Die junge Mutter, das Baby um den Oberkörper gewickelt, schiebt ihren halbgefüllten Einkaufswagen am Regal entlang. Zu ihr tritt der linkische Mann, mit einer Sammelpackung Apfelsaft unter dem Arm.

DER LINKISCHE MANN: Ich habe keinen Wagen mehr bekommen. Darf ich meine Sachen mit in Ihren Wagen legen?

Die junge Mutter, etwas ratlos, will weitergehen. Doch der linkische Mann hält den Wagen auf.

DIE JUNGE MUTTER: Wie soll das gehen?

DER LINKISCHE MANN: Nur bis zur Kasse. Warum kaufen wir das alles?

DIE JUNGE MUTTER: Weil irgendeine Krise ausgebrochen ist und ich ein kleines Kind habe.

Sie nimmt Windeln und Wischtücher aus dem Regal, sucht nach irgendeiner anderen Ware.

DER LINKISCHE MANN: Wie heißt der Laden? Rewe?

DIE JUNGE MUTTER: *(stutzt)* Nein … Das ist doch Spar hier.

DER LINKISCHE MANN: Es ist also eine Krise ausgebrochen. Welche? Ich habe heute früh keine Nachrichten gehört.

DIE JUNGE MUTTER: Ich weiß nicht. Vielleicht ein Attentat. Oder ein Börsenkrach. Am schlimmsten wäre Seuchenalarm.

DER LINKISCHE MANN: Ich habe keine Alarmsirene gehört. Alles ist still auf den Straßen. Die Leute sind wie die Heuschrecken über die Geschäfte hergefallen.

DIE JUNGE MUTTER: Nein, wie die Hamster. Es muss irgend etwas ganz plötzlich passiert sein. Meine Nachbarin sagte: Mach schnell, kauf ein. Bevor es zu spät ist. Denk an den Kleinen.

DER LINKISCHE MANN: Wir scheinen hier die Letzten zu sein. Die Regale sind schon ziemlich geplündert.

DIE JUNGE MUTTER: Topflappen gibt es noch jede Menge. Aber Wäscheklammern sind keine mehr da.

DER LINKISCHE MANN: Ich saß zu Hause über meinen Büchern. Vollkommen abgeschirmt. Auf einmal ergriff mich eine diffuse Unruhe. Ich sprang auf und rannte auf die Straße. Bei Aldi gab es keine Getränke mehr. Das sieht nach einer Massenpsychose aus.

Während sie miteinander sprechen, packen sie immer mehr Waren in den Wagen, bald ganz ohne zu wählen.

DIE JUNGE MUTTER: Haben Sie was mit Medizin zu tun?

DER LINKISCHE MANN: Nein.

DIE JUNGE MUTTER: Klingt, als hätten Sie was mit Medizin zu tun.

DER LINKISCHE MANN: Wenn Sie wollen, trage ich Ihnen nachher die Einkaufstüten nach Hause.

DIE JUNGE MUTTER: *(bleibt stehen, mustert den linkischen Mann)* Können Sie eventuell eine kaputte Jalousie reparieren?

DER LINKISCHE MANN: Kommt drauf an. Ich bin nicht gerade der Typ Heimwerker.

DIE JUNGE MUTTER: Es ist so eine Art Lamellenjalousie.

DER LINKISCHE MANN: Hängt sie bloß schief oder –?

DIE JUNGE MUTTER: Hängt schief, ja. Klemmt. Läßt sich nicht mehr ziehen.

DER LINKISCHE MANN: Ich meine: Hängt sie oben? Kann man sie nicht mehr runterlassen?

DIE JUNGE MUTTER: Genau. Sie geht nicht mehr runter. Ich kann tagsüber nicht aufs Klo. Man sieht alles vom Nachbarblock.

DER LINKISCHE MANN: Haben sich die Strappen – die Strippen, das, woran man zieht – sind die verdrillt?

DIE JUNGE MUTTER: Verdrillt?

DER LINKISCHE MANN: Verwickelt, verdreht …

DIE JUNGE MUTTER: Sie sprechen manchmal wie mein Mann. Der will auch alles pitzelgenau wissen.

DER LINKISCHE MANN: Warum repariert Ihr Mann nicht die Jalousie?

DIE JUNGE MUTTER: Mein Mann … ist Arzt. Aber zu was Praktischem nicht zu gebrauchen. Gegenwärtig ist er auf einem Fortbildungsseminar. Haben Sie die Haferflocken reingetan?

DER LINKISCHE MANN: Erwarten Sie, daß er zu Ihnen zurückkehrt?

DIE JUNGE MUTTER: *(mustert den linkischen Mann)* Nein.

DER LINKISCHE MANN: Ich bin wahrscheinlich im Haus genauso ein Nichtsnutz wie er. Aber die Jalousie kriege ich hin.

DIE JUNGE MUTTER: Er ist ein Genie. Ein blitzgescheiter Mensch.

DER LINKISCHE MANN: Ist das Kind von ihm?

DIE JUNGE MUTTER: Darius heißt er. Darius heißt auf persisch: nur Gutes! Ein Kind braucht im Durchschnitt fünftausendachthundert Windeln, bis es trocken ist. Wußten Sie das?

DER LINKISCHE MANN: Überall Kameras. Absurd. Wir sind hier mitten im Film: Die Letzten mit den Resten.

DIE JUNGE MUTTER: Man traut eigentlich niemandem mehr.

DER LINKISCHE MANN: Irgendwo findet sich immer ein guter Onkel, der einem zu Hause etwas in Ordnung bringt.

DIE JUNGE MUTTER: Sind Sie sicher?

DER LINKISCHE MANN: Sicher? Worin?

DIE JUNGE MUTTER: Daß Sie ein – guter Mensch sind?

DER LINKISCHE MANN: Wie kann man da sicher sein?

DIE JUNGE MUTTER: Sehen Sie.

DER LINKISCHE MANN: Manchmal genügt ein Blick auf die eigenen Fußspitzen, und man starrt ins Bodenlose.

DIE JUNGE MUTTER: *(mustert den linkischen Mann)* Es fallen einem tausend Horrorgeschichten ein, wenn man dran denkt, daß ich Sie mit nach Hause nehme, obwohl wir uns doch erst eben zufällig kennengelernt haben.

DER LINKISCHE MANN: Hören Sie, Sie sind doch eine gescheite Frau –

DIE JUNGE MUTTER: *(brüllt plötzlich)* Gescheit?! Was heißt da gescheit?!

DER LINKISCHE MANN *(legt ihr die Hand auf den Mund)* Psst! … Der Kleine. Wenn Sie mich etwas genauer ansähen, dann wüßten Sie, an wen Sie geraten sind.

DIE JUNGE MUTTER: Was tun Sie? Was machen Sie denn? Beruflich?

DER LINKISCHE MANN: An mir können Sie die Beobachtung machen, daß ein Mensch noch senkrecht vor Ihnen steht, während er in Wahrheit bereits kopfüber in die Tiefe saust.

DIE JUNGE MUTTER: Ich bin nicht fähig, Ihnen länger zuzuhören. Ich platze vor Angst.

DER LINKISCHE MANN: Ich werde Sie nicht quälen. Aber Sie hängen ja an meinen Lippen –

DIE JUNGE MUTTER: Tun Sie nicht so. Nehmen Sie Ihre Sachen aus dem Wagen.

DER LINKISCHE MANN: Wie soll das gehen?

DIE JUNGE MUTTER: Die jungen Mütter sitzen abends auf ihren Balkonen. Sie sitzen nach der Arbeit reihenweise auf ihren Balkonen und heulen, heulen haltlos in den Abend hinein.

DER LINKISCHE MANN: Warum heulen sie denn?

DIE JUNGE MUTTER: Sie heulen – weil sie heulen müssen! Fünf junge Männer überfallen im Hausflur eine Schwangere und ziehen sie aus. Sie sehen ihren vorquellenden Nabel und werfen mit Dartspitzen nach ihrem Nabel! Und alle treffen ins Schwarze! Der Nabel ist rund mit Pfeilen gespickt.

DER LINKISCHE MANN: Das gibt es nicht. Das geht doch gar nicht!

DIE JUNGE MUTTER: Ach so? Das geht gar nicht? Na!

Eine Frau mit leerem Einkaufswagen nähert sich aus einiger Entfernung.

DIE JUNGE MUTTER: Meine Schwester! … Gott sei Dank!

DIE SCHWESTER: *(schroff)* Wer ist das? Bist du verrückt geworden?

DIE JUNGE MUTTER: Ich weiß nicht … Wie heißen Sie?

DER LINKISCHE MANN: *(leise, wird überhört)* Jörg Bruhns.

DIE SCHWESTER: Du läßt dich mit einem wildfremden Mann ein. Weißt du nicht, was passiert ist? Hast du komplett die Kontrolle verloren?

DER LINKISCHE MANN: Was ist denn passiert? Ich wollte Sie nicht in Verlegenheit bringen.

DIE JUNGE MUTTER: Der Mann will nur meine Jalousie auf dem Klo reparieren.

DIE SCHWESTER: Ich höre wohl nicht richtig. *(wendet sich an den linkischen Mann)* Sie ist Physiotherapeutin. Ihr Chef zahlt nicht. Er meint, sie soll ihre Überstunden abbummeln. Jetzt rennt sie den ganzen Tag im Supermarkt herum und weiß nichts mit sich anzufangen. *(zu ihrer Schwester)* Kattrin! Nimmst dir fremde Männer mit nach Haus! Und das Kind? Du mußt doch wenigstens spüren, daß dieser Mann eine Gefahr für dein Kind sein könnte. Soviel Instinkt muß doch selbst eine dumme Maus wie du besitzen!

DIE JUNGE MUTTER: Gut, daß du rechtzeitig gekommen bist.

DIE SCHWESTER: Zufall! Der pure Zufall. Und was, wenn nicht? Kattrin!

DER LINKISCHE MANN: Wir haben bloß zusammen eingekauft. Ich bekam draußen keinen Einkaufswagen mehr.

DIE SCHWESTER: Wie heißen Sie?

DER LINKISCHE MANN: *(murmelt, wird wieder überhört)* Jörg Bruhns.

DIE SCHWESTER: Ich sage euch, die Stadt ist wie ausgestorben. Vom Treidelplatz bis zum Albrechtsdamm die reine Geisterzone.

DER LINKISCHE MANN: Aber die Menschen werden sicher bald wiederkommen.

DIE SCHWESTER: Kein Mensch kommt. Kein einziger weit und breit. Da hättest du brüllen können wie am Spieß. Niemand wäre dir zu Hilfe gekommen. Kein Mensch. Jedes Kind weiß, daß man einen wildfremden Mann nicht mit nach Hause nimmt, und du hast ein Kind und bringst es trotzdem in Gefahr.

DIE JUNGE MUTTER: Es ist ja weiter nichts passiert.

DIE SCHWESTER: *(zum linkischen Mann)* Mit ihr hätten Sie leichtes Spiel gehabt.

DER LINKISCHE MANN: Ich glaube, es ist heute der sechste oder der siebte April. Jedenfalls ein Dienstag. Wahrscheinlich wird er schon morgen der Schwarze Dienstag genannt.

DIE SCHWESTER: Und was machen Sie sonst so um diese Zeit?

DER LINKISCHE MANN: Na, ich esse einen Happen bei Subway, und anschließend mache ich einen kleinen Spaziergang im Ostpark.

DIE SCHWESTER: Dann kommen Sie. Essen wir einen Happen bei Subway und machen anschließend einen kleinen Spaziergang im Ostpark.

DER LINKISCHE MANN: Beruhigen wir uns doch alle erst einmal.

DIE SCHWESTER: Sie ist meine Schwester. Sie will es so. Sag, daß du es so willst. Kattrin!

DIE JUNGE MUTTER: Ich will es so.

Die Schwester und der linkische Mann wenden sich zum Gehen.

DIE SCHWESTER: Es gibt Menschen, die können nicht einmal danke sagen.
DIE JUNGE MUTTER: Danke.

Die beiden ab. Die junge Mutter bemerkt die Waren des linkischen Manns in ihrem Wagen und ruft leise hinter ihm her.

DIE JUNGE MUTTER: Ihre Sachen … Jörg Bruhns … Ihre Sachen. Darius, mein Kleiner. Deine Mutter hat sich wieder mal dumm angestellt. Aber du mußt auch ein bisschen aufpassen auf mich. Du weißt doch besser als ich, wer gut ist und wer nicht. Wildfremde Menschen gehen uns beide nichts an. Obwohl sie im Prinzip ganz nett sind. Nur Gutes. Nur Gutes.

Aus: Strauß, Botho: „Leichtes Spiel. Neun Personen einer Frau", Rowohlt: Reinbek bei Hamburg 2009, S. 7–14

1 „Paniktag" ist die erste von zehn Szenen des Theaterstücks.

Lösungsvorschlag

Hinweis:

Zum Drama

In dem Theaterstück „Leichtes Spiel" von Botho Strauß, welches 2009 erschienen ist und im selben Jahr auch am Münchner Residenztheater uraufgeführt wurde, geht es, wie der Untertitel „Neun Personen einer Frau" andeutet, um den Facettenreichtum in der Persönlichkeit einer modernen Frau, ihre unterschiedlichen Wesensschichten und Widersprüche: Kathie, Kattrin, Katharina – handelt es sich stets um dieselbe Frau oder immer um eine andere? Ihre wechselnden Temperamente und Lebenshaltungen fächert Botho Strauß in zehn prägnanten Szenen auf, die sich nach und nach zu einem Ganzen fügen. Es gelingt Strauß, die Abgründe des Paaralltags in ihrer Komik auszuloten und in einen gesellschaftlichen Zusammenhang zu stellen.

Über den Autor

*Botho Strauß wurde als Sohn eines Chemikers am 2. Dezember 1944 in Naumburg an der Saale geboren. Er ist ein mehrfach ausgezeichneter Schriftsteller und Theaterautor. So erhielt er 1989 nicht nur den Georg-Büchner-Preis[1], sondern unter anderem auch den renommierten Dramatikerpreis der Stadt Hannover für das Werk „Bekannte Gesichter, gemischte Gefühle" (1974). Sein Debüt als Dramatiker gab er mit dem Stück „Die Hypochonder" (uraufgeführt 1972). Darin thematisiert er Probleme der **Entfremdung**, die **Unfähigkeit zur Kommunikation** und **soziale Beziehungslosigkeit**, die auch in weiteren Stücken wie „Trilogie des Wiedersehens" (1976), „Groß und klein. Szenen" (1978) oder „Der Kuß des Vergessens" (uraufgeführt 1998) beherrschend bleiben. Dies trifft auch auf „Leichtes Spiel. Neun Personen einer Frau" zu. Hier taucht wieder das Grundthema der **Isolation** und **Entfremdung** der Menschen in der modernen **Konsumgesellschaft** auf.*

---

1 Der **Georg-Büchner-Preis**, auch **Büchnerpreis** genannt, ist der bedeutendste bundesdeutsche Literaturpreis, der jährlich von der Deutschen Akademie für Sprache und Dichtung in Darmstadt verliehen wird.

Aufgabe a: Zusammenfassung der Szene

Hinweis: Die Aufgabenstellung umfasst drei verschiedene Anforderungen, die jeweils unterschiedlich zu gewichten sind. Die Zusammenfassung der Dramenszene, reine Reproduktion, fällt dabei am geringsten ins Gewicht. Bei diesem Aufgabenteil, der bei der Bewertung etwa 20 Prozent ausmacht, ist darauf zu achten, dass der Inhalt der Szene ***nicht*** *episch nacherzählt wird, sondern mehr in Form einer* ***Skizze*** *Personal und Handlungsrahmen vorstellt.*

Der Dramenauszug *Paniktag*, die erste des zehn Szenen umfassenden Dramas, wurde dem 2009 bei Rowohlt in Reinbek bei Hamburg erschienenen Theaterstück *Leichtes Spiel. Neun Personen einer Frau* von Botho Strauß entnommen.

Drei Personen, der linkische Mann und die junge Mutter mit ihrem Kleinkind, irren durch einen menschenleeren, nahezu leergekauften Supermarkt, der wie ein Spiegelbild einer nicht näher bezeichneten Stadt wirkt, deren Häuser verlassen und deren Straßen menschenleer sind. Sinnlos wählen sie aus der Restware Produkte und stapeln diese in einen Einkaufswagen. Ihre Gespräche kreisen um die Frage nach der Ursache der für sie unerklärlichen Krisensituation. Beide besitzen keine verlässlichen Informationen über Ereignisse, die das Chaos erklären könnten, sie scheinen mit ihrer Außenwelt kaum zu kommunizieren. Zwar empfindet die junge Mutter den ihr völlig unbekannten Mann anfangs als zudringlich, da er darauf besteht, ihren Einkaufswagen mit zu benutzen. Auf Basis der gemeinsam erlebten Rat- und Hilflosigkeit kommt es aber zur Annäherung der beiden, die darin gipfelt, dass die junge Mutter, die Kattrin heißt, ihn zu sich nach Hause einlädt, um dort eine defekte Jalousie zu reparieren. Im weiteren Verlauf des Gesprächs dämmert ihr, dass sie über ihren Gesprächspartner nichts weiß, er also potenziell eine Gefährdung für sie darstellen könnte, der sie sich hilflos ausgeliefert sieht. Sie schildert ihm ein Szenario des Chaos und der Aggressivität, das sie zutiefst erschreckt und das in der Beschreibung einer gefolterten Schwangeren gipfelt. Kattrins Eindruck, bedroht zu werden, wird noch durch das plötzliche Auftauchen ihrer Schwester verstärkt, die ihr Vorhaltungen wegen ihrer Vertrauensseligkeit macht und versucht, den linkischen Mann zur Rede zu stellen. Nachdem sie ihre Vorwürfe gegenüber Kattrin verstärkt und den Mann, der sich Jörg Bruhns nennt, verbal attackiert hat, tritt bei ihr plötzlich und ohne erkennbares Motiv ein Stimmungsumschwung ein, der dazu führt, dass sie sich mit dem Mann darauf einigt, einen Spaziergang zu unternehmen. Verwirrt und verunsichert bleibt Kattrin allein mit ihrem Kind und dem vollen Einkaufswagen mit sinnlos eingesammelter Ware zurück.

Aufgabe b: Charakteristik der jungen Mutter

Hinweis: Stärker bewertet wird die verlangte Charakterisierung der Protagonistin. Hier sollte neben der Beschreibung der Person eine ***fundierte Analyse*** *des kommunikativen und sozialen Verhaltens der Figur erfolgen. Denken Sie daran, dass eine Sprachanalyse stets einen engen Textbezug erfordert.*

Kattrin, die junge Mutter, hat ein **Baby** auf dem Arm und ist **mit einem Arzt verheiratet**, der sie aber offensichtlich verlassen hat (vgl. Z. 53 f.). Ihr Vorname, der Name also der einem Menschen Individualität und Identität verleiht, wird in dem gesamten Text nur drei Mal genannt (Z. 109, 113 und 135), ansonsten agiert sie als junge Mutter, d. h., sie wird auf ein Rollenklischee reduziert. Wobei das Adjektiv „jung" die Eigenschaften der **Unerfahrenheit** und der **Naivität** impliziert. „Mutter" verweist in diesem Kontext auf ein eher **traditionelles Rollenbild**, in dem die Frau dem Mann als Ehefrau und Mutter seiner Kinder untergeordnet ist. Ein Bild, dem Kattrin insofern entspricht, als sie ohne ihren Mann, den sie devot als „Genie" und „blitzgescheite[n] Mensch[en]" (Z. 57) zu verehren scheint, obwohl er über keine alltagstauglichen praktischen Fähigkeiten verfügt (vgl. Z. 50), hilflos ist. Dies bildet einen Widerspruch zu ihrem sonstigen Leben, da sie selbst als Physiotherapeutin einen **qualifizierten Beruf** ausübt oder doch zumindest erfolgreich erlernt hat (vgl. Z. 107). Dieser könnte ihr

Selbstständigkeit ermöglichen und Anerkennung bringen, welche eine moderne unabhängige Frau kennzeichnen. Allerdings sieht sie sich offensichtlich nicht in der Lage, sich im Alltag durchzusetzen (vgl. Z. 107). Überhaupt verhält sie sich gegenüber Personen, die sie als Autoritäten anerkennt (z. B. Arbeitgeber, Ehemann, Schwester) **unterwürfig**, was auf ein **wenig ausgeprägtes Selbstwertgefühl** schließen lässt. Dies zeigt sich auch im Gespräch mit dem linkischen Mann, dessen Forderung, mit ihm den Einkaufswagen zu teilen, sie nahezu widerstandslos Folge leistet (vgl. Z. 5 f.). Auch der Besuch des Supermarktes resultiert nicht aus einem eigenen Entschluss sondern aus dem von ihr wie ein Auftrag, ein Befehl empfundenen Rat der Nachbarin (vgl. Z. 18 f.). Diesem folgt sie umso lieber, als er ihr eine zumindest kurzfristige Sicherheit gibt und eine Rückkehr in alltägliche Gewohnheiten bedeutet, wie die Bemerkung der Schwester („Jetzt rennt sie den ganzen Tag im Supermarkt herum und weiß nichts mit sich anzufangen“, Z. 108 f.), zeigt. Gegenüber dem linkischen Mann schwankt sie zwischen Misstrauen und Vertrauensseligkeit, will ihn schließlich sogar mit nach Hause nehmen, um sich dann aber in hysterische Gewaltfantasien hineinzusteigern (vgl. Z. 87–96), die auf ihre eigene Ängstlichkeit hindeuten. Die Verlassenheit und Orientierungslosigkeit der jungen Mutter bedingen ihr ambivalentes Verhalten: Ihre **Sehnsucht nach Nähe** lässt sie zunächst auf den Mann eingehen, doch dann gewinnt ihre **Furcht vor Gewalt** die Oberhand. Möglicherweise verstärkt die unklare und rätselhafte wirtschaftlich-politische Lage ihre schwankenden Reaktionen.

Kattrins aus **Unselbstständigkeit** herrührende Unterwürfigkeit geht so weit, dass sie sich, von Schwester und linkischem Mann allein gelassen, dem Schutz ihres Säuglings Darius unterstellt (vgl. Z. 143 f.). Dass ihre resolute Schwester die Gelegenheit wahrnimmt und selbst mit dem Mann ausgeht, begreift sie nicht, lässt sich sogar einreden, dass dies ihr eigener Wille sei (Z. 135: „Sie will es so. Sag, daß du es so willst.“). Fast beschwörend wiederholt sie zuletzt die wörtliche Bedeutung von Darius' Namen: „Nur Gutes. Nur Gutes“ (Z. 146) wünscht sie sich in ihrer **Naivität** von der bedrohlichen Welt und den „wildfremde[n] Menschen“ (Z. 145). Sie ist, wie ihre Schwester konstatiert, eine **„dumme Maus“** (Z. 111), unfähig, ihr Leben selbst in die Hand zu nehmen und zu gestalten, verängstigt, verunsichert und orientierungslos, den Anforderungen des Alltags und erst recht der unheimlichen Krisensituation hilflos **ausgeliefert**. Insgesamt ergibt sich das Bild einer Frau, die wenig Selbstbewusstsein besitzt, leicht beeinflussbar ist, und deren Handeln weniger durch Logik denn von Emotionalität bestimmt zu sein scheint.

Aufgabe c: Begründung

Hinweis: *Bei der letzten Teilaufgabe geht es um die soziale Interaktion der Handelnden, wobei der Fokus auf der „jungen Mutter“ Kattrin liegt. Ihre Reaktionen, bzw. die Motive für diese, sollen anhand* ***geeigneter Textstellen*** *analysiert und interpretiert werden. Das Adverb „inwiefern“ deutet bereits darauf hin, dass Kattrins Verdacht tatsächlich begründet ist. Es wird von Ihnen also kein dialektisches Abwägen verlangt, wie dies bei einer Frage mit „ob“ der Fall wäre. Unerlässlich für diesen Aufgabenteil ist die Berücksichtigung der allgemeinen Grundregeln der Argumentation. Grundsätzlich gilt: Es geht nicht darum, möglichst viele Aspekte zu benennen, sondern darum, die angeführten Thesen glaubwürdig zu erläutern und am Text zu belegen.*

Kattrins Verhältnis zu dem linkischen Mann ist **zwiespältig:** Einerseits ist er in einer – wie sie es empfindet – von Unsicherheit und Chaos dominierten Welt ihr **Verbündeter**, dem sie sich nahezu bedingungslos anvertraut (vgl. Z. 41), andererseits geht für sie von ihm eine latente, nicht greifbare **Bedrohung** aus. Sein von Anfang an dominantes Verhalten – er „entert“ quasi ihren Einkaufswagen (vgl. Z. 1 ff.) – schüchtert sie ein, löst aber auch den Reflex aus, dass er für sie **zu einer Autorität** wird, der sie sich ihrem Charakter entsprechend unterwerfen und anvertrauen kann (vgl. z. B. Z. 34 ff.). Während Kattrin versucht, das Gespräch auf die aktuelle Situation zu konzentrieren, weisen die Fragen des linkischen Manns über diese hinaus, gehen ins Private, erkunden die Lebenssituation der Protagonistin (vgl. z. B. Z. 53). Sein Verhalten **bricht mit der Logik:** Ein menschenleerer Supermarkt, dessen Namen er nicht weiß, müsste eigentlich über genügend freie Einkaufswagen verfügen. Das Fehlen eines solchen nimmt der Mann aber zum Anlass, um mit Kattrin ins Gespräch zu kommen (vgl. Z. 1). Obwohl nach eigener Einschätzung handwerklich eigentlich nicht begabt, erklärt er sich bereit, mit Kattrin in deren Wohnung zu gehen und dort eine defekte Jalousie zu reparieren (vgl. Z. 34 f.). Dabei stellt er Fragen (vgl. Z. 43 f.), die im Widerspruch zu seiner angeblichen praktischen Unerfahrenheit stehen (vgl. Z. 36). Während Kattrin auf seine Fragen mit einer naiven Offenheit antwortet, gibt er nur sehr vage und **ausweichend Antworten** auf die ihren und verschweigt seinen Beruf (vgl. Z. 30). Seine Andeutungen verstärken bei der Protagonistin das Gefühl der Angst und des Ausgeliefertseins (vgl. z. B. Z. 79). Sie lösen bei ihr eine Assoziationskette aus, die an Grausamkeit kaum zu überbieten ist (vgl. Z. 84–94) und wohl eher auf Medienberichte denn auf reale Erfahrungen zurückzuführen ist. Der Mann treibt Kattrin mit seinem Verhalten immer mehr in die Enge und löst bei ihr Ängste und Ohnmachtsgefühle aus (vgl. Z. 83). Die von der Präsenz des Mannes und dessen Gesprächsverhalten ausgehende **Beklemmung** löst sich schlagartig mit dem Auftreten einer weiteren, von Kattrin als Autorität anerkannten Person, ihrer Schwester (vgl. Z. 97), die das Beklemmende der Situation auf eine banale Art auflöst.

Wirkte der linkische Mann anfangs durchaus **zielstrebig und mysteriös**, wird er vom Auftreten der Schwester in den Hintergrund gedrängt. Nun erscheint er eher **schüchtern**, sein Name geht in den Vorwürfen der Schwester unter (vgl. Z. 101, 117). Ohne Weiteres ist er bereit, gemeinsam mit der dominanten Schwester spazieren zu gehen und Kattrin wie seine Einkäufe zurückzulassen (vgl. Z. 142). Dies deutet darauf hin, dass es ihm im Supermarkt vornehmlich um die Kontaktaufnahme ging – ob es sich dabei um Kattrin oder ihre Schwester handelt, ist ihm offenbar gleichgültig. So hinterlässt das Verhalten von Jörg Bruhns einen **undurchschaubaren Eindruck**, der das Misstrauen der jungen Mutter rechtfertigt.

Bayern – FOS · BOS 12: Fachabiturprüfung 2011 – Deutsch
1. Analyse eines Sachtextes

Aufgaben:

a) Informieren Sie über Inhalt und Aufbau der Anmoderation; stellen Sie eine Überblicksinformation voran.

b) Zeigen Sie die Einstellung des Moderators zur Programmgestaltung in den öffentlich-rechtlichen Rundfunk- und Fernsehanstalten auf und analysieren Sie, wie er diese sprachlich umsetzt.

c) Sollen die öffentlich-rechtlichen Rundfunk- und Fernsehanstalten ihr Programm an den Wünschen des Publikums ausrichten?

Anmoderation[1] zur „Sonntagsbeilage"[2] vom 05. 11. 2006

von Michael Skasa

Sicher ist Ihnen das auch schon aufgefallen, dass unsere zwei öffentlich-rechtlichen Fernsehanstalten, ARD und ZDF, abends gerne Filme bringen, wie sie nebenan in den Privatkanälen genauso laufen: Pilcher, Arzt-Schmonses, Liebes-Quassel und Pater-Brown-Klimbim. Dazwischen irgendwelche Kriminalkommissarinnen, Ordensschwestern-Serien und Polizeisonderkommissionen. Wochenends dann für die ganze Familie Dulliöh und Wünschdir-was. Und all jene, die sich was anderes wünschen, müssen halt um Mitternacht einschalten, um fesselnde Filme zu sehen. Oder auf die Privatkanäle umschalten, bei denen tatsächlich gute Hollywoodfilme und deutsche Schwarzweißstreifen aus der Filmgeschichte zu sehen sind. Es ist ein Elend. Aber die Geschmacks- wie die Informationsbildung wird mehr und mehr vernachlässigt und an die Bezahlsender abgegeben. Selbst die großartigen Aufklärungsmagazine und Politreports sind inzwischen zusammengekürzt worden zugunsten familienverträglicher Fertigsoßen.

In manchen Hörfunkanstalten droht (am Horizont schon sichtbar) Ähnliches. Dort ist man das Bildungsgehubere seit langem leid; Sendungen, die 60 Minuten dauerten, werden auf 45 eingedampft, die Halbstünder sollen mit 20 Minuten auskommen, die Fünf-Minuten-Berichte werden auf 3'30 gekürzt, und überhaupt sollten sie möglichst ganz eingespart und gegen Jingles, Trailer oder O-Ton-Brabbeleien ersetzt werden. Es heißt, die Jungen hörten lieber Musik als Texte, drum drifteten sie mehr und mehr zu den Privaten ab, woraus offenbar folgt, dass auch das Gebühren-Radio mehr reine Musik versenden solle, immer weniger Text. Ist erstens sowieso viel billiger, wird zweitens so von den Kids gewollt. Zwei Fliegen mit einer Klappe. –

Aber Leute: Es sind Fliegen. Und was bitte ist erreicht, wenn, sagen wir listigerweise: der NDR, die Hörerquoten steigert mit Rockpop? Wem bringt das was? Den Hörern, indem sie jetzt endlich auch, sagen wir im NDR, die Musik hören, die Radio Energy, Arabella oder Charivari längst senden. Dann hat irgendwann bloß noch der die Nase im Wind, der die stärkere Sendeleistung, den besseren Mast, das breitere Band besitzt. Die Nase gehört aber nicht immer in den Wind, sondern auch in die Bücher; die Sinne müssen nicht nur in den Ohren behämmert, sondern in den Gehirnsynapsen angeregt werden. Das ist der Auftrag des öffentlich-rechtlichen Gebühren-Funks. Und wenn ein Hörfunkprogramm bloß von zwanzigtausend aufgenommen wird, dann sind das zwanzigtausend, die etwas erfahren, sich erweitern, lernen, sich begeistern oder aufregen, wogegen die hunderttausend Dudelberieselten nur dudelberieselt werden und keine Hörer sind. Im Übrigen: Eine Theateraufführung sehen üblicherweise in zwanzig Vorstellungen nur zehn-, zwölftausend

Menschen – entschieden weniger als eine anspruchsvolle Radiosendung; und dennoch wird Theater (zu Recht) hoch subventioniert und (zu Recht) nicht genötigt, nur noch Boulevardklamotten und Comedian-Sketche aufzuführen.

Es ist permanent von der Bildungskatastrophe die Rede, vom miserablen Pisa-Ergebnis, von Schulmisere und Gewaltausbrüchen. Tja, wenn die Bildung, das Heranbilden von Kenntnissen, die Lust an der Neugier und am Erfahren, immer geringer geschätzt werden, wenn selbst Rundfunkhäuser dem Häppchen-Gekleckel und der Musikduschenrieselei nachhecheln – ist es dann ein Wunder?

Skasa, Michael: Anmoderation zur „Sonntagsbeilage" vom 05. 11. 06 im Hörfunkprogramm Bayern 2

1 Anmoderation: Text, den der Moderator einer Sendung im Hörfunk oder Fernsehen spricht, um in das Thema des danach folgenden, oft vorab produzierten Beitrags einzuführen

2 Sonntagsbeilage: sonntags um 10:05 Uhr im Hörfunkprogramm Bayern 2 ausgestrahltes und von Michael Skasa moderiertes Magazin, dessen Texte und Musikbeiträge meist um ein bestimmtes Thema kreisen

---

Lösungsvorschlag

Aufgabe a: Inhalt und Aufbau des Textes

Hinweis: *Die Aufgabenstellung fordert eine Inhaltsangabe in Thesenform oder eine strukturierte Inhaltsangabe. Eine Überblicksinformation ist jeweils voranzustellen.*

In der Anmoderation zur „Sonntagsbeilage", die am 5. 11. 2006 im Hörfunkprogramm Bayern 2 ausgestrahlt worden ist, spricht sich Michael Skasa dafür aus, dass öffentlich-rechtliche Sende- und Rundfunkanstalten ihr Programm nicht nur an den Wünschen der Publikumsmehrheit orientieren, sondern auch einen Beitrag zur Bildung leisten sollten.

I. Michael Skasa beklagt den Niveauverlust im Programm der öffentlich-rechtlichen Rundfunk- und Fernsehanstalten. (Z. 1–21)
   1. Die Formate der öffentlich-rechtlichen Sender fallen auf das Niveau der Privatsender herab.
   2. Anspruchsvolle Unterhaltung und ernsthafter Journalismus sind kaum noch Gegenstand des öffentlich-rechtlichen Programms.
   3. Im Bereich des Hörfunks werden anspruchsvolle Formate gekürzt, um dem vermeintlichen Wunsch der breiten Masse zu entsprechen.

II. Der Autor kritisiert das Quotendenken speziell im Rundfunk. (Z. 22–36)
   1. Durch Quotendenken gleichen sich die Sender einander an, sodass der inhaltliche Wettbewerb verloren geht und nur ein technischer Konkurrenzkampf bleibt.
   2. Der öffentlich-rechtliche Rundfunk hat einen Bildungsauftrag, der mit Quotendenken nicht vereinbar ist.
   3. Auch andere kulturelle Einrichtungen, die durch öffentliche Gelder unterstützt werden, passen sich berechtigterweise nicht den Konsumwünschen der Mehrheit an.

III. Der Moderator betont die Notwendigkeit anspruchsvoller Formate angesichts von Bildungsproblemen und zunehmender Gewalt. (Z. 37–41)

Aufgabe b: Sprachanalyse

Hinweis: Die Aufgabenstellung erfordert eine Sprachanalyse. Die Einstellung des Autors muss mittels Teilaussagen benannt und mit sprachlichen Mitteln veranschaulicht werden. Sie müssen darauf achten, nur solche sprachlichen Mittel anzuführen, die auch zur jeweiligen Teilaussage passen.

Teilabsicht I: Michael Skasa beklagt den Niveauverlust im Programm der öffentlich-rechtlichen Rundfunk- und Fernsehanbieter.

- Er macht den Niveauverlust schon eingangs durch die **Akkumulation** „Pilcher, Arzt-Schmonses, Liebes-Quassel und Pater-Brown-Klimbim" (Z. 3 f.) deutlich. Mit diesen **Neologismen** wertet er die Programmgestaltung der öffentlich-rechtlichen Sender **sarkastisch** ab und erzeugt beim Leser eine negative Grundhaltung zu dieser.
- Ebenso **sarkastisch** wird mit **weiteren Neologismen** die These vom seichten Programm zusätzlich verstärkt (vgl. Z. 4 ff.). Die gleiche Aufgabe hat auch die **Antithese** in Zeile 11 f., wonach „großartige[ ] Aufklärungsmagazine und Politikreports […] zugunsten familienverträglicher Fertigsoßen" umgebaut worden sind. Mit der zuletzt angeführten **abwertenden Metapher** macht Skasa klar, dass die Formate ähnlich wie Fertigprodukte einfallslos oder langweilig sind und keinen Esprit aufweisen.
- Der Autor stellt mit der **direkten Anrede** des Hörers beziehungsweise Lesers (vgl. Z. 1) eine Verbindung zu diesem her und suggeriert, dass seine These Gültigkeit beanspruchen kann.
- Diese Gültigkeit wird auch mit der **apodiktischen Feststellung** in Zeile 9 „Es ist ein Elend." unterstrichen, wobei mit dem Personalpronomen die Programmgestaltung der öffentlich-rechtlichen Sender gemeint ist.
- Dem sinkenden Niveau der öffentlich-rechtlichen Programme stellt er **antithetisch** die Privaten gegenüber, die noch „gute Hollywoodfilme und deutsche Schwarzweißstreifen aus der Filmgeschichte" (Z. 8 f.) zeigen. Diese Kontrastierung bricht mit der Erwartungshaltung des Zuhörers, da ein anspruchsvolles Programm weniger mit den Privaten assoziiert wird, als vielmehr mit den öffentlich-rechtlichen Sendern.
- Aber auch Hörfunkanstalten beugen sich dem vermeintlichen Diktat des Publikums. Die Position der Programmverantwortlichen wird vor allem durch den **abwertenden Neologismus** „Bildungsgehubere" (Z. 14) angeführt. Die Verantwortlichen werden so als bildungsfeindlich dargestellt, was durch die folgende **Antiklimax** noch zusätzlich unterstützt wird: „Sendungen, die 60 Minuten dauerten, werden auf 45 eingedampft, die Halbstünder sollen mit 20 Minuten auskommen, die Fünf-Minuten-Berichte werden auf 3'30 gekürzt" (Z. 14 ff.). Es wird klar, dass seriöse Formate immer weiter gestutzt werden.

Teilabsicht II: Michael Skasa kritisiert das Quotendenken der Programmverantwortlichen, das seiner Meinung nach Ursache für den Niveauverlust ist.

- Die Position der Programmverantwortlichen wird mit **elliptischen und umgangssprachlichen Elementen** wiedergegeben: „Es heißt, die Jungen hörten lieber Musik als Texte, drum drifteten sie mehr und mehr zu den Privaten ab, woraus offenbar folgt, dass auch das Gebühren-Radio mehr reine Musik versenden solle, immer weniger Text. Ist erstens sowieso viel billiger, wird zweitens so von den Kids gewollt." (Z. 17–21) Mithilfe dieser Formulierungen stellt Skasa das oberflächliche, simplifizierende Denken der Verantwortlichen heraus.

  Der Autor **metaphorisiert** das eben genannte Vorgehen der Verantwortlichen mit dem **Sprichwort** „[z]wei Fliegen mit einer Klappe [erg.: schlagen]" (Z. 21). Er unterstreicht damit die Banalität dieser Argumentation, die letztlich nur auf Kosteneinsparungen und Anbiederung an die Publikumswünsche achtet.

- Die Sinnlosigkeit, eine bunte Programmgestaltung zugunsten identischer Formate auf allen Sendern aufzugeben, soll dem Zuhörer auch mit **rhetorischen Fragen** bewusst gemacht werden (vgl. Z. 22 f.).
- Im Gegensatz zu den Programmverantwortlichen positioniert sich Skasa mit der **apodiktischen Feststellung** „Das ist der Auftrag des öffentlich-rechtlichen Gebühren-Funks" (Z. 28 f.), wobei mit dem einleitenden Demonstrativpronomen ein klarer Bildungsauftrag gemeint ist (vgl. Z. 26 ff.). Die Aufgabe sieht er dann erfüllt, wenn unsere „Gehirnsynapsen angeregt werden" (Z. 28). Diese **hochsprachliche Metapher** steht konträr zu den umgangssprachlichen Formulierungen, mit denen Skasa die Überlegungen der Programmmacher anprangert. Der komplexen Gehirnanatomie entsprechend muss ein komplexes, den Konsumenten förderndes Programm kreiert werden.

Aufgabe c: Stellungnahme

Hinweis: *Die Themenfrage fordert von Ihnen eine dialektische Stellungnahme. Die Anzahl der Argumente ist abhängig von der Anzahl der zu bearbeitenden Aufgaben. Werden beim Aufgabentyp Sachtext insgesamt drei Arbeitsaufträge miteinander kombiniert, so sollten bei der Stellungnahme drei Argumente ausgeführt werden. Werden lediglich zwei Arbeitsaufträge gestellt, so sollten fünf Argumente in der Stellungnahme ausgearbeitet werden. Im vorliegenden Fall müssen Sie also drei Argumente ausgestalten. Hinzu kommt eine Synthese, die einen weiteren Gedanken benötigt. Eine reine Wiederholung bereits genannter Aspekte ist in der Synthese nicht ausreichend.*

Beispielhafter Aufbau der Stellungnahme

Hinweis: *In der Einleitung bietet es sich an, kurz auf die Anmoderation Bezug zu nehmen, um zum Thema hinzuführen. Der Schluss der Einleitung sollte die Themafrage beinhalten.*

In der Anmoderation zur „Sonntagsbeilage" kritisiert Michael Skasa, dass öffentlich-rechtliche Sende- und Rundfunkanstalten sich zu sehr an den Wünschen des Publikums ausrichten. Davon ausgehend stellt sich die Frage, ob diese Praxis berechtigt ist.

Hinweis: *Der Hauptteil beginnt mit der von Ihnen nicht favorisierten Position zur Themafrage. Sie sollten die Antithese benennen und anschließend mindestens ein Argument ausführen. Falls Gedanken der Textvorlage entnommen werden, ist zu zitieren. Hier wird zunächst Michael Skasa widersprochen; öffentlich-rechtliche Sender sollen sich also den Wünschen des Publikums anpassen. Mögliche Argumente könnten sein:*

- Da die Zuschauer die Sender durch Gebühren finanzieren, haben sie einen Anspruch, dass ihre Interessen bei der Programmgestaltung berücksichtigt werden. So scheint es doch zunächst für den „Kunden" – und im weitesten Sinn ist der Konsument des öffentlich-rechtlichen Programms ein Kunde – plausibel, dass er bestimmen kann, wofür er sein Geld ausgibt; in anderen Bereichen gilt das immerhin auch.
- Richten die Sender ihr Programm stark an den Wünschen des Publikums aus und erzielen so hohe Quoten, dann steigen die Werbeeinnahmen und damit die Umsätze, die wiederum für Neuinvestitionen genutzt werden können. Angesichts des immer größer werdenden Konkurrenzkampfes um Zuschauerzahlen und damit einhergehend einer kostenintensiveren Programmgestaltung sind die Sender auf mehr Einnahmen angewiesen. Nur so können sie sich letztlich im Wettbewerb behaupten.

Hinweis: *Im Anschluss an die Antithese führen Sie Ihre eigene Position an. Am besten beginnen Sie wieder mit der klar ausformulierten These. Hier wird Michael Skasa zugestimmt. Die öffentlich-rechtlichen Sender sollten sich nicht an den Wünschen der Publikumsmehrheit orientieren. Mögliche Argumente könnten sein:*

- Die öffentlich-rechtlichen Sender haben einen in der Verfassung festgelegten Bildungsauftrag. Dieser darf nicht dadurch vernachlässigt werden, dass die öffentlich-rechtlichen Programmanstalten wegen der Orientierung an Einschaltquoten Informationssendungen streichen. Es ist sehr wichtig, dass die Öffentlich-Rechtlichen ihrem Auftrag nachkommen, da immer weniger Menschen regelmäßig Zeitung lesen. Das Fernsehen oder das Radio wird so häufig zu deren einziger Informationsquelle, die daher politische Mündigkeit verleihen sollte. Eine Kürzung informativer Sendeformate würde bei vielen zu einem noch größeren Defizit an politischem Wissen führen.
- Eng mit dem ersten Argument verbunden ist ein weiteres: Die öffentlich-rechtlichen Sender verlieren ihre Existenzberechtigung als gebührenfinanzierte Sender, wenn sie sich hinsichtlich der Programmgestaltung nicht mehr von privaten Sendern unterscheiden. Setzen jene nur auf Quote, besteht kein Grund für den Bürger, GEZ-Gebühren zu zahlen. Die Finanzierung müsste dann durch marktwirtschaftliche Konkurrenz im Wettbewerb mit allen Sendern erfolgen.

Hinweis: *Ein möglicher Synthesegedanke könnte sein:*

- Die öffentlich-rechtlichen Sender müssen auch weiterhin den verfassungsmäßig vorgeschriebenen Bildungsauftrag wahren. Um zudem die Interessen der Gebührenzahler zu berücksichtigen, könnten zu bestimmten Zeiten Wunschsendungen eingeführt werden. Mehrere Sendemöglichkeiten werden vorgegeben und der Zuschauer kann zum Beispiel per Telefon oder Internet für seine Lieblingssendung votieren. Die Sendung mit den meisten Stimmen wird schließlich ausgestrahlt.

Aufgaben:

a) Fassen Sie den Inhalt des Romankapitels zusammen.

b) Charakterisieren Sie Ada. Inwiefern unterscheidet sie sich vom Typus der „Prinzessinnen“?

c) Wie beurteilen Sie Adas Haltung gegenüber ihren Mitschülerinnen und Mitschülern?

Juli Zeh (geb. 1974): **Spieltrieb** (2004)

Vorbemerkung: Bei dem vorliegenden Text handelt es sich um das zweite Kapitel des Romans „Spieltrieb“ von Juli Zeh. Protagonistin ist die 14-jährige Ada, die kurz zuvor auf das Ernst-Bloch-Gymnasium, eine Privatschule, übergewechselt ist.

Von Prinzessinnen und Marionetten und der Möglichkeit, sich mit wenigen Worten Respekt zu verschaffen

Ada war ein junges Mädchen und nicht schön. In jenem Augenblick, den der Scheinwerfer dieser Erzählung ins Licht taucht, war sie vierzehn Jahre alt, blond und kräftig gebaut. Ihr Mund war breit, die Handgelenke stark. Über der Nase lag ein löchriger Teppich aus Sommersprossen und wusste bei passender Beleuchtung ein paar Notlügen von gepflückten Wildblumen und Kinderspielen im hohen Gras an den Mann zu bringen. In Wahrheit sah Ada älter aus, als sie war. Ihre Brust war stark entwickelt.
Im Sommer 2002 wurde sie in die zehnte Klasse des Ernst-Bloch-Gymnasiums zu Bonn eingeschult, nachdem sie aus einem Grund, der sich in Kürze im Rahmen einer musikalischen Rückblende offenbaren wird, ihre alte Schule hatte verlassen müssen. Auf Ernst-Bloch erregte sie zu Anfang wenig Aufmerksamkeit.
In allen Klassen ab der siebenten gab es samt- und seidenweiche Mädchen, deren Geburt durch langsam anschwellende Musik begleitet worden war wie das hochfahrende Windowsbetriebssystem von seiner Begrüßungsouvertüre. Sie kamen als Miniaturprinzessinnen zur Welt, erreichten bereits in der Unterstufe das erste, fohlenhafte Stadium der Vollendung und wuchsen gleichmäßig in die Frau hinein, die sie einmal werden sollten. Ihre Entwicklung vollzog sich routiniert und fehlerlos, als hätten sie die Aufgabe des Älterwerdens schon etliche Male zuvor bewältigt. Jene Pubertätsprofis unterschieden sich auf den ersten Blick von den Dilettanten. Sie hatten das gepflegte, schulterlange Haar erwachsener Frauen, trugen ihre Hüfthosen, breiten Gürtel und knappen Hemdchen mit wohltemperierter Lässigkeit und ließen glatte Kinderhaut und aufgeworfene Kindermünder zu Mädchenhaut und Mädchenmündern werden, ohne dass Pickel, Schweißausbrüche oder Wachstumslaunen zu irgendeinem Zeitpunkt die Harmonie ihrer Erscheinungen gestört hätten. Die Aura hochnäsiger Sauberkeit, die sie umgab, ließ sich weder von Regengüssen noch von feuchter Sommerhitze beeindrucken. Alles zierte die Prinzessinnen, nasse Haare, rote Nasen und selbst die Staubschicht, die sich im Sportunterricht beim Sprung in die alte Sandgrube über alle Körper legte.
Weil sie daran gewohnt waren, alles umsonst zu bekommen, besaßen diese menschlichen Rehkitze keinen Ehrgeiz. Männliche Mitschüler bemühten sich um sie, auch jene, zu denen eine Freundin mit Innenleben besser gepasst hätte. Manche betrieben leichten Sport oder lasen leichte Literatur. Ihre Schulnoten waren mittelmäßig; als Lieblingsfächer nannten sie Deutsch oder Kunst und Biologie, ohne erklären zu können, was ihnen daran gefalle. Während der Oberstufenjahre standen sie bereits im Zenit des Lebens. Sie besaßen die stärkste Ausstrahlung, empfingen ein Höchstmaß an Bestätigung und erlebten Tag für

Tag eine Art farblosen Wohlbefindens, um nicht zu sagen: Glück. Nach dem Abitur würde es gemächlich abwärts gehen. Erfreulicherweise war ihnen der Spannungsbogen ihrer persönlichen Geschichte egal. Vielleicht ahnten sie etwas. Vielleicht rührte von jener Ahnung der melancholische Hauch, der ihren anmutigen Bewegungen etwas Träges, der Trägheit etwas Tragisches und der Tragik besondere Anmut verlieh.

Mit dieser Beschreibung sind alle Eigenschaften genannt, die Ada nicht anhafteten. Sie war das Gegenteil einer Prinzessin, sofern Prinzessinnen ein Gegenteil besitzen. Seit Ada im Alter von zwölf Jahren auf den Gedanken verfallen war, dass Sinnsuche nichts als ein Abfallprodukt der menschlichen Denkfähigkeit sei, galt sie als hochbegabt und schwer erziehbar. Als ihr neuer Klassenlehrer sie aufforderte, sich den anderen Schülern vorzustellen, nannte sie ihren Vornamen und wusste sonst nichts zu berichten. Er bat um ein paar persönliche Sätze, um irgendeine Aussage, die Gültigkeit für sie besitze und verstand ihr Lachen nicht.

Der Schulwechsel bedeute einen Glücksfall für sie, sagte Ada schließlich, sie habe sich auf Ernst-Bloch gefreut. Damals hätten ihre Eltern eine Einschulung auf dem teuren Privatgymnasium nicht erlaubt.

Sie wusste ‚damals' auf eine Art zu sagen, die nach lang zurückliegenden Epochen klang.

„Und was", fragte eine Prinzessin mit spiraligen Locken, „ist an Ernst-Bloch das Besondere?"

„Mir war so, als sei dies ein Ort für wirklich kluge, wirklich kaputte, wirklich kategorische Menschen."

Einige johlten Zustimmung, andere schnitten Gesichter. Die Prinzessinnen lehnten sich zurück und zogen mit beiden Händen das lange Haar hinter den Rücken hervor, um es über die Stuhllehne zu werfen. Ada hatte sich wirklich auf Ernst-Bloch gefreut. Die Schule stand in privater Trägerschaft und gewährte auch jenen verlorenen Geschöpfen, die sich hartnäckig gegen eine Kaffeefahrt namens ‚glückliche Kindheit' zur Wehr setzten, eine letzte Chance auf Hochschulreife. Vorausgesetzt, ihre Eltern konnten es sich leisten.

‚Mir war so, als sei.' Danach sprach Ada wenig im Jahr 2002. Im Unterricht meldete sie sich nie. Wurde sie aufgerufen, begann sie ihre Sätze nicht mit ‚Meiner Meinung nach' oder ‚Ich glaube.' Sie sagte: ‚Das ist Unsinn.' Oder: ‚Es gibt nur eine Lesart für diese Stelle.' Oder: ‚Es ist unerheblich, wer was und wie viel gewusst hat.'

Diesen Stil behielt sie auch Höfi gegenüber bei. Höfi hatte sich einen Ruf als Bluthund erworben, der Dummheit auf hundert Meter gegen den Wind roch und gnadenlos verfolgte. Aus Misanthropie hatte er sich gegen eine akademische Karriere und für die Schullaufbahn entschieden. Seine Sympathie verhielt sich aufsteigend proportional zum Intelligenzquotienten eines Gegenübers. Wie alle frei kreisenden Felsbrocken im Universum besaß auch er einen warmen, flüssigen Kern, den er jedoch mit allen Mitteln der Ratio zu verteidigen wusste. Höfi vertrat die empirisch belegte Auffassung, dass selbst Sahne hart werde, wenn man sie lange genug schlage. Die Prinzessinnen hassten ihn. Er betrachtete sie niemals anders als mit ironisch verzogener Unterlippe.

Seit Anfang des neuen Schuljahres zeigte ihm sein träger Röntgenblick in jeder Geschichtsstunde bei der 10 B ein neues Kuckuckskind, das starrköpfig in einem quirligen Nest bunter Jungvögel hockte. Eines Tages im September, draußen ging ein feiner Nieselregen nieder, baute er seine quasimodisch verwachsene Gestalt vor Ada auf, die am rechtshinteren Winkel der u-förmigen Tischformation saß, griff nach einem Kugelschreiber und richtete ihn wie ein Messer auf ihre Nasenspitze.

Er schätze Meinungsstärke, verkündete Höfi, aber es gebe auf alles im Leben mindestens zwei mögliche Perspektiven, von der keine absolute Geltung beanspruchen könne. Das solle sie sich mit diesem Stift hinter die Ohren schreiben und den Mund erst wieder aufmachen, wenn sie es begriffen habe. Ende der Durchsage.

Ada nahm ihm den Stift aus der Hand und passte ihn exakt in die Position ein, an der er zwischen Heft und Buch gelegen hatte. Dabei erwiderte sie geradeaus Höfis Blick, sah ihm aber nicht in die Augen, sondern fixierte jene kleine Stelle auf seiner Stirn, die nach glattem Durchmarsch einer Pistolenkugel sofortigen und sicheren Tod versprach.

„Sind Sie verheiratet?“

„Gewiss“, sagte Höfi, während die Stille im Raum ein totalitäres Ausmaß erreichte.

„Lieben Sie Ihre Gemahlin?“

„Gewiss. Sehr sogar.“

„Haben Sie jemals darüber nachgedacht, dass Sie diese Frau ebenso gut hassen könnten?“

„Nein.“

Ada senkte den Blick von Höfis Stirn auf ihre vernarbten Fingerspitzen. Im Unterricht vertrieb sie sich die Zeit, indem sie die Haut rund um die Fingernägel vom Fleisch kratzte und in schmalen Streifen bis zur Mitte der Finger abzog.

„Wenn das so ist“, sagte sie leise, „hören Sie auf mit dem Quatsch von zwei möglichen Sichtweisen auf alle Dinge.“

Höfi öffnete den Mund und schloss ihn wieder. Er nickte, als hätte er eine im Grunde nebensächliche, aber unverzichtbare und seit längerem erwartete Information erhalten, und setzte seinen Unterricht fort. Vierundzwanzig Stunden später wussten alle siebenhundertzweiundvierzig Schüler auf Ernst-Bloch, dass eine von ihnen gegenüber Höfi das letzte Wort behalten hatte. Es hieß, Höfi habe zum ersten Mal in seiner langjährigen Tätigkeit als tyrannischer Geschichtslehrer einen ebenbürtigen Gegner gewittert.

Ada konnte seit ihrem vierten Lebensjahr lesen und schreiben; sie hatte es sich mit Hilfe einer Buchstaben-Bild-Tabelle selber beigebracht. Mit fünf erreichten die Finger der rechten Hand mühelos das linke Ohr, wenn Ada den rechten Arm oben über den Kopf legte. Deshalb wurde sie vorzeitig eingeschult und erhielt das Amt der Jüngsten auf Lebenszeit. In der dritten Klasse war ein Junge der Auffassung gewesen, ein Kleinkind wie Ada könne keine Schulhofbande führen, und erlitt daraufhin eine leichte Nierenquetschung wegen eines Stiefeltritts. Ada hatte sich auf ihren quadratischen Ledertornister gestellt, um ihn im Rücken zu erwischen. Während der folgenden Wochen verbrachte sie die Vormittage in einem verglasten Nebenraum des Klassenzimmers, wo sie die Aufgaben der jeweiligen Schulstunde in Minutenschnelle löste und danach blassbunte Tiefseefische malte, im schwarzen Wasser, viele tausend Meter unter dem Meer.

Ernst-Bloch bewirtete so viele Sitzengebliebene mit Unterricht und einer letzten Chance, dass Ada für ein Gespräch mit Gleichaltrigen die Flure der unteren Mittelstufe hätte besuchen müssen. Da ihr schon die Schüler der höchsten Klassen infantil erschienen, verspürte sie nicht das geringste Bedürfnis danach. Keine Freunde finden konnte sie auch in der eigenen Jahrgangsstufe.

Die Pausen verbrachte sie auf dem Raucherhof, wo sie mit kunsthandwerklicher Präzision im Stehen Zigaretten drehte. Sie hielt sich am Rand einer immer gleichen Gruppe von Schülern verschiedener Klassen auf, stand einen halben Schritt außerhalb des Kreises, achtete darauf, dass sie von breit geplusterten Daunenjacken den Blicken des Aufsichtspersonals entzogen wurde, und hörte den Gesprächen zu. Jedes Mal, wenn sie an der Zigarette zog, schielte sie unter gesenkten Lidern auf die papierfressende Glut. Meist trug sie zu ihrer ausgewaschenen Jeans, deren fransig getretene Hosenbeine hinter den Fersen übers Pflaster schleiften, eine Jacke gleichen Materials, jedoch von dunklerem Farbton, was einem ästhetischen Verbrechen gleichkam. Kopf und Brüste, die ein Stück zu groß waren für Adas stabilen, aber kleingewachsenen Körper, hatten ihr, gemeinsam mit der Tatsache, dass sie selten sprach, den Spitznamen ‚Marionette‘ eingetragen. Kaum jemand kannte ihren richtigen Namen, aber jeder wusste, dass sie Höfi mit wenigen Worten in die Schranken gewiesen hatte. Man ließ sie in Ruhe. Gelegentlich mischte sie sich grob ins Gespräch. Was für eine Rolle spielt es, ob Amelie das gewollt hat. Wenn wirklich jemand den Fahrradkeller für eine Party bräuchte, würde er ihn bekommen. Selbstverständlich wird Schröder wiedergewählt.

Die scheißt auf alles. Knapper ließ sich die Persönlichkeit der Neuen nicht in Worte fassen. Anerkennung schwang in dieser Wendung mit und wenig Sympathie. Man wusste nicht recht. Die Prinzessinnen aller Stufen hielten sich von ihr fern und sortierten sich auf dem Raucherhof so lange um, bis keine von ihnen Ada im Rücken hatte. Genau wie auf ihrer alten Schule stand Ada umgeben von einem Haufen Leute, die sie nicht das Geringste angingen, und spürte genau, dass alles beim Alten geblieben war. Es war albern gewesen, etwas anderes zu erwarten.

Aus: Zeh, Juli: Spieltrieb, Frankfurt a. M.: Schöffling Verlag 2004.

Lösungsvorschlag

Aufgabe a: Wiedergabe des Inhalts

Hinweis: *Der eigentlichen Inhaltswiedergabe sollte eine* ***Kurzzusammenfassung*** *vorangestellt werden, die folgende Merkmale des Textes berücksichtigt:*
- *Autor*
- *Werk*
- *Erscheinungsjahr und -ort*
- *Hauptperson(en)*
- *Thema/Aussage*

In der darauf aufbauenden ***Wiedergabe*** *des Textinhalts wird diese Basisinformation ergänzt um die Aspekte:*
- *Erzähler/Perspektive*
- *Erzählmodus*
- *Handlungsstruktur*
- *Personenkonstellation*
- *literarische Besonderheiten (Stil, Sprache, Darstellung usw.)*

Die ***Zeitstufe*** *der Inhaltsangabe ist die* ***Gegenwart*** *(Sie berichten ja über Ihre aktuelle Lektüre!). Für im Text erwähnte vorzeitige Ereignisse verwenden Sie das* ***Perfekt****.*
Aussagen der Figuren werden im ***Konjunktiv*** *wiedergegeben.*

Zur Autorin: *Juli Zeh, geb. 1974 in Bonn, Jurastudium und Studium am Deutschen Literaturinstitut in Leipzig, gilt als eine der wichtigsten Autorinnen der neuesten deutschsprachigen Literatur. Ihr Erstlingsroman „Adler und Engel" wurde ein Welterfolg. Das Schreiben Zehs dreht sich um den Antagonismus von Chaos und Ordnung; sie fragt, ob Kategorien wie „gut" und „böse" angesichts einer kollabierenden Weltordnung noch funktionieren.*

Kurzvorstellung
2004 erschien Juli Zehs gesellschaftskritischer Roman *Spieltrieb* in Frankfurt am Main. Der vorliegende Auszug mit dem Titel „Von Prinzessinnen und Marionetten und der Möglichkeit, sich mit wenigen Worten Respekt zu verschaffen" (Kapitel 2) zeigt die weibliche Hauptfigur, die vierzehnjährige Schülerin Ada, in einer für ihr Wesen bezeichnenden Verhaltensweise.

Inhaltswiedergabe
Der Textausschnitt stellt dem Leser Ada zunächst mit einer kurzen Beschreibung ihres Äußeren vor, das in krassem Kontrast zu dem ihrer behüteten und angepassten Mitschülerinnen, den „Prinzessinnen", steht. Aus einer ironisch-distanzierten auktorialen Perspektive wird in zeitraffender Form, die lediglich an einer Stelle zugunsten eines zeitdeckenden Einschubs aufgehoben wird (Z. 80–99), Adas biografischer Kontext skizziert. Sie musste aufgrund eines bestimmten Vorfalls ihre alte Schule verlassen und auf eine Privatschule wechseln, an der sie sich jedoch nicht integriert. Zentraler Aspekt des Auszugs ist ihr Verhalten gegenüber ihren Mitschülern und dem Lehrpersonal. Besonders dies zeigt wesentliche Merkmale ihres Charakters, der von Intelligenz und Widerspruchsgeist geprägt ist. Im Verhältnis zu ihren Mitschü-

lern zeigt Ada Ablehnung und Unverständnis, das in schierer Verachtung gegenüber deren auf Äußerlichkeiten fixiertem Wesen gipfelt. In der zeitdeckend erzählten Schlüsselszene ereignet sich die Konfrontation mit einem Vertreter des „Systems", Höfi, dem „Bluthund" unter den Lehrern, der seinen Ruf seiner autoritären Haltung verdankt, da er jeder von seiner Meinung abweichenden Ansicht mit beißendem Spott und Verachtung begegnet. – Er bildet den idealen Widerpart zu Adas eigener apodiktischer, den Kompromiss verweigernder Haltung. Im Rahmen einer Unterrichtsstunde kommt es zum „Showdown": Mit seinen eigenen Mitteln wird Höfi durch Ada vor versammelter Klasse und zu deren Überraschung in die Schranken gewiesen. Durch ihre furchtlose und dreiste Aktion gewinnt Ada den Respekt ihrer Mitschüler, hält sich aber weiterhin abseits.

Aufgabe b: Charakteristik

Hinweis: *Zum wirklichen Verständnis eines literarischen Textes ist die fundierte Analyse des Charakters der Hauptfigur notwendig. Die Vorstellung der literarischen Personen erfolgt entweder durch den Erzähler selbst (**direkte Charakterisierung**) oder sie ergibt sich aus dem Verhalten und Reden der jeweiligen Person (**indirekte Charakterisierung**). In der Charakteristik soll deutlich werden, durch welche Merkmale das Wesen einer literarischen Figur für den Leser vorstellbar wird. Folgende Faktoren sollten dabei berücksichtigt werden*

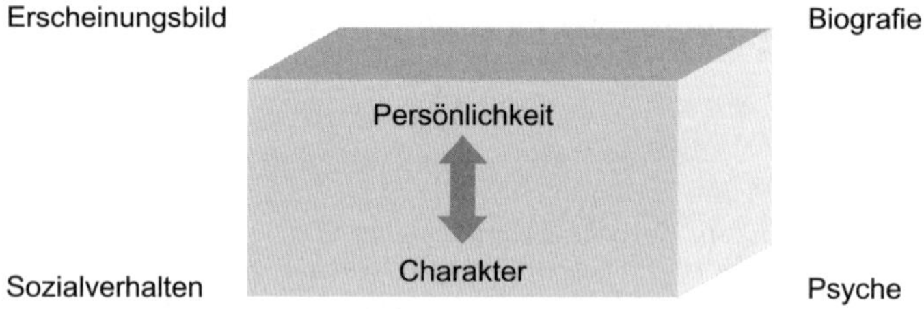

Äußeres Erscheinungsbild *(z. B. Geschlecht, Alter, Körperbau, Haltung, Gesicht, Kleidung)*
Biografische Aspekte *(z. B. Elternhaus, Erfahrungen, Prägungen durch das jeweilige gesellschaftliche Umfeld usw.)*
Sozialverhalten *(z. B. Beruf, gesellschaftliche Stellung, Freundschaften, Beziehungen)*
Psychische Merkmale *(z. B. Interessen, Zuneigungen und Abneigungen, Gefühle, Einstellungen, Prägungen, Veranlagung, Aggressionspotenzial)*
Wichtige formale Merkmale einer Charakteristik:
- *Die **Zeitform** ist das Präsens!*
- *Alle Aussagen müssen am Text durch direkte oder indirekte **Zitate** belegt werden.*
- *Die Belegstellen werden mit **Zeilenangabe** in Klammern notiert.*

Der Leser wird bei Ada mit einer Person konfrontiert, die es ihm schwer macht, bloße Sympathie oder Antipathie zu empfinden. Einerseits erweckt sie den Eindruck eines selbstständig denkenden jungen Menschen, der sich den oberflächlichen Trends, denen die Mitschüler sich beugen, verweigert und der nach eigenen Entscheidungen handelt. Andererseits verstört sie mit ihrer fast schon selbstzerstörerischen Rigorosität – knapp zusammengefasst im Diktum ihrer Mitschüler: „Die scheißt auf alles" (Z. 137) –, der sie ihre **extreme Außenseiterrolle** verdankt.

Erscheinungsbild
Im Gegensatz zu ihren Mitschülerinnen ist Ada „ein junges Mädchen und nicht schön" (Z. 1). Schon das distanziert sie von den einem zweifelhaften Schönheitsideal verpflichteten „Prinzessinnen", die „gleichmäßig in die Frau hinein[wuchsen], die sie einmal werden sollten"

(Z. 15). Sie ist weder zierlich noch hübsch, oder mit welchen Adjektiven auch immer man die Gruppe ihrer Mitschülerinnen umschreiben mag. Mit ihrer kräftigen Statur und den starken Handgelenken (vgl. Z. 2f.) wirkt sie mit ihrem „stabilen, aber kleingewachsenen Körper“ (Z. 130) alles andere als wie eine „klassische Schönheit“. Sie gibt sich **eher maskulin**, was sie auch durch die Art, wie sie sich kleidet („ausgewaschene Jeans, deren fransig getretenen Hosenbeine hinter den Fersen übers Pflaster schleiften“, Z. 127f.) und verhält („wenn sie an der Zigarette zog, schielte sie unter gesenkten Lidern auf die papierfressende Glut“, Z. 125f.), inmitten der austauschbaren „Prinzessinnen“ provokativ zum Ausdruck bringt.

Biografie

Über Adas näheres soziales Umfeld erfährt der Leser in diesem Textausschnitt so gut wie nichts. Lediglich die Mitteilung, dass zunächst „ihre Eltern eine Einschulung auf dem teuren Privatgymnasium nicht erlaubt“ (Z. 48f.) hätten, lässt vermuten, dass sie, im Gegensatz zu ihren Mitschülerinnen, die als „Miniaturprinzessinnen zur Welt“ (Z. 14f.) kamen, entweder aus eher **bescheidenen Verhältnissen** stammt oder von ihren Eltern nicht verwöhnt wird. Über ihren bisherigen Werdegang erfährt man lediglich, dass sie „ihre alte Schule hatte verlassen müssen“ (Z. 8f.). Dies ist ein Hinweis darauf, dass ihr renitentes Verhalten nicht eine Reaktion auf die Verhältnisse am jetzt von ihr besuchten Ernst-Bloch-Gymnasium ist, sondern eine zu ihrem Wesen gehörende Eigenschaft, deren Ursprung in diesem Textausschnitt allerdings im Dunkeln bleibt. Da Ada aufgrund ihrer geistigen Entwicklung – sie „konnte seit ihrem vierten Lebensjahr lesen und schreiben“ (Z. 105) – früher eingeschult wurde, bleibt ihr das „Amt der Jüngsten auf Lebenszeit“ (Z. 108), was eine mögliche Ursache für ihre Sonderstellung als Außenseiter wäre.

Sozialverhalten

„Kaum jemand kannte ihren richtigen Namen“ (Z. 131f.), diese Aussage sagt eigentlich schon alles über Adas Stellung in der Schule. Sie ist die Außenseiterin, die vergeblich nach Gleichgesinnten sucht: „wirklich kluge, wirklich kaputte, wirklich kategorische Menschen“ (Z. 53f.). Aufgrund ihrer Auseinandersetzung mit dem von allen gefürchteten und verhassten Geschichtslehrer Höfi genießt sie zwar **Achtung, aber keine Sympathie**. Für ihre Mitschüler ist sie die „Marionette“ (Z. 131): unnahbar, rätselhaft und schweigsam. Ihr distanziertes Verhalten ist wohl teilweise eine Reaktion darauf, dass sich ihre mit dem Schulwechsel verbundenen Hoffnungen darauf, Gleichgesinnte kennenzulernen, nicht erfüllt haben: „Es war albern gewesen, etwas anderes zu erwarten“ (Z. 142f.) – so ihr resignatives Fazit.

Psyche

Ada gehört zu jenem Menschentyp, dessen **intellektuelle Fähigkeiten** in krassem Gegensatz zu seinen sozialen Kompetenzen stehen. Sie galt „als hochbegabt und schwer erziehbar“ (Z. 42f.). Konventionen, Normen und soziale Hierarchien sind ihr von Anfang an verhasst. Bereits in der Grundschule begehrt sie gegen vorherrschende Klischees und Machtverhältnisse auf. Einen Jungen, der der Auffassung gewesen ist, „ein Kleinkind wie Ada könne keine Schulhofbande führen“ (Z. 109f.), belehrt sie schon in der Grundschule auf äußerst **aggressive Art** eines Besseren: Er „erlitt daraufhin eine leichte Nierenquetschung wegen eines Stiefeltritts.“ (Z. 110f.) Bereits früh setzt sie sich mit so gewichtigen Fragen wie der nach dem Sinn des Lebens auseinander, wobei sie zu dem von Nihilismus geprägten Urteil gelangt, dass „Sinnsuche nichts als ein Abfallprodukt der menschlichen Denkfähigkeit sei“ (Z. 41f.).

In allen der oben zur Beschreibung ihrer Persönlichkeit angeführten Bereichen **unterscheidet sich Ada fundamental von ihren Mitschülerinnen**. Sie ist:

- reifer (Z. 41f.),
- intelligenter (Z. 117f.),
- couragierter (Z. 84–98),
- unangepasster (Z. 121–136),
- selbstbewusster (Z. 137) und
- desillusionierter (Z. 142f.) als diese.

Während die „Prinzessinnen“ durch eine oberflächliche, gewöhnliche Hübschheit und eine scheinbare Erwachsenheit einnehmend sind und dabei eher ein intellektuelles Mittelmaß verkörpern, entspricht Ada nicht den gängigen Schönheitsvorstellungen und scheut sich nicht, dank ihres scharfen Verstands unbequem zu werden.

Ihr **Außenseiterstatus** beruht teilweise auf ihrer **Selbstinszenierung** – eine Rolle, der sie nicht ablehnend gegenübersteht. Der Preis für die Aufnahme in dem als zickig beschriebenen Kreis der Insider ist ihr zu hoch. Lieber genießt sie den Ruf der Unangepassten, Unbequemen, Fremden. Die Clique als Lebensraum, als Bühne der Selbstinszenierung lehnt sie ab und verharrt lieber im **Status der Unnahbaren** (Z. 121 ff.).

Der Wechsel auf das Ernst-Bloch-Gymnasium wurde für sie nicht der erhoffte Akt der Befreiung, sondern führte sie zur resignativen Erkenntnis, dass sie immer ein Fremdkörper sein wird in einer Welt, die auf Anpassung, der Fixierung auf Äußerlichkeiten und den daraus resultierenden Lebensentwürfen basiert.

In den Persönlichkeiten Adas und ihrer Mitschülerinnen prallen Welten aufeinander, die unterschiedlicher nicht sein könnten: Hier die „Prinzessinnen“ mit ihren vorhersehbaren, einem zweifelhaften Ideal geschuldeten Karrierebiografien (Z. 27 ff.), dort Ada, befangen in ihrer eigenen, allen Äußerlichkeiten und Konventionen widersprechenden Welt.

Aufgabe c: Beurteilung → Stellungnahme

Hinweis: *Die in der Aufgabenstellung enthaltene Forderung, das Verhalten des jeweiligen Protagonisten zu beurteilen, verlangt eine* ***dialektische Vorgehensweise****. Dies bedeutet für Sie, dass Sie sich mit dessen Vorzügen (****Thesenargumentation****) und Nachteilen (****Anti-Thesenargumentation****) fundiert auseinandersetzen und zu einer abschließenden Wertung (****Synthese****) gelangen. Dabei ist entscheidend, dass die Aussagen (Thesen) anhand* ***konkreter Textstellen*** *(Zeilenangaben in Klammern) belegt werden.*

Schematische Darstellung der Beurteilung:

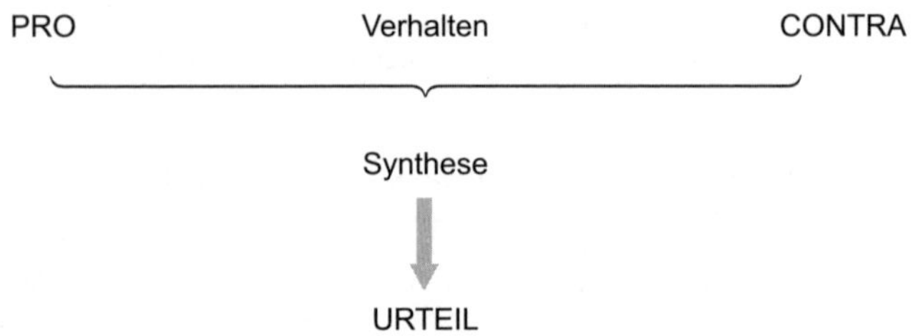

Adas Charakter, das Wesen ihrer Persönlichkeit, zeigt stark **ambivalente Züge**, die sich einer simplen Bewertung nach dem Schema „gut“ oder „schlecht“, „sympathisch“ oder „unsympathisch“ verweigern. Um Adas komplexem Wesen gerecht zu werden, bedarf es einer differenzierten Auseinandersetzung mit ihren oben skizzierten Persönlichkeitsmerkmalen.

Die **positiven** Aspekte ihrer Persönlichkeit sind:
- die Ablehnung alles Oberflächlichen (Z. 40 ff.);
- ihr couragiertes Auftreten (Z. 84 ff.);
- ihre **Unabhängigkeit** gegenüber standardisierten Verhaltensweisen (Z. 43); **→ These**

Negativ hingegen wirken:

- **ihre Intoleranz (Z. 118 ff.)**; → **Antithese**
- ihr aggressives Verhalten (Z. 109 ff.);
- ihre Verstocktheit (Z. 43 f.).

Beispiel für einen Argumentationsstrang (dialektischer Ansatz)

These
Ada wird als schwierig, aber intelligent beschrieben (vgl. Z. 40 ff.), als ein Mädchen, das sich um Äußerlichkeiten und Konventionen nicht kümmert und **geistige Unabhängigkeit** beweist. Sie steht damit im krassen Gegensatz zu ihren Mitschülerinnen, den „Prinzessinnen". Ein Umstand, der dazu führt, dass sie sich geradezu provozierend gegenüber dieser Gruppe als Außenseiter inszeniert.

Erläuterung / Begründung
Anders als ihre Mitschülerinnen sieht sie sich als „wirklich kluge, wirklich kaputte, wirklich kategorische" Person (Z. 53 f.), die diese Einstellung durch ihr Äußeres (Kleidung) und durch ihr Kommunikationsverhalten (Rigorismus) plakativ lebt.

Beleg
Im Gegensatz zu ihren Mitschülerinnen, den „Pubertätsprofis" (Z. 17) gibt sich Ada, was ihre Kleidung anbelangt, eher nachlässig (Z. 126 ff.). Sie fühlt sich in dieser Gruppe „umgeben von einem Haufen Leute, die sie nicht das Geringste angingen" (Z. 141). In der Klasse ist sie das „Kuckuckskind, das starrköpfig in einem quirligen Nest bunter Jungvögel hockte" (Z. 75), deren Unterrichtsbeiträge sie, aber erst nach direkter Aufforderung, kategorisch als unqualifiziert brandmarkt (Z. 61 ff.).

Fazit
Aufgrund ihres Intellekts und ihrer rigorosen Haltung bleibt Ada letztlich nur die Rolle der Unangepassten, der Rebellin, die das konventionelle Leben ihrer Mitschüler verachtet. Deren Idyll einer gutbürgerlichen, auf Wohlstand und Erfolg ausgerichteten Existenz entspricht nicht ihrer Zukunftsvorstellung, sie sucht die Auseinandersetzung mit dem „richtigen" Leben, worin immer das auch bestehen mag.

↕

Antithese
Was an Adas Wesen verstört, ist ihre **Intoleranz**. Als sich ihr mit großen Hoffnungen verbundener Übertritt auf das Ernst-Bloch-Gymnasium für sie als Enttäuschung entpuppt, da sie keine „wirklich kluge[n], wirklich kaputte[n], wirklich kategorische[n] Menschen" (Z. 53 f.) trifft, reagiert sie mit rigoroser Ablehnung, ja Verachtung.

Erläuterung / Begründung
Was ihr unter ihren Mitschülern begegnet, ist nicht außergewöhnlich: Jugendliche in einem Alter, in dem sie sich ausprobieren, sich Idolen und Idealen verschreiben, die im Nachhinein oftmals als irreal erscheinen und ohne Bedauern abgelegt werden. Mit ihrer kompromisslosen Haltung der absoluten Verweigerung macht sie sich selbst zum Außenseiter, der zwar in irgendeiner Weise anerkannt, letztlich aber doch eher lästig und unheimlich ist.

Beleg
Typisch für ihr Verhältnis zu ihren Mitschülerinnen ist die Tatsache, dass ihr „schon die Schüler der höchsten Klassen infantil erschienen" (Z. 118), was dazu führt, dass sie sich abkapselt: „Keine Freunde finden konnte sie auch in der eigenen Jahrgangsstufe." (Z. 119 f.)

Fazit

Ada demonstriert ständig ihren Mitschülern gegenüber Ablehnung und Verachtung, die sich auch in Handgreiflichkeiten äußern kann. Die „Prinzessinnen“ achten nicht ohne Grund darauf, dass „keine von ihnen Ada im Rücken hatte“ (Z. 140). Statt sich den gegebenen Verhältnissen zumindest teilweise anzupassen, wählt sie die Isolation.

↓

Schlussfolgerung (Bewertung)

Adas Verhalten und damit ihr Wesen sind geprägt durch ein starkes Ego, dem aber die Fähigkeit zur Kooperation fehlt. Sie erweckt dadurch den Eindruck einer scheinbar emanzipierten Person, der allerdings die wichtige Eigenschaft der Toleranz gegenüber Andersdenkenden fehlt. Sie fühlt sich ihren Mitschülerinnen intellektuell überlegen, was dazu führt, dass sie diese radikal ablehnt. Dadurch erweckt sie einerseits den positiven Eindruck von **Reife**, dem andererseits allerdings der **Makel des Vorurteils** anhaftet. Sie gibt ihren Mitschülerinnen nicht wirklich die Chance einer Annäherung.

Aufgaben:

a) Fassen Sie den Inhalt der Szene zusammen.

b) Analysieren Sie den Teil der Konferenz, in dem der Schüler Melchior befragt wird (ab Z. 76) und gehen Sie dabei auf das Sprachverhalten der Protagonisten ein.

c) Welche gesellschaftskritischen Ansätze zeigen sich in der Gestaltung der Figur Rektor Sonnenstichs?

Frank Wedekind (1864–1918)
Frühlings Erwachen (1891)

Vorbemerkung: Das 1906 erstmals aufgeführte Theaterstück beschäftigt sich mit den Nöten einer von Elternhaus und Schule mit Unverständnis konfrontierten Jugend um 1890. Der Schüler Moritz hat sich das Leben genommen, weil er von Schule und Elternhaus überfordert worden war. Melchior, der Moritz eine selbstverfasste Informationsschrift zum Thema „Aufklärung" hat zukommen lassen, um ihn von sexuellen Zwangsvorstellungen zu befreien, wird Schuld an dessen Tod unterstellt. In der vorliegenden 1. Szene des 3. Aktes muss er sich vor der Lehrerkonferenz verantworten.

Konferenzzimmer. – An den Wänden die Bildnisse von Pestalozzi[1] und J. J. Rousseau[2]. Um einen grünen Tisch, über dem mehrere Gasflammen brennen, sitzen die Professoren AFFENSCHMALZ, KNÜPPELDICK, HUNGERGURT, KNOCHENBRUCH, ZUNGENSCHLAG und FLIEGENTOD. Am oberen Ende auf erhöhtem Sessel Rektor SONNENSTICH. Pedell HABEBALD kauert neben der Tür.

SONNENSTICH: ... Sollte einer der Herren noch etwas zu bemerken haben? – – Meine Herren! – Wenn wir nicht umhin können, bei einem hohen Kultusministerium die Relegation unseres schuldbeladenen Schülers zu beantragen, so können wir das aus den schwerwiegendsten Gründen nicht. Wir können es nicht, um das bereits hereingebrochene Unglück zu sühnen, wir können es ebensowenig, um unsere Anstalt für die Zukunft vor ähnlichen Schlägen sicherzustellen. Wir können es nicht, um unseren schuldbeladenen Schüler für den demoralisierenden Einfluß, den er auf seinen Klassengenossen ausgeübt, zu züchtigen; Wir können es zuallerletzt, um ihn zu verhindern, den nämlichen Einfluß auf seine übrigen Klassengenossen auszuüben. Wir können es – und der, meine Herren, möchte der schwerwiegendste sein – aus dem jeden Einwand niederschlagenden Grunde nicht, weil wir unsere Anstalt vor den Verheerungen einer Selbstmordepidemie zu schützen haben, wie sie bereits an verschiedenen Gymnasien zum Ausbruch gelangt und bis heute allen Mitteln, den Gymnasiasten an seine durch seine Heranbildung zum Gebildeten gebildeten Existenzbedingungen zu fesseln, gespottet hat. – – Sollte einer der Herren noch etwas zu bemerken haben?

KNÜPPELDICK: Ich kann mich nicht länger der Überzeugung verschließen, daß es endlich an der Zeit wäre, irgendwo ein Fenster zu öffnen.

ZUNGENSCHLAG: Es he-herrscht hier eine A-A-Atmosphäre wie in unterirdischen Kata-Katakomben, wie in den A-Aktensälen des weiland Wetzlarer Ka-Ka-Ka-Ka-Kammergerichtes.

SONNENSTICH: Habebald!

HABEBALD: Befehlen, Herr Rektor!

SONNENSTICH: Öffnen Sie ein Fenster! Wir haben Gott sei Dank Atmosphäre genug draußen. – Sollte einer der Herren noch etwas zu bemerken haben?

FLIEGENTOD: Wenn meine Herren Kollegen ein Fenster öffnen lassen wollen, so habe ich meinerseits nichts dagegen einzuwenden. Nur möchte ich bitten, das Fenster nicht gerade hinter meinem Rücken öffnen lassen zu wollen!

SONNENSTICH: Habebald!

HABEBALD: Befehlen, Herr Rektor!

SONNENSTICH: Öffnen Sie das andere Fenster! – – Sollte einer der Herren noch etwas zu bemerken haben?

HUNGERGURT: Ohne die Kontroverse meinerseits belasten zu wollen, möchte ich an die Tatsache erinnern, daß das andere Fenster seit den Herbstferien zugemauert ist.

SONNENSTICH: Habebald!

HABEBALD: Befehlen, Herr Rektor!

SONNENSTICH: Lassen Sie das andere Fenster geschlossen! – Ich sehe mich genötigt, meine Herren, den Antrag zur Abstimmung zu bringen. Ich ersuche diejenigen Herren Kollegen, die dafür sind, daß das einzig in Frage kommen könnende Fenster geöffnet werde, sich von ihren Sitzen zu erheben. *(Er zählt.)* – Eins, zwei, drei. – Eins, zwei, drei. – Habebald!

HABEBALD: Befehlen, Herr Rektor!

SONNENSTICH: Lassen Sie das eine Fenster gleichfalls geschlossen! – Ich meinerseits hege die Überzeugung, daß die Atmosphäre nichts zu wünschen übrig läßt! – – Sollte einer der Herren noch etwas zu bemerken haben? – – Meine Herren! – Setzen wir den Fall, daß wir die Relegation unseres schuldbeladenen Schülers bei einem hohen Kultusministerium zu beantragen unterlassen, so wird uns ein hohes Kultusministerium für das hereingebrochene Unglück verantwortlich machen. Von den verschiedenen von der Selbstmord-Epidemie heimgesuchten Gymnasien sind diejenigen, in denen fünfundzwanzig Prozent den Verheerungen zum Opfer gefallen, von einem hohen Kultusministerium suspendiert worden. Vor diesem erschütterndsten Schlage unsere Anstalt zu bewahren, ist unsere Pflicht als Hüter und Bewahrer unserer Anstalt. Es schmerzt uns tief, meine Herren Kollegen, daß wir die sonstige Qualifikation unseres schuldbeladenen Schülers als mildernden Umstand gelten zu lassen nicht in der Lage sind. Ein nachsichtiges Verfahren, das sich unserem schuldbeladenen Schüler gegenüber rechtfertigen ließe, ließe sich der zur Zeit in denkbar bedenklichster Weise gefährdeten Existenz unserer Anstalt gegenüber nicht rechtfertigen. Wir sehen uns in die Notwendigkeit versetzt, den Schuldbeladenen zu richten, um nicht als die Schuldlosen gerichtet zu werden. – Habebald!

HABEBALD: Befehlen, Herr Rektor!

SONNENSTICH: Führen Sie ihn herauf!

(Habebald ab.)

ZUNGENSCHLAG: Wenn die he-herrschende A-A-A-Atmosphäre maßgebenderseits wenig oder nichts zu wünschen übrig läßt, so möchte ich den Antrag stellen, während der So-Sommerferien auch noch das andere Fenster zu-zu-zu-zu-zu-zu-zu-zu-zuzumauern!

FLIEGENTOD: Wenn unserem lieben Kollega Zungenschlag unser Lokal nicht genügend ventiliert erscheint, so möchte ich den Antrag stellen, unserm lieben Herrn Kollega Zungenschlag einen Ventilator in die Stirnhöhle applizieren[3] zu lassen.

ZUNGENSCHLAG: Da-da-das brauche ich mir nicht gefallen zu lassen! – Gro-Grobheiten brauche ich mir nicht gefallen zu lassen! Ich bin meiner fü-fü-fü-fü-fünf Sinne mächtig …!

SONNENSTICH: Ich muß unsere Herren Kollegen Fliegentod und Zungenschlag um einigen Anstand ersuchen. Unser schuldbeladener Schüler scheint mir bereits auf der Treppe zu sein.

(Habebald öffnet die Türe, worauf Melchior, bleich, aber gefaßt, vor die Versammlung tritt.)

SONNENSTICH: Treten Sie näher an den Tisch heran! – Nachdem Herr Rentier Stiefel von dem ruchlosen Frevel seines Sohnes Kenntnis erhalten, durchsuchte der fassungslose Vater, in der Hoffnung, auf diesem Wege möglicherweise dem Anlaß der verabscheuungswürdigen Untat auf die Spur zu kommen, die hinterlassenen Effekten seines Sohnes Moritz und stieß dabei an einem nicht zur Sache gehörigen Orte auf ein Schriftstück, welches uns ohne noch die verabscheuungswürdige Untat an sich verständlich zu machen, für die dabei maßgebend gewesene moralische Zerrüttung des Untäters eine leider nur allzu ausreichende Erklärung liefert. Es handelt sich um eine in Gesprächsform abgefaßte, „Der Beischlaf" betitelte, mit lebensgroßen Abbildungen versehene, von den schamlosesten Unflätereien strotzende, zwanzig Seiten lange Abhandlung, die den geschraubtesten Anforderungen, die ein verworfener Lüstling an eine unzüchtige Lektüre zu stellen vermöchte, entsprechen dürfte. –

MELCHIOR: Ich habe …

SONNENSTICH: Sie haben sich ruhig zu verhalten! – Nachdem Herr Rentier Stiefel uns fragliches Schriftstück ausgehändigt und wir dem fassungslosen Vater das Versprechen erteilt, um jeden Preis den Autor zu ermitteln, wurde die uns vorliegende Handschrift mit den Handschriften sämtlicher Mitschüler des weiland Ruchlosen verglichen und ergab nach dem einstimmigen Urteil der gesamten Lehrerschaft, sowie in vollkommenem Einklang mit dem Spezial-Gutachten unseres geschätzten Herrn Kollegen für Kalligraphie die denkbar bedenklichste Ähnlichkeit mit der *Ihrigen*. –

MELCHIOR: Ich habe …

SONNENSTICH: Sie haben sich ruhig zu verhalten! – Ungeachtet der erdrückenden Tatsache der von seiten unantastbarer Autoritäten anerkannten Ähnlichkeit glauben wir uns vorderhand noch jeder weiteren Maßnahmen enthalten zu dürfen, um in erster Linie den Schuldigen über das ihm demgemäß zur Last fallende Vergehen wider die Sittlichkeit in Verbindung mit daraus resultierender Veranlassung zur Selbstentleibung ausführlich zu vernehmen. –

MELCHIOR: Ich habe …

SONNENSTICH: Sie haben die genau präzisierten Fragen, die ich Ihnen der Reihe nach vorlege, eine um die andere, mit einem schlichten und bescheidenen „Ja" oder „Nein" zu beantworten. – Habebald!

HABEBALD: Befehlen, Herr Rektor!

SONNENSTICH: Die Akten! – Ich ersuche unseren Schriftführer, Herrn Kollega Fliegentod, von nun an möglichst wortgetreu zu protokollieren. – *(Zu Melchior.)* Kennen Sie dieses Schriftstück?

MELCHIOR: Ja.

SONNENSTICH: Wissen Sie, was dieses Schriftstück enthält?

MELCHIOR: Ja.

SONNENSTICH: Ist die Schrift dieses Schriftstücks die Ihrige?

MELCHIOR: Ja.

SONNENSTICH: Verdankt dieses unflätige Schriftstück Ihnen seine Abfassung?

MELCHIOR: Ja. – Ich ersuche Sie, Herr Rektor, mir *eine* Unflätigkeit darin nachzuweisen.

SONNENSTICH: Sie haben die genau präzisierten Fragen, die ich Ihnen vorlege, mit einem schlichten und bescheidenen „Ja" oder „Nein" zu beantworten!

MELCHIOR: Ich habe nicht mehr und nicht weniger geschrieben, als was eine Ihnen sehr wohlbekannte Tatsache ist!

SONNENSTICH: Dieser Schandbube!

MELCHIOR: Ich ersuche Sie, mir einen Verstoß gegen die Sittlichkeit in der Schrift zu zeigen!

SONNENSTICH: Bilden Sie sich ein, ich hätte Lust, zu Ihrem Hanswurst an Ihnen zu werden?! – Habebald …!

MELCHIOR: Ich habe …

SONNENSTICH: Sie haben so wenig Ehrerbietung vor der Würde Ihrer versammelten Lehrerschaft, wie Sie Anstandsgefühl für das dem Menschen eingewurzelte Empfinden für die Diskretion der Verschämtheit einer sittlichen Weltordnung haben! – Habebald!!

HABEBALD: Befehlen, Herr Rektor!

SONNENSTICH: Es ist ja der *Langenscheidt* zur dreistündigen Erlernung des agglutinierenden[4] Volapük[5]!

MELCHIOR: Ich habe …

SONNENSTICH: Ich ersuche unseren Schriftführer, Herrn Kollega Fliegentod, das Protokoll zu schließen!

MELCHIOR: Ich habe …

SONNENSTICH: Sie haben sich ruhig zu verhalten!! – Habebald!

HABEBALD: Befehlen, Herr Rektor!

SONNENSTICH: Führen Sie ihn hinunter!

Aus: Wedekind, Frank: Werke in zwei Bänden, Bd. I: Gedichte und Lieder, Prosa, Frühlings Erwachen und die Lulu-Dramen, hrsg. von Erhard Weidl, München 1990, S. 518–523

1 Pestalozzi, Johann Heinrich: schweizerischer Pädagoge und Philosoph (1746–1827). Er wollte mit seiner Erziehungsmethode die Kräfte des Zöglings bilden und betonte den erzieherischen Wert der Arbeit und des Gemeinschaftslebens. Er bewirkte eine Erneuerung der Erziehung in ganz Europa.

2 Rousseau, Jean-Jacques: französischer Schriftsteller und Philosoph (1712–1778); bedeutender Vertreter und zugleich Überwinder der Aufklärung; Rousseaus Annahme eines glücklichen, naturhaften Urzustands des Menschen prägt auch sein Erziehungsideal: Pädagogik soll vor allem verhindern, dass der Zögling unter den schlechten Einfluss der Gesellschaft gerät.

3 applizieren: (lat.) anbringen, anfügen, verabreichen

4 agglutinierende Sprachen: Sprachen, in denen die grammatischen Funktionen durch das Anfügen von Affixen (Wortbildungselementen) an den Wortstamm ausgedrückt werden, wie z. B. das Lateinische

5 Volapük: im 19. Jahrhundert geschaffenes Kunstwort aus „vol“ von engl. „world“ und „pük“ von engl. „speak“ mit der Bedeutung „Welthilfssprache“

Lösungsvorschlag

__Hinweis:__ vgl. auch das Kapitel __Hinweise__ in diesem Band: __Literarische Interpretation__

***Zum Autor:** Frank Wedekind (eigentlich* Benjamin Franklin Wedekind, **24. Juli 1864 in Hannover; † 9. März 1918 in München) gehört mit zu den schillerndsten Autoren seiner Epoche. Selbst aus bürgerlichen Verhältnissen stammend – der Vater war Arzt, die Mutter in ihrer Jugend Schauspielerin –, richtete sich seine Kritik gegen die Verlogenheit und Scheinmoral seiner Klasse. Als Satiriker – er war Mitherausgeber der satirischen Zeitschrift „Simplizissimus" –, Journalist, Schauspieler und Dramatiker brandmarkte er die (Schein-)Moral der wilhelminischen Gesellschaft mit beißend ironischer Kritik. Für ein im „Simplizissimus" veröffentlichtes politisches Gedicht erhielt er drei Monate Festungshaft wegen Majestätsbeleidigung.*

***Zum Drama:** Obwohl bereits 1891 erschienen, wurde „Frühlings Erwachen. Eine Kindertragödie", so der vollständige Titel, erst 1906 an den Berliner Kammerspielen uraufgeführt. Wedekind setzt sich in diesem Drama mit der vorherrschenden Sexualmoral seiner Zeit, geprägt durch Unterdrückung, Verdrängung und Scheinheiligkeit, auseinander. Das Stück ist die Geschichte mehrerer Jugendlicher, die im Zuge ihrer Pubertät in Konflikt mit der bürgerlichen Sexualmoral geraten und letztlich physisch (Selbstmord) oder psychisch daran zerbrechen.*

Aufgabe a: Inhaltszusammenfassung

***Hinweis:** Der häufigste **Fehler** bei dieser Aufgabenstellung besteht darin, dass der Dramenauszug **nacherzählt** wird. Verlangt wird vielmehr eine den Originaltext deutlich reduzierende (Umfang) und abstrahierende (Inhalt) Darstellung. Dabei sind folgende Anforderungen zu beachten:*

- ***Kurze** Textvorstellung (→ Überblicksinformation)*
  - *Autor*
  - *Gattung/Textsorte*
  - *Titel/Auszug*
  - *Erscheinungsort/-datum*
  - *Quelle*
  - *Thema*
  - *Personal*
- *Zeitstufe: Präsens (Gegenwart)*
- *Keine wörtlichen Zitate → Konjunktiv*
- *Personenkonstellation*
- *Handlungsskizze*

Bei dem vorliegenden Textauszug handelt es sich um die 1. Szene des 3. Aktes von Frank Wedekinds 1891 erschienenem und 1906 erstmals uraufgeführtem Drama *Frühlings Erwachen. Eine Kindertragödie* in der von Erhard Weidl 1990 in München herausgegebenen Fassung von Wedekinds Gesamtwerk.

Frühlings Erwachen ist die sehr persönliche Auseinandersetzung Wedekinds mit der verlogenen Sexualmoral seiner Zeit. In der zu analysierenden Szene sitzt das Lehrerkollegium zu Gericht über den Schüler Melchior, der einem Mitschüler ein selbst verfasstes Werk über die Sexualität zukommen ließ.

Protagonisten der Szene sind neben Melchior das Lehrerkollegium, der Direktor der Anstalt Sonnenstich und der Hausmeister (Pedell). Gegenstand der Konferenz ist die Beurteilung bzw. Verurteilung des Schülers, der durch angeblich obszöne Schriften Schuld am Selbstmord seines Mitschülers haben soll.

Die Professoren der Schule, die Wedekind bewusst mit so eigenartigen und lächerlichen Namen wie (Rektor) Sonnenstich, Fliegentod, Knochenbruch oder Knüppeldick versehen hat, wollen eigentlich schulische Themen und den Selbstmord von Moritz besprechen, gleiten aber in eine völlig sinnlose Diskussion über das Öffnen der Fenster ab. Schließlich holen sie Melchior zu sich und beschuldigen ihn, den Tod seines Freundes verursacht zu haben, indem er ihn mit pornografischen Schriften verstört habe. Man hat das mit „Der Beischlaf" betitelte Werk gefunden, das Melchior für Moritz angefertigt hatte. Es wird als extrem obszön und unsittlich angesehen. Melchior wird mit immer neuen Anschuldigungen belegt und bekommt keine Gelegenheit, etwas zu seiner Verteidigung zu sagen.

Der Inhalt dieser Szene gliedert sich in zwei thematisch unterschiedliche Teile:
- Im ersten Abschnitt (Z. 1–73) wird der Kontext erkennbar, der sich in folgende Teilbereiche gliedert:
  - Nennung der Art des Verstoßes,
  - Sorge der Schulleitung vor vermeintlichen Sanktionen der Schulbehörde,
  - Darlegung der Konsequenzen für den Schüler,
  - sinnlose Debatte über das Öffnen oder Schließen teilweise nicht mehr vorhandener Fenster.
- Im weiteren Verlauf (Z. 74–140) kommt es zum eigentlichen „Verhör" Melchiors durch das Gremium.

Beherrschend ist in beiden Teilen die autoritätsfixierte Haltung des Direktors Sonnenstich, dessen Urteil von Anfang an feststeht (vgl. Z. 51 ff.) und die Konferenz zur bloßen Farce werden lässt. Im Zentrum der Szene steht die Vernehmung Melchiors, die vom Rektor allerdings so inszeniert wird, dass dieser keine Chance hat, seine Beweggründe für sein vermeintlich verurteilungswürdiges Handeln zu erläutern, letztlich geht es schlicht und einfach um die Vertuschung des Vorfalls, um den Ruf der Schule und damit verbunden die Förderung durch das Kultusministerium (vgl. Z. 49 f.) nicht zu gefährden.

Aufgabe b: Analyse

Hinweise zur Untersuchung der Sprache:

Satzbau

Beim Satzbau unterscheidet man
- *Parataxe,*
- *Hypotaxe,*
- *Ellipsen und Interjektionen sowie*
- *rhetorische Fragen.*

Dominiert ein einfacher parataktischer Satzbau (Aneinanderreihung von Hauptsätzen), geht es dem Verfasser in der Regel um eine möglichst klare Mitteilung (Sachtext). Parataxe kann aber auch den Spannungsaufbau unterstützen (Epik) oder Sachverhalte einfacher erscheinen lassen, als sie in Wirklichkeit sind (Polemik, Ironie).

Hypotaxe liegt vor, wenn der Autor viele, eventuell sogar verschachtelte Nebensätze gebraucht. Dies setzt einen geübten Leser (Adressaten) voraus, der mit der komplizierten Satzstruktur zurechtkommt. Der Grund für den Gebrauch des hypotaktischen Stils kann sein, dass der Autor das Thema differenziert, fundiert und in seiner ganzen Komplexität darstellen will (Argumentation). Hypotaxe kann allerdings auch Ausdruck mangelnder Sprachkompetenz und Ignoranz dem Leser gegenüber sein.

Wortwahl

- *Welche Wortart dominiert?* → *Nomen, Verben, Adjektive usw.*
- *Ist die Wortwahl anschaulich/konkret?* → *Informationswert*
- *Verwendung von Fremdwörtern* → *Sinn für die Aussage?*
- *Enthält der Text Konnotationen?* → *Manipulation/Einstellung*
- *Verwendung metaphorischer Bedeutungen* → *Aussageabsicht*

Rhetorische Mittel

Welche rhetorischen Mittel werden eingesetzt?
→ *Wirkung*
→ *Intention*
→ *Aussageabsicht*

Der mit Zeile 76 beginnende Kern des Textauszugs beinhaltet das Zusammentreffen der beiden Kontrahenten Sonnenstich und Melchior. Die sich dabei abzeichnende Gesprächssituation trägt stark komplementäre[1] Züge. Auf der einen Seite der Rektor, als Autoritätsperson unangreifbar und darauf bedacht, den Schulverweis Melchiors durch dessen angebliche moralische Verkommenheit (vgl. Z. 128 ff.) zu rechtfertigen, auf der anderen Seite Melchior, der sich erklären möchte, daran aber hartnäckig durch den Schulleiter gehindert wird (vgl. Z. 88, 96, 103, 134, 137). Es ist offensichtlich, dass es sich bei der Anhörung um eine Pflichtveranstaltung handelt, deren Verlauf für das von vornherein feststehende Urteil (vgl. Z. 57) unerheblich ist, da den behördlichen Spielregeln Genüge getan werden soll, nicht aber um den ernsthaften Versuch, den Sachverhalt wirklich aufzuklären.

Eingeleitet wird die „Anhörung" quasi durch den Vortrag der Anschuldigungen durch den Rektor. In einer **hölzern-amtlich wirkenden Sprache**, geprägt durch einen **hypertaktischen Satzbau** und unter Verwendung zahlreicher **Parenthesen**, wird Melchior mit seinem Vergehen konfrontiert. Seine Versuche, Rechtfertigungen vorzubringen, die Vorwürfe zu differenzieren oder zu entkräften (vgl. Z. 117, 120 f., 123 f.) werden von Sonnenstich wortreich und arrogant abgewehrt. Mit einer Ausnahme beschränkt sich sein Gesprächsanteil auf **elliptische Einwürfe**, die einerseits seine aussichtslose Position bei diesem Gespräch kennzeichnen, andererseits die Autorität des Rektors unterstreichen (vgl. Z. 125 f.).

Durch eine **stark abwertende Wortwahl** versucht Sonnenstich die Tat des Schülers als besonders verwerflich und als im Sinne der Schulordnung strafwürdig darzustellen. Den Selbstmord des Schülers Moritz bezeichnet er als „ruchlosen Frevel" (Z. 77) und als „verabscheuungswürdige Untat" (Z. 81), wobei er eine „moralische Zerrüttung des Untäters" unterstellt (Z. 82).

Das *corpus delicti*, Melchiors „zwanzig Seiten lange Abhandlung" (Z. 85) mit dem Titel „Der Beischlaf" (Z. 84), wertet er als „unzüchtige Lektüre" (Z. 86), die den „geschraubtesten Anforderungen, die ein verworfener Lüstling" (Z. 85 f.) stellen könnte, genügen würde.

Obwohl sich Sonnenstich seiner Autorität bewusst ist (vgl. Z. 89), versucht er durch die Verwendung der Pronomen „uns" (Z. 89), „unseres" (Z. 94) und „wir" (Z. 90) der Anklage ein besonderes Gewicht zu verleihen. Der Rektor möchte seinen Vorwürfen auch durch den Hinweis Nachdruck geben, dass er „nach dem einstimmigen Urteil der gesamten Lehrerschaft" (Z. 93) handelt. Er agiert also nicht aus subjektiver Empörung, sondern aus einem dem Schulwohl geschuldeten Pflichtgefühl. Diesem Kalkül dient auch der Verweis auf das „Spezial-Gutachten unseres geschätzten Herrn Kollegen für Kalligraphie" (Z. 94 f.), den er zu einer „unantastbare[n] Autorität" (Z. 98) befördert.

---

1 Beziehungen zwischen Partnern basieren entweder auf Gleichheit oder auf Unterschiedlichkeit. In komplementären Beziehungen ergänzen sich unterschiedliche (**komplementäre**) Verhaltensweisen und bestimmen den Interaktionsprozess. Die Beziehungsgrundlage besteht hierbei in der Unterschiedlichkeit der Partner. Häufig drückt sich diese Unterschiedlichkeit in einer **Unterordnung** aus, d. h. der eine hat die Oberhand über den anderen. (Paul Watzlawick u. a.: Menschliche Kommunikation. Bern; Göttingen; Toronto; Seattle [9]1996, S. 68–70)

Das eigentliche **Verhör** (Z. 104–140) folgt streng der Dramaturgie des Rektors, dem es nicht wirklich um die Aufklärung eines Sachverhalts, sondern vielmehr um die Bestätigung einer Vorverurteilung geht. Während er erfolgreich bemüht ist, das Gespräch auf der Beziehungsebene[2] zu führen, scheitert Melchior mit seinem Versuch, inhaltliche Aspekte anzusprechen (vgl. Z. 117, 120f., 123f.) und so seine Beweggründe darzulegen.

Die Situation kippt vollkommen ins **Groteske**, als sich das vom Hausmeister vorgelegte, vermeintliche *corpus delicti*, Melchiors Abhandlung über die menschliche Sexualität, als „der *Langenscheidt* zur dreistündigen Erlernung des agglutinierenden Volapük" (Z. 132f.) erweist. Da er sich der Lächerlichkeit dieser Tatsache bewusst ist, bricht Sonnenstich an dieser Stelle (Z. 140) die Inszenierung einer „sachlichen Anhörung" abrupt ab.

Damit ist rein formal das Verfahren gegen Melchior offiziell abgeschlossen: Die Schulleitung hat in einer Anhörung dem betroffenen Schüler die Möglichkeit gegeben, sich zu den erhobenen Vorwürfen zu äußern, ein Vorgang, der durch ein Protokoll (vgl. Z. 108f., 135f.) objektiv dokumentiert ist und den Anschein erweckt, als haben Sonnenstich und das Kollegium wirklich versucht, die Hintergründe für den Selbstmord des Schülers Moritz aufzuklären. Melchior hat in dieser Inszenierung keine Chance, sich zu erklären, ihm bleibt nur die Rolle des Statisten.

Aufgabe c: Untersuchung der Gesellschaftskritik

***Hinweis:** Bei der Bearbeitung der Aufgabe ist historisches Hintergrundwissen zum wilhelminischen Kaiserreich von Nutzen. Es macht Sinn, aspektorientiert vorzugehen: Analysieren Sie die einzelnen, von Wedekind scharf gezeichneten Charakteristika Sonnenstichs und zeigen Sie, welche gesellschaftlichen Missstände bzw. welche Mentalität er damit attackiert.*

Literatur war und ist zu jeder Zeit immer auch ein **Vehikel für die Kritik gesellschaftlicher Zustände**. Angefangen bei Walther von der Vogelweide über Lessing, Schiller und Goethe, Büchner bis hin zu Bert Brecht oder Günter Grass verstanden sich Schriftsteller immer auch als skeptische Chronisten ihrer Zeit. Literatur wird zum Brennglas, in dessen Fokus der jeweilige Protagonist exemplarisch den Problemen seiner Zeit begegnet.

Neben Heinrich Mann *(Der Untertan)*, Herrmann Hesse *(Unterm Rad)* und Ludwig Thoma *(Magdalena)* setzte sich Wedekind vehement mit den Missständen seiner Zeit, besonders deren **Schein-Moral**, auseinander. Als Projektionsfläche für seine Kritik wählte er wie Heinrich Mann in seinem Roman *Professor Unrat* die Schule und ihre Protagonisten.

In der Figur des Rektors Sonnenstich, die allein schon aufgrund ihres Namens Zielscheibe des Spottes wird, zeigen sich exemplarisch markante Schwächen des vom wilhelminischen Kaiserreich geprägten Menschen:
- Obrigkeitsfixierung
- Tabuisierung und Ächtung der Sexualität
- autoritäre Gesellschaftsstruktur
- Schule als „Zuchtanstalt"

Demgegenüber steht der **Schüler Melchior**, in dem sich all das manifestiert, was Sonnenstich als Statthalter des Systems rigoros bekämpft:
- Widerspruchsgeist (Z. 88)
- Anerkennung der Sexualität als Bestandteil der Persönlichkeit (Z. 120f.)
- Selbstbewusstsein und Courage (Z. 117)
- Zweifel an der herrschenden Moral (Z. 123f.)

2 Jede Kommunikation enthält über die reine Sachinformation (Inhaltsaspekt) hinaus einen Hinweis, wie der Sender seine Botschaft verstanden haben will und wie er seine Beziehung zum Empfänger sieht (Beziehungsaspekt). Der Beziehungsaspekt zeigt, welche emotionale Beziehung von einem Kommunikationspartner gesetzt wird. Daraus folgt, dass der Beziehungsaspekt bestimmt, wie der Inhalt zu interpretieren ist (vgl. Watzlawick).

Obrigkeitsfixierung
Sonnenstich geht es bei der Konferenz nicht wirklich um Aufklärung der Gründe, derentwegen der Schüler Moritz Stiefel Selbstmord beging. Ihm geht es auch nicht um die kritische Würdigung der Rolle, die die Aufklärungsschrift Melchiors dabei spielte, ihm geht es einzig und allein darum, möglichen, für die Schule negativen Konsequenzen des „hohen Kultusministerium[s]" (Z. 45 f.) zuvorzukommen. Die Befragung des Schülers ist eine protokollarische Notwendigkeit, eine Farce, die dazu dient, den Schein zu wahren: Das Urteil über Melchior, „die Relegation [des] schuldbeladenen Schülers" (Z. 45), steht bereits vorher fest.

Tabuisierung und Ächtung der Sexualität
Sexualität galt im 19. Jahrhundert als Tabuthema, das im öffentlichen Diskurs wie eine ansteckende Krankheit behandelt wurde. Dementsprechend ist die Wortwahl Sonnenstichs im Zusammenhang mit Melchiors inkriminierendem Schriftstück. Er spricht von einer „unzüchtige[n] Lektüre" (Z. 86), von „schamlosesten Unflätereien" (Z. 85) und von einem „Vergehen wider die Sittlichkeit" (Z. 100). Sexualität erhält dadurch den Status des Unmoralischen, nicht Gesellschaftsfähigen, das schädlich für die Charakterbildung der Schüler ist und deshalb mit allen Mitteln bekämpft werden muss.

Autoritäre Gesellschaftsstruktur
Sonnenstich dominiert die Konferenz mit seinem herrischen Verhalten. Schon sein erhöhter Sessel (vgl. Regieanweisungen) verrät sein Selbstverständnis: Gottgleich urteilt er über Wohl und Wehe der Schüler. Weder der betroffene Schüler, noch die anwesenden Mitglieder des Lehrerkollegiums erhalten von ihm die Möglichkeit, gehört zu werden. Selbst den läppischen Streit um das Öffnen bzw. Nichtöffnen eines Fensters entscheidet er selbstherrlich und autoritär (vgl. Z. 42). Melchior erhält von ihm zu keinem Zeitpunkt des Gesprächs die Chance, sich zu erklären, sein Handeln zu erläutern und seine Beweggründe darzulegen. Der Rektor weist ihm die Rolle eines bloßen Ja- und Neinsagers zu (vgl. Z. 104 ff.). Als Melchior diese ihm zugewiesene Rolle ablegt und versucht, sich zu seiner Sache zu äußern, empfindet Sonnenstich dies als Angriff auf seine Autorität und verschanzt sich verbal hinter der „Würde [der] versammelten Lehrerschaft" (Z. 128 f.). Mit „Untergebenen", wie dem Pedell, kommuniziert er im diskriminierenden und harschen Befehlston (vgl. Z. 21). Die ganze Szene ist symptomatisch für das von hierarchischem Denken und Militarismus geprägte Kaiserreich.

Schule als „Zuchtanstalt"
Ganz im Gegensatz zur Pädagogik eines Pestalozzi oder Rousseau, deren Bilder im Lehrerzimmer präsent sind und dadurch den Anschein von Aufklärung erwecken, geht es dem Rektor einzig und allein um die Wahrung des äußeren Scheins. Seine Sorge gilt nicht wirklich den ihm anvertrauten Menschen, sondern der Durchsetzung von vermeintlichem Recht und der Aufrechterhaltung einer fragwürdigen Ordnung (vgl. Z. 1–15). Rousseaus Menschenbild, in dessen Zentrum die Förderung der Individualität und des freien Charakters steht, passt nicht zur Einstellung des Rektors, für den Pädagogik sich in Zucht und Ordnung, Gehorsam und Unterordnung unter das System erschöpft (vgl. Z. 7 f.). Die Heranwachsenden werden mit ihren Nöten alleingelassen, sodass es nicht erstaunt, wenn Einzelne psychisch zerbrechen und wie Moritz Selbstmord begehen. Wedekind gibt mit seinem Stück der verfehlten Pädagogik seiner Zeit die denkbar schlechtesten Zensuren.

Aufgaben:

a) Verfassen Sie eine Überblicksinformation zum vorliegenden Text.

b) Untersuchen Sie die Aussageabsichten der Verfasserin im ersten Abschnitt des Textes (Überschrift und Z. 1–16) und zeigen Sie, wie sie diese sprachlich umsetzt.

c) *Zu bearbeiten ist eine der folgenden Aufgaben:*

Was versteht die Verfasserin unter dem Begriff „Vollkasko-Ära" (Z. 17)? Teilen Sie die damit zum Ausdruck gebrachte Auffassung?

oder

Verfassen Sie einen Leserbrief, in dem Sie die Gegenposition zum vorliegenden Artikel beziehen. Führen Sie mehrere Argumente aus, mit denen Sie Ihre Meinung überzeugend begründen.

Das kann böse enden
von Petra Steinberger

Wer sich fragt, wieso der Verkehr in den kleinen Seitenstraßen der Wohnviertel so zugenommen hat – es sind die Mütter (und ein paar Väter), die ihre Sechs- bis Zehnjährigen direkt vor die Schule fahren. Denn schließlich lauert die Gefahr überall: Wenn ein Kind nicht von einem Auto erwischt wird, dann von einem Kinderschänder. Dass die Eltern durch ihr Verhalten zumindest die Unfallgefahr eher noch erhöhen, wird seltsamerweise in Kauf genommen. Die Gesundheitsbehörden einiger europäischer Länder überlegen derweil, ob man in Altersheimen jene Gerichte verbieten sollte, die mit rohen Eiern zubereitet werden – denn Salmonellen könnten die betagten Bewohner dahinraffen. Und auf jeder Schokoriegelpackung steht inzwischen: „Kann Spuren von Nüssen enthalten." Vorsicht! Achtung! Hier verbirgt sich ein Allergierisiko. Vor einiger Zeit wurde in Massachusetts sogar ein Schulbus voller Zehnjähriger evakuiert. Der Grund? Eine einsame Erdnuss lag auf dem Boden des Busses. Schon klar: eine tödlich gefährliche Erdnuss. Auf vielen Straßenfesten in England und Australien müssen inzwischen die selbstgebackenen Kuchen mit einer Liste der Zutaten ausgestattet werden. Bald, fürchten manche, könnte das Kuchenbacken verboten werden; denn wer weiß schon, welche Erreger in manchen Privatküchen lauern.

In unserer Vollkasko-Ära, in der Kuchen auf den Index und der Schulweg unter Generalverdacht geraten sind, haben Risiken keinen besonders guten Ruf. […] Diese Sorge ist nicht ganz unberechtigt. Immerhin haben uns die internationalen Banken, Hedge-Fonds und Versicherungen mit ihren risikoreichen Immobiliendeals und Wertpapierspekulationen eine gewaltige Wirtschaftskrise beschert. Und es hat dem Ansehen dieser Risikopapiere nicht geholfen, dass sie hinterher nicht bereit waren, mit den Konsequenzen ihres riskanten Verhaltens zu leben. Die Allgemeinheit musste für die Fehler, die eine kleine Elite gemacht hat, einstehen. Das Risiko wurde sozusagen vergesellschaftet. Doch abseits davon: Das Risiko wird in der Öffentlichkeit grundsätzlich gleichgesetzt mit Gefahr. Zumindest mit Scheitern. Beides sollte besser vermieden werden. Denn beides macht Angst. Und Angst gehört inzwischen zur prägenden Befindlichkeit der modernen Gesellschaft. […]

Woher rührt nun die wachsende Angst vor dem Risiko? Der britische Risikoforscher John Adams und andere Kritiker machen mehrere Ursachen aus. […] Zunächst ist da die wachsende Angst vor dem Scheitern, dem Fehler und den daraus folgenden Schadenersatzklagen. Wenn jedes noch so abwegige Risiko, jede Fehlentscheidung juristische Folgen haben könnte, werden Verantwortliche versuchen, diesen komplett aus dem Weg zu gehen. In letzter Konsequenz tut man gar nichts mehr. […] Oder man sichert sich rundherum ab. Das führt zu einer wachsenden Risikokontrollmanie bei Politikern und Behörden. Oberstes Ziel ist nicht mehr, Kosten und Nutzen eines Risikos rational abzuwägen, sondern es radikal zu minimieren.

Und in der Bevölkerung herrscht überdies eine diffuse Angst vor dem Verlust der Selbstbestimmtheit in einer globalisierten Welt, die immer unübersichtlicher und unberechenbarer wird. Dazu kommen die veränderten Bedürfnisse und Werte der immer älter werdenden postindustriellen Gesellschaften. In Japan, Deutschland und anderen alternden Ländern nimmt die Bereitschaft zum Risiko ab. Das ist nur natürlich: Ältere Menschen sorgen eher vor, sind vorsichtiger, konservativer, legen ihr Kapital eher in (vermeintlich sicheren) Staatsanleihen an als auf dem spekulativen Aktienmarkt. Je näher der Ruhestand rückt, desto weniger möchte man sein Geld in Risikofonds stecken. Aber: In einer Gesellschaft der Alten werden auch weniger Start-ups gegründet und weniger Kapital in riskante neue Technologien investiert. Ebenso wird die Offenheit für Innovation und Veränderung abnehmen, die ja immer auch die Akzeptanz des Scheiterns, des Risikos, beinhaltet. Eine alte Gesellschaft wird also immer mehr Widerstand leisten gegen jegliche „kreative Zerstörung". Die aber sah der Ökonom Joseph Schumpeter[1] als wesentlichen Motor für wirtschaftlichen und technologischen Fortschritt an. Die Alten bräuchten mehr als ein paar junge Wilde, um die gesellschaftliche und ökonomische Entwicklung in der Balance zu halten. […]

Die Kultur der Risiko-Aversion, kritisierte vor einiger Zeit Julia Neuberger, englische Rabbinerin und ehemalige Regierungsberaterin der Labour-Party, führe zu einer grausameren Gesellschaft. Denn die Versuche, jedes Risiko auszuschließen, verhinderten inzwischen selbst kleinste Akte der Freundlichkeit. Männer kündigen beispielsweise ihre Jobs in Kindergärten. Und zwar aus Angst, der Pädophilie verdächtigt zu werden. Pflegepersonal traut sich nicht mehr, auch nur einen helfenden Arm um einen der Patienten zu legen – aus Sorge, unlautere Motive könnten hier vermutet werden. Und schließlich, meint Julia Neuberger, bringe Risiko-Aversion Kinder dazu, sämtlichen Erwachsenen zu misstrauen. Dies bedrohe die sozialen Bindungen der Gesellschaft. In einer derart angstzerfressenen Gesellschaft wird jeder Passant zum potentiellen Täter. Eine Unschuldsvermutung gibt es nicht mehr. […]

Um reale Gefahren, die fraglos existieren, geht es der risikoscheuen Gesellschaft schon längst nicht mehr. Es geht nicht um notwendige Risikoanalysen von Ingenieuren und Wissenschaftlern. Es geht um den allgemeinen Glauben, dass das individuelle Risiko mit Hilfe von Gesetzen, Verboten und Klagen reduziert, ja abgeschafft werden könne. Bis man es eines Tages ausschließen kann. Das aber ist unmöglich. Denn jede neue Entdeckung oder Entwicklung schafft neue Risiken. […]

Eine Welt ohne Risiko wäre eine Welt im Stillstand. Wer wollte noch eine Entscheidung treffen, wenn sie sich als falsch erweisen kann? Aber eine Entscheidung zu fällen, das heißt immer auch: das Unabwägbare zu riskieren. Genau darin liegt die Freiheit des Menschen – sich irren zu können, sich irren zu dürfen.

Steinberger, Petra: Das kann böse enden, in: Süddeutsche Zeitung vom 20./21. 08. 2011, S. 4 (für Prüfungszwecke überarbeitet).

1 Joseph Schumpeter (1883 – 1950): bekannter Wirtschaftswissenschaftler, der im Innovationsstreben der Unternehmer die Antriebsfeder für Wirtschaftswachstum und sozialen Wandel sah

Lösungsvorschlag

Aufgabe a: Überblicksinformation

Hinweis: Zu Beginn jeder Textarbeit müssen Sie über den zu analysierenden Text informieren, damit die Leser Ihre Analyse nachvollziehen können. Ist eine Überblicksinformation nicht explizit gefordert, ist es ausreichend, sich auf formale Angaben und das Thema zu beschränken. In der vorliegenden Abschlussprüfung ist die Überblicksinformation jedoch ausdrücklich verlangt, nicht aber eine Inhaltsangabe in Thesenform oder eine strukturierte Textwiedergabe. Sie müssen deshalb folgende Aspekte thematisieren: formale Angaben, Thema, grober Gedankengang des Autors.

Der Auszug des Kommentars *Das kann böse enden* von Petra Steinberger, der am 20./21. August 2011 in der Süddeutschen Zeitung erschienen ist, beschäftigt sich mit der abnehmenden Risikobereitschaft der Menschen. Dabei vertritt Steinberger den Standpunkt, dass Risikofeindlichkeit für die Gesellschaft schädlich sei, da sie den wirtschaftlichen und technologischen Fortschritt hemme und für zusätzliche soziale Kälte sorge. Steinberger appelliert an die Selbstverantwortung des Einzelnen und fordert mehr Mut zum Risiko, da zur menschlichen Freiheit auch gehört, Fehler begehen zu dürfen.

Aufgabe b: Aussageabsichten der Verfasserin und sprachliche Umsetzung

Hinweis: Benennen Sie klar die Intentionen der Autorin und zeigen Sie im Anschluss, wie sie diese sprachlich zum Ausdruck bringt. Die dafür eingesetzten sprachlichen Mittel sind korrekt zu bezeichnen, angemessen am Text zu belegen und hinsichtlich ihrer Aussageabsicht zu erklären. Der Übersichtlichkeit wegen wird hier auf eine Ausführung im Fließtext verzichtet. In der Abschlussprüfung wird von Ihnen allerdings eine vollständig ausformulierte Lösung erwartet.

Petra Steinberger macht bewusst, dass heute eine Vielzahl von – teilweise absurden – Versuchen unternommen wird, jede Art von Risiko auszuschalten. Die Menschen scheinen dabei in ihrem Sicherheitsdenken gefangen.

- Die als Überschrift verwendete **Redensart** *Das kann böse enden* hat zwei Funktionen. Zum einen verweist sie auf die Vielzahl der im Kommentar ausgeführten Alltagsbanalitäten, die von Menschen in teils hysterischem Wahn als gefährlich eingestuft werden. Zum anderen wird die folgende Darstellung durch die Überschrift in einen ironisch-sarkastischen Kontext gesetzt.
- Denn nicht anders kann man die **grotesken Beispiele** aus dem Straßenverkehr (vgl. Z. 1–6) und aus dem Lebensmittelbereich (vgl. Z. 6–16) verstehen, die das Verhalten vieler ins Bewusstsein rufen wollen. Um Gefahren auszuschalten, werden neue erzeugt (vgl. Z. 4 ff.): In guter Absicht werden die Kinder bis unmittelbar vor die Schule gefahren. Dass die vielen Autos aber auch eine erhöhte Unfallgefahr bedeuten, blenden die Eltern dabei aus. Die Schüler achten nicht auf den Verkehr, drängen sich zwischen den Autos vorbei und werden kaum gesehen. Weiter wird der übertrieben vorsichtige Umgang mit Lebensmitteln angeführt, etwa ein geplantes generelles Verbot von rohen Eiern in Altersheimen aufgrund der Salmonellen-Gefahr (vgl. Z. 6 ff.), eine Schulbusevakuierung wegen einer einzelnen Erdnuss (vgl. Z. 10 ff.) sowie eine Kennzeichnungspflicht der Inhaltsstoffe von handgemachten Kuchen bei Straßenfesten (vgl. Z. 12 ff.)
- Durch die zweimalige Verwendung des Verbs „lauern" (vgl. Z. 3, 16) werden die Ängste der übervorsichtigen Menschen **karikiert**. Die **personifizierte** Gefahr (vgl. Z. 3) und die „Erreger in manchen Privatküchen" (Z. 15 f.) warten als Feinde im Hintergrund und machen zum Beispiel selbst das Kuchenbacken zur möglichen Gefahr für Leib und Leben.

- Insgesamt zeichnet sich der Abschnitt durch einen **permanent ironischen Stil** aus, der klar macht, dass Petra Steinberger sich von diesen hysterischen Verhaltensweisen distanziert, und der ihre Verwunderung darüber betont. Die Ironie wird durch verschiedene sprachliche Mittel transportiert:
  - So wird etwa eine auf dem Boden liegende Erdnuss, die für die Evakuierung eines Schulbusses gesorgt hat, mit der **Übertreibung** „tödlich gefährlich[ ]" (Z. 12) bezeichnet, deren ironische Bedeutung an dem einleitenden „[s]chon klar:" (Z. 12) erkennbar ist.
  - Auch der **Ausruf** „Vorsicht! Achtung!" (Z. 9 f.), der sich lediglich darauf bezieht, dass man in manchen Lebensmitteln mit Spuren von Nüssen zu rechnen hat, ist ironisch gemeint, da man unwillkürlich an eine immense Gefahrenquelle denkt.
  - Bewusst skizziert die Autorin zudem unrealistische Horrorszenarien: Durch die **Behauptung** „[w]enn ein Kind nicht von einem Auto erwischt wird, dann von einem Kinderschänder" (Z. 3 f.) wird ironisch unterstellt, dass beide Gefährdungen sehr wahrscheinlich sind und gleich häufig vorkommen.
- Steinberger macht durch **Verweise auf verschiedene Länder** klar, dass das übersteigerte Risikobewusstsein ein weitverbreitetes und damit länderübergreifendes Phänomen ist (vgl. Z. 6, 10, 13).

Aufgabe c: Erörterung bzw. Leserbrief

Hinweis: *Beachten Sie, dass Sie nur eine der beiden Aufgaben bearbeiten müssen. Der Übersichtlichkeit wegen wird hier mit Aufzählungen gearbeitet, in der Abschlussprüfung ist von Ihnen aber eine sprachlich geschlossene Ausführung zu erstellen.*
- ***Alternative I:*** *Hier ist eine* ***dialektische Erörterung*** *verlangt. Dialektische Themen erfordern am Schluss immer eine persönliche Stellungnahme, z. B. durch einen begründeten Kompromissvorschlag oder eine Relativierung der Gegenargumente. Die bloße Wiederholung zuvor genannter Aspekte ist nicht ausreichend. Bevor Sie dialektisch Stellung nehmen, muss zunächst der Begriff „Vollkasko-Ära" erklärt werden.*
- ***Alternative II:*** *Im Grunde wird von Ihnen eine* ***lineare Stellungnahme*** *erwartet, die die äußere Form und die Merkmale des Leserbriefs berücksichtig (Überzeugungskraft, Sprachwitz oder Ironie, leichte Polemik, Adressatenbezug). Zu Beginn sollte auf den Anlass des Briefes hingewiesen werden. Es bietet sich an, auch die Gegenposition klar auszuführen.*

Alternative I: „Was versteht die Verfasserin unter dem Begriff „Vollkasko-Ära" (Z. 17)? Teilen Sie die damit zum Ausdruck gebrachte Auffassung?"

- Einleitung:

  Der **Begriff „Vollkasko-Ära"** ist ein Neologismus, der die heute teils absurde Risikoscheu der Bürger charakterisiert. „Vollkasko" entstammt der Versicherungssprache und bedeutet, dass die Versicherung bei einem Fahrzeugschaden alle Kosten übernimmt. Nach einem ähnlichen (Ab-)Sicherungsschutz vor allen nur erdenkbaren Gefahren scheinen sich in der Gegenwart viele Menschen zu sehnen. Es stellt sich nun die **Frage, ob die damit zum Ausdruck gebrachte Auffassung zu teilen ist**.

- Hauptteil:

  Auf der einen Seite ist zu beobachten, dass die Gesellschaft tatsächlich immer mehr Risiken scheut. Wir leben also in einer „Vollkasko-Ära".

  - Für mögliche allergieauslösende Inhaltsstoffe in Lebensmitteln herrscht eine nahezu vollständige Kennzeichnungspflicht (vgl. Z. 9). Das steht beispielhaft dafür, dass Menschen in vielen Bereichen des alltäglichen Lebens **Warnhinweise erwarten**. In dem im Kommentar beschriebenen Fall mag der Hinweis noch sinnvoll sein, denn immerhin geht es um die für Allergiker durchaus nützliche Information, ob Produkte Nüsse enthalten oder nicht. Absurd wird das Ganze allerdings, wenn man etwa Hinweise bei Elektroherden betrachtet, wonach mit den Kochplatten nicht der Raum erhitzt werden sollte. Ebenso skurril wirkt der Hinweis auf Kaffeebechern für unterwegs, der Inhalt sei heiß. Dennoch zeugen diese Beispiele davon, dass Risiken gescheut werden.

- Ab Zeile 40 ff. führt der Kommentar den Gedanken aus, dass gerade **älter werdende Gesellschaften** Risiken scheuen und auf **Absicherung** setzen. Das zeige sich beim Sparen und bei konservativeren Geldanlagen.

Auf der anderen Seite gibt es auch Aspekte, die die Position widerlegen, die Gesellschaft meide immer mehr das Risiko.

- Gerade im Bereich der **Freizeitgestaltung** sind viele Menschen stets auf der Suche nach dem **Nervenkitzel** und dem sogenannten Kick. Dabei nehmen sie auch ein gewisses Risiko für Gesundheit und Leben in Kauf. So verunglücken auf den Straßen jedes Jahr viele Hundert Motorradfahrer. Unter Jugendlichen sind besonders in Frankreich und den USA Würgespiele ein beliebtes Mittel, um einen Rauschzustand herzustellen – und das ganz ohne Drogen. Gesundheitliche Schäden vernachlässigen die Teenager dabei zugunsten eines kurzfristigen Rauschempfindens.
- Aber auch in der **Wirtschaft** und **Forschung** werden erhebliche Risiken in Kauf genommen. So machten im Verlauf der aktuellen Finanzkrise zahlreiche Banken aufgrund ihres **riskanten Anlageverhaltens** Verluste in Milliardenhöhe. Ebenso zeigt die bemannte **Raumfahrt**, dass im Zeichen des Fortschritts und des konkurrierenden Prestige-Kampfes selbst der Tod in Kauf genommen wird.

– Schluss:

Insgesamt kann man schon davon ausgehen, dass in der Gesellschaft eine **gewisse Risikofreude** verbreitet ist. Gerade die Argumente, die dafür sprechen, dass Risiken gesellschaftlich eher vermieden werden, lassen sich durchaus **einschränken bzw. relativieren**. Teilweise sind nämlich die erwähnten Warnhinweise auf Produkten nicht der Risikofurcht der Käufer geschuldet, sondern der Furcht der Firmen, Opfer einer Klage zu werden. Im Land der unbegrenzten Möglichkeiten, den USA, hat man beispielsweise schon Personen Schadenersatz zugesprochen, wenn sie sich aus Unachtsamkeit und Eigenverschulden mit Kaffee verbrüht haben. Auch das zweite Argument, dass Ältere eher risikoscheu sind, gilt nicht ausschließlich: Die Finanzkrise wurde (unter anderem) ausgelöst von Entscheidungsträgern in reiferem Alter.

Alternative II: „Verfassen Sie einen Leserbrief, in dem Sie die Gegenposition zum vorliegenden Artikel beziehen. Führen Sie mehrere Argumente aus, mit denen Sie Ihre Meinung überzeugend begründen."

– Einleitung:

In Ihrem Kommentar *Das kann böse enden*, der am 20./21. 08. 2011 in der Süddeutschen Zeitung erschienen ist, führen Sie ausführlich vor Augen, dass wir in einer „Vollkasko-Ära" angekommen sind. Dieser **Aussage** möchte ich **deutlich widersprechen**, da sich heute Risikofreude in vielen gesellschaftlichen Bereichen findet.

– Hauptteil:

- Gerade im Bereich der **Freizeitgestaltung** suchen viele Menschen den sogenannten Kick und sind damit stets auf der Suche nach dem Nervenkitzel. Dabei nehmen sie ein gewisses Risiko für die Gesundheit in Kauf. So verunglücken auf den Straßen jedes Jahr viele Hundert Motorradfahrer. Unter Jugendlichen sind besonders in Frankreich und den USA Würgespiele ein beliebtes Mittel, um einen Rauschzustand herzustellen – und das ganz ohne Drogen. Gesundheitliche Schäden ordnen die Teenager dabei dem kurzfristigen Rauschempfinden unter.

- Aber auch in der **Wirtschaft und Forschung** werden erhebliche Risiken in Kauf genommen. So machten im Verlauf der aktuellen Finanzkrise zahlreiche Banken aufgrund ihres riskanten Anlageverhaltens Verluste in Milliardenhöhe. Ebenso zeigt die bemannte Raumfahrt, dass im Zeichen des Fortschritts und des konkurrierenden Prestige-Kampfes der Tod in Kauf genommen wird.
- **Ihre Argumentation** dagegen lässt sich teilweise entkräften, da sie **wenig seriös** ist: Sie weisen etwa darauf hin, dass Lebensmittelprodukte wegen der Risikofurcht der Konsumenten genauestens deklariert sind und führen als Beispiel den Hinweis auf Spuren von Nüssen in Schokoladenriegeln an. **Zum einen** ist Ihre Polemik hier unangebracht, Allergiker haben allen Anspruch darauf zu erfahren, welche Inhaltsstoffe in einem Produkt enthalten sind. **Zum anderen** kennzeichnen die Unternehmen ihre Produkte doch vielfach nicht, weil ihre Konsumenten Risiken vermeiden möchten, sondern weil sie sich vor deren Geschäftssinn schützen wollen. Im Land der unbegrenzten Möglichkeiten, den USA, hat man beispielsweise schon Personen Schadensersatz zugesprochen, wenn sie sich aus Unachtsamkeit und Eigenverschulden mit Kaffee verbrüht haben. Die Ursachen für die Kennzeichnung allergieauslösender Lebensmittelinhalte beschreiben Sie damit ungenau bzw. falsch.

– Schluss:

Insgesamt sollte damit klar geworden sein, dass es triftige Gründe gibt, Ihrer Aussage zu widersprechen. Ein derart großes Sicherheitsbedürfnis, wie in Ihrem Kommentar gezeichnet, existiert in der heutigen Gesellschaft kaum.

– Persönliche Angaben:

Max Mustermann, München

Bayern – FOS · BOS 12: Fachabiturprüfung 2012 – Deutsch
2. Epik

Aufgaben:

a) Fassen Sie den Inhalt der Kurzgeschichte zusammen.

b) Welche Motive lassen sich im Text erkennen, die das Verhalten der Trambahnfahrerin erklären könnten?

c) Analysieren Sie die erzähltechnischen Mittel und die sprachlichen Besonderheiten des Textes ab Z. 87.

Milena Moser (geb. 1963): **Die Entführung** (1992)

Es war an der Kreuzung direkt vor dem Bellevue-Platz, nachmittags gegen halb zwei. Die Sonne hatte mich einen Augenblick lang geblendet. Ich sah ihn im allerletzten Moment. Mit langen Schritten lief er über die Straße. Keine zwei Meter von mir entfernt. Der Wind fuhr durch sein Haar. Sein Schritt war leicht. Grüne Hosen flatterten um seine Beine. Sein Gesicht konnte ich nicht sehen. Es ging alles viel zu schnell. Heftig betätigte ich die Klingel. Er drehte sich nicht einmal um. Mein Herz blieb stehen, klopfte dann unregelmäßig weiter. Viel zu laut. Vorsichtiger als sonst fuhr ich die Acht zur Haltestelle und brachte sie sanft zum Stehen.

Ich blickte in den Rückspiegel. Ich wartete. Das Lichtsignal blinkte. Ich beachtete es nicht. Erst kürzlich war wieder einer dieser Leserbriefe im Tagblatt erschienen, ein W. E. aus Z. (woher denn sonst) empörte sich, das Tram[1] sei ihm vor der Nase abgefahren. Und das nicht zum ersten Mal! Man könnte meinen, die Fahrer machten das absichtlich, aus sadistischem Vergnügen. Nur, lieber W. E., das stimmt natürlich nicht, und wären Sie heute hier, würden Sie Ihre Anschuldigungen zurücknehmen müssen.

Ich wartete ungebührlich lange an der Haltestelle. Bis hinter mir die Neun ihr lila Auge zeigte. Widerwillig setzte ich den Tramzug in Bewegung und fuhr los. Ganz langsam nur. Und da war er auch schon wieder. Außer Atem, zerzaust, bewegte er sich durch den Mittelgang auf mich zu. Ich blickte in den Rückspiegel und in seine Augen. Sie lagen dunkel hinter einer lächerlich kleinen Brille. Warm. Er war nicht mehr ganz jung, sehr dünn. Unter dem Arm trug er mehrere lange Papprollen. Ungeschickt balancierte er auf einen freien Sitzplatz zu. Er setzte sich umständlich auf einen der letzten Plätze vor der Fahrerkabine und war dann aus meinem Rückspiegel verschwunden. Ich richtete meinen Blick geradeaus und stellte entsetzt fest, dass ich beinahe am Bürkliplatz vorbeigefahren wäre. Ich bremste hart. Die Fahrgäste wurden geschüttelt und gegeneinander geworfen und ließen ihr übliches Maulen hören. Was bilden die sich eigentlich ein. Glauben sie, ich höre sie nicht? Ich räusperte mich und entschuldigte mich höflich durchs Mikrofon. Das Maulen wurde nicht etwa leiser. Sehr viele Leute können sich nicht daran gewöhnen, dass eine Frau ein Tram fahren kann. Dabei gibt es nichts Einfacheres. Nach kurzer Zeit schon fährt man wie im Schlaf, gewissermaßen wie ein Automat, aber in Gedanken weit weg.

Ich warf einen Blick aus dem Fenster. Nein, ausgestiegen war er nicht. Außerdem würde er die Tür direkt hinter mir benutzen, ich würde ihn sehen. Er käme nicht so einfach an mir vorbei … Ich holte tief Luft und konzentrierte mich wie am ersten Tag auf die Strecke, die vor mir lag.

Bis zur nächsten Haltestelle zwang ich mich, geradeaus zu blicken und mich auf den Schienenstrang zu konzentrieren. Doch dann, als ich das Tram gerade wieder zum Stehen gebracht hatte, klopfte es an die Scheibe, ich drehte mich um und er war es. Unsicher blickte er mich an. Rückte seine Brille zurecht.

Entschuldigen Sie, wenn ich nach Lochergut muss, bin ich da richtig?

Seine Stimme klang leise und höflich. Er sprach mit starkem Akzent. Ein Fremder. Einer, der wieder abreisen würde. Einer, der morgen nicht mehr hier wäre. Lochergut, da war er falsch. Ganz falsch. Ich hätte es ihm sagen können und er wäre ausgestiegen und hätte die Nummer zwei abgewartet und mich im selben Augenblick vergessen. Ich fragte mich, wer wohl im Moment auf der Zwei war. Meine Kollegin Annemarie mit den langen dunklen Haaren? Eine Welle der Eifersucht schlug über mir zusammen. Ich fühlte, dass ich rot wurde. Dann fiel mir ein, dass Annemarie in den Ferien war. Ich fuhr weiter, drehte mich dabei halb zu ihm und lächelte. Zu allem entschlossen, zeigte ich ihm meine kleinen Zähne. Lochergut ist richtig, ich sage Ihnen Bescheid.

Danke, vielen Dank.

Er setzte sich wieder. Diesmal auf den allerletzten Platz, direkt hinter mir. Durch die Scheibe fühlte ich seine Anwesenheit in meinem Rücken. Gemächlich fuhr ich auf den Paradeplatz zu. Meine Hände waren kühl, aber mein Herz raste, meine Wangen brannten, Schweißperlen bildeten sich auf meiner Stirn. Was tust du, flüsterte ich, was tust du da? Bist du verrückt?

Endlich holte ich tief Luft. Ein Grinsen flog über mein Gesicht. Dabei hatte ich noch Glück gehabt, dass sich keiner von diesen pensionierten Freizeitfahrern eingemischt hatte, die immer alles besser wissen.

Aber Fräulein, das stimmt doch nicht, für Lochergut muss der Herr doch … und so weiter

– Gut, ich war verrückt.

Seit zwei Jahren saß ich in der Kabine.

Die Einsamkeit der Tramfahrerin kennt keine Grenzen. Man verbringt Schichten, ohne ein Wort mit jemandem zu wechseln, und an jeder Haltestelle wundert man sich, dass die eigene Stimme noch funktioniert. Man kauft sich an jeder Endstation einen Schokoladenstängel, nur um ein bisschen mit den Kioskverkäufern zu plaudern, und wird in kürzester Zeit dick und fett. Man lässt sich von den Fahrgästen anschnauzen, weil man zu schnell fährt oder zu langsam. Hausfrauen sammeln die herumliegenden Tageszeitungen auf und bringen sie sauber gebündelt in die Fahrerkabine, dabei beschweren sie sich, dass ich den Wagen nicht in Ordnung halte, als handle es sich um mein Wohnzimmer. Jugendliche fangen an zu kreischen, wenn sie eine Ansage nicht verstanden haben oder einen obszönen Hintersinn darin entdecken, der nur ihnen verständlich ist. Hin und wieder sagt eine alte Oma „Danke vielmals", während sie sich zur vorderen Tür hereinschleppt, und man könnte ihr dafür die Hände küssen. Man arbeitet sehr früh morgens oder sehr spät abends und irgendwann kommt der Tag, an dem man mit einem Kollegen die Schicht tauscht und drei Stunden früher als vorhergesehen nach Hause kommt. Dieser Tag kommt für alle einmal. Bei mir war es Frau Hess, die Lehrerin meiner Tochter Marianne. Frau Hess lag auf meinem halbweißen Wohnzimmerteppich, nackt um meinen Mann geschlungen. Ich stand in der Tür, müde, verschwitzt, in dieser furchtbaren Uniform, die auch schon zu eng wurde, ich stand da und bekam den Schluckauf. Ich konnte nichts sagen. Es war lächerlich. Ich wunderte mich auch nicht sehr, als ich bei der Scheidung leer ausging und Marianne bei ihrem Vater bleiben wollte. Und Frau Hess natürlich, die zu diesem Zeitpunkt schon schwanger war. Die Wohnung konnte ich behalten. Ich ließ als Erstes den Teppich auswechseln.

Sanft fuhr ich wieder an und warf dabei aus den Augenwinkeln einen Blick auf meinen Gast. Er saß ein bisschen gekrümmt, die Arme um seine Papprollen gekrampft. Er sah aus dem Fenster. Seine Blicke schweiften suchend über die Fassaden. Paradeplatz, sagte ich leise ins Mikrofon. Es war eine Liebeserklärung. Und er blickte auf und legte den Kopf leicht schief. Er hatte es verstanden.

Der Augenblick verging, weil er vergehen musste. Ich überlegte fieberhaft. Ewig konnte ich hier nicht stehen bleiben. Ich kaute unentschlossen auf meiner Unterlippe. Dann musste ich unwillkürlich kichern. Ich könnte ihn entführen. Schmeiß die anderen Idioten raus. Fahr mit ihm durch die Stadt. Das ganze Schienennetz entlang. Die Türen natürlich verriegelt. In den Kurven ein bisschen zu schnell, damit er schon nach Atem ringt, wenn ich dann endlich anhalte, an einem dieser ruhigen, schattigen Plätze, an denen man ganz sicher ungestört ist … Aber solche Plätze gibt es nicht im Züricher Tramnetz. Natürlich nicht.

Ich schüttelte leise den Kopf und fuhr ganz langsam an. Wenn ich schon dabei war, konnte ich ihn auch gleich zum Lochergut bringen. Ich spähte nach einer Weiche, bereit rechts abzubiegen, statt wie es dem Kurs entsprach, geradeaus weiterzufahren. In meinem Kopf war ein helles Licht. Ich fühlte mich glasklar und kalt. Einen Augenblick lang hielt ich mich für einen Engel. Viel zu schnell schoss ich auf die Kreuzung zu. Die Metallräder quietschten vorwurfsvoll.

Hinter mir hörte ich einstimmiges Seufzen. Kollektives Luftanhalten. Plötzlich ging alles ganz langsam. Mitten auf der Kreuzung hob sich der schwere Wagen ächzend aus den Schienen und kippte zur Seite. Immer noch ganz langsam. Aus dem Fenster sah ich die aufgerissenen Mäuler der Passanten. Der Wagen kippte, es krachte, Metall kreischte, Funken sprühten. Dann war alles schwarz.

Ich hörte die Sirenen der Krankenwagen. Ich hörte kleine spitze Schreie hinter mir. Ich hörte ein Stöhnen, das mein eigenes war. Ich lag hinter meinem Sitz eingeklemmt und konnte mich nicht bewegen. Ich hatte keine Schmerzen. Keine Gedanken.

Psst! Psst!

Eine Hand legte sich auf meine Schulter. Atem streifte mein Ohr. Ein Gesicht schwebte langsam in mein Blickfeld, hoch über mir. Dunkle Augen, die besorgt blickten. Die dünne Brille baumelte verdreht an meinem Ohr. Er!

Sind Sie ganz? Sind Sie in Ordnung? flüsterte er. Ich schloss die Augen, öffnete sie wieder, seine Hand lag warm auf meiner Schulter. Er lächelte leicht. Ich konnte den Blick nicht mehr von ihm abwenden. Mein Name ist Henri, sagte er und ich möchte Sie gerne kennen lernen.

Moser, Milena: Die Entführung, in: Dies.: Das Schlampenbuch. Erzählungen, München: Blanvalet 2005, S. 38–42.

1 Straßenbahn, Trambahn, schweiz. das Tram

Lösungsvorschlag

Aufgabe a: Zusammenfassung des Inhalts

Hinweis: *Die eigentliche Handlung der Kurzgeschichte erstreckt sich von dem Zeitpunkt, an dem Henri in die Straßenbahn der Protagonistin steigt, bis zu dem Unfall wenige Stationen weiter. Da die Straßenbahnfahrerin im Verlauf der Geschichte auch von früheren Ereignissen ihres Lebens erzählt, ist es sinnvoll, diese Angaben der Chronologie entsprechend an den Anfang der Inhaltsangabe zu stellen. Auch der Name des Fremden sollte schon so früh wie möglich genannt werden, um ihn im Folgenden verwenden zu können. Verweisen Sie bei diesem Vorgehen auf den Zeitpunkt, an dem die entsprechende Information in der Geschichte gegeben wird.*

Die 1992 erschienene Kurzgeschichte *Die Entführung* von Milena Moser handelt von einer einsamen Züricher Straßenbahnfahrerin, die von einem Fremden, der eines Nachmittags in ihrer Bahn mitfährt, so angetan ist, dass sie spontan ihre Route verlässt und einen schweren Unfall verursacht.

Im Verlauf der Geschichte erfährt man, dass die Ich-Erzählerin, die ihren Beruf als Straßenbahnfahrerin seit zwei Jahren ausübt, sehr unter der Missachtung der Fahrgäste leidet und sich nach Aufmerksamkeit sehnt. Sie hat eines Tages, als sie wegen eines Schichttausches früher nach Hause gekommen ist, ihren Mann in flagranti bei einem Seitensprung ertappt, weshalb ihre Ehe geschieden worden ist. Die Straßenbahnfahrerin wohnt seitdem allein in der ehemals gemeinsamen Wohnung, da sich ihre Tochter entschieden hat, beim Vater zu leben.

An dem Nachmittag, an dem die Erzählung einsetzt, überfährt die Erzählerin beinahe einen Mann, der kurz vor einer Haltestelle die Straße überquert. Anschließend wartet die Erzählerin an dieser Station unüblich lange auf Fahrgäste, um die Beschwerde eines Leserbriefschreibers zu widerlegen, die sie vor Kurzem gelesen hat. Der Mann, den sie fast überrollt hätte und der sich am Ende als „Henri" vorstellt, ist unterdessen in ihre Bahn eingestiegen. Er gefällt ihr auf Anhieb so gut, dass sie sich jetzt bemühen muss, beim Fahren aufmerksam zu bleiben. Sie beobachtet ihn trotzdem, so gut es geht, und als er nachfragt, ob er in der richtigen Straßenbahn sitzt, belügt sie ihn sogar, um ihn bei sich zu behalten.

Sie reflektiert während der Fahrt ihren trostlosen Alltag und ihr privates Scheitern und träumt davon, die ungeliebten Fahrgäste hinauszuwerfen und Henri an einen idyllischen Ort zu entführen. Da ein solcher Platz nicht mit der Tram erreichbar ist, beschließt sie von einem Augenblick zum anderen, die Strecke zu ändern, um Henri an seinen Zielort zu fahren. Sie biegt jedoch mit zu hoher Geschwindigkeit ab, was dazu führt, dass die Straßenbahn aus den Gleisen kippt und die Fahrerin eingeklemmt wird. Als sie das Bewusstsein wiedererlangt, ist Henri bei ihr und fragt sie nach ihrem Befinden. Er stellt sich vor und sagt, er wolle sie kennenlernen.

Aufgabe b: Untersuchung der Motive der Straßenbahnfahrerin

***Hinweis:** Beachten Sie die Aufgabenstellung: Es ist nicht verlangt, dass Sie die Protagonistin charakterisieren. Zudem ist hier nicht nach literarischen Motiven gefragt, sondern nach Motiven im Sinne von „Beweggründen". Bei der Darstellung der Motive ist es notwendig, diese zu strukturieren. Sinnvoll ist dabei nicht nur eine Bündelung nach Beweggründen, sondern auch ihre Anordnung vom Vordergründigen zum Grundlegenden.*

Unmittelbares Motiv für das Verhalten der Straßenbahnschaffnerin ist ihre Begegnung mit Henri, in den sie sich auf den ersten Blick **verliebt:** „Ich blickte in den Rückspiegel und in seine Augen." (Z. 18) **Fasziniert** beobachtet sie ihn durch den Spiegel bei seinem Weg durch den Mittelgang der Straßenbahn. Als er sich setzt und sie nicht mehr abgelenkt ist, stellt sie „entsetzt fest, dass [sie] beinahe am Bürkliplatz vorbeigefahren wäre" (Z. 23). **Magisch angezogen**, fällt der Protagonistin jedes Detail an seiner Erscheinung auf (vgl. Z. 3 f., 18–21, 83 f.), sie zeigt die typischen körperlichen Symptome einer Verliebten – „Durch die Scheibe fühlte ich seine Anwesenheit in meinem Rücken. […] Meine Hände waren kühl, aber mein Herz raste, meine Wangen brannten, Schweißperlen bildeten sich auf meiner Stirn." (Z. 49–52) – und handelt gegen die mahnende Stimme ihres Verstandes: „Was tust du, flüsterte ich, was tust du da? Bist du verrückt?" (Z. 52 f.) Obwohl sie Henri beinahe überfährt, ist selbst ihre erste Wahrnehmung von ihm romantisch: „Der Wind fuhr durch sein Haar. Sein Schritt war leicht." (Z. 3 f.)

Offensichtlich ist er **genau ihr Typ**, „nicht mehr ganz jung, sehr dünn" (Z. 19), vermutlich auch deshalb, weil er etwas unbeholfen ist: „Ungeschickt balancierte er auf einen freien Sitzplatz zu. Er setzte sich umständlich auf einen der letzten Plätze" (Z. 20 f.). Als er an ihre Scheibe klopft und sie fragt, ob er im richtigen Wagen sei, klingt „seine Stimme […] leise und höflich" (Z. 39). Die Straßenbahnfahrerin denkt an eine attraktive Kollegin, die auf einer anderen Linie fährt und welcher der Fremde, wenn er umsteigt, begegnen könnte, woraufhin eine „Welle der **Eifersucht**" (Z. 44) über ihr zusammenschlägt. Zwar fällt ihr ein, dass die Kollegin im Urlaub ist, dennoch belügt sie Henri, weil sie fürchtet, ihn sonst nie wieder zu sehen (vgl. Z. 39 f.).

Sie ist augenscheinlich zu **schüchtern**, um Henri direkt anzusprechen. Ihre „leise" Ansage des nächsten Haltepunktes soll „eine Liebeserklärung" sein und sie ist überzeugt, dass ihm diese nicht entgangen ist, da er aufblickt und „den Kopf leicht schief" legt (Z. 85 f.). Die Protagonistin wird vom **Mut der Verzweiflung** getrieben: Als die Gefahr besteht, dass er den Wagen verlässt, ist sie zu „allem entschlossen" und zeigt ihm ihre „kleinen Zähne" (Z. 46 f.), ehe sie ihm das falsche Fahrziel nennt. Bevor er sie verlässt und womöglich in sein Heimatland zurückkehrt, will sie seine Gegenwart so lange wie möglich genießen (vgl. Z. 39 f.). Ihre Verliebtheit äußert sich in einer **wahnwitzigen Idee**, über die sie zunächst „kichert": Sie spielt mit dem Gedanken, „ihn [zu] entführen" (Z. 89), was sie nur deshalb unterlässt, weil es „im Züricher Tramnetz" keinen Ort gibt, an dem „man ganz sicher ungestört ist" (Z. 92 f.). Ersatzweise möchte sie ihn wenigstens zu seinem Zielort fahren: „Wenn ich schon dabei war, konnte ich ihn auch gleich zum Lochergut bringen." (Z. 95 f.) In diesem Moment steht sie so unter dem Einfluss der Begegnung mit Henri, dass sie sich keine Gedanken über die Folgen macht.

Dass sie sich mit dieser Heftigkeit nach der Gesellschaft des Fremden sehnt und entgegen ihrem sonst so ausgeprägten Pflichtbewusstsein und gegen jede Vernunft handelt, liegt mittelbar an der **Eintönigkeit ihres Berufs** und dem Benehmen der Fahrgäste gegenüber ihrer Person. Sie sagt selbst, dass die „**Einsamkeit** einer Tramfahrerin […] keine Grenzen" kenne (Z. 60). So sieht sie sich den Launen der Fahrgäste ausgesetzt, die sie „anschnauzen" oder sich grundlos beschweren (Z. 64–67). Niemand würde mit ihr sprechen, weshalb sie sich „an jeder Endstation einen Schokoladenstängel [kaufe], nur um ein bisschen mit den Kioskverkäufern zu plaudern" (Z. 62 f.). Ihre Sehnsucht nach positiver Zuwendung geht so weit, dass sie jeder „alten Oma", die sich bei ihr bedankt, „dafür die Hände küssen" (Z. 71) könnte.

Die **Trostlosigkeit** ihres Berufsalltags wird von ihrem **Privatleben** noch übertroffen: Die Erzählerin ist geschieden und lebt allein (vgl. Z. 74–81). Ihre Tochter Marianne ist nicht bei ihr geblieben, sondern zum Vater gezogen, obwohl dieser mit seiner Geliebten zusammenlebt, die noch dazu Mariannes Lehrerin ist. Das **Scheitern ihrer Ehe** bringt die Protagonistin unmittelbar mit ihrem Beruf in Verbindung, bei dem sie „sehr früh morgens oder sehr spät abends" arbeitet und bei dem „für alle einmal" der Tag komme, an dem man „früher als vorhergesehen" heimkehre, um den Ehepartner in flagranti zu überraschen (Z. 71–75). Die Entdeckung des Ehebruchs erscheint ihr im Nachhinein als **unabwendbar** für eine Straßenbahnfahrerin.

Schon davor hat sie unter einem **geringen Selbstwertgefühl** gelitten. In dem Augenblick, als sie ihren Mann mit der Lehrerin ertappt, fühlt sie sich „müde, verschwitzt", sie trägt ihre „furchtbare[ ] Uniform, die auch schon zu eng wurde" (Z. 76 f.). Diese Selbstbeschreibung wirkt, als gäbe sich die Straßenbahnfahrerin aufgrund ihres Äußeren selbst die Schuld am Seitensprung ihres Mannes. Dass sie sich „nicht sehr" darüber gewundert hat, „bei der Scheidung leer" ausgegangen zu sein und die Tochter dem Vater überlassen zu müssen (vgl. Z. 78 f.), ist ebenfalls ein Indiz dafür, dass sie sich selbst verachtet. Dazu passt, dass sie sich von den Fahrgästen schlecht behandeln lässt und trotzdem versucht, es ihnen recht zu machen: „Die Fahrgäste […] ließen ihr übliches Maulen hören. […] Ich […] entschuldigte mich höflich durchs Mikrofon." (Z. 24 ff.) Sie selbst führt die **fehlende Anerkennung** darauf zurück, dass man ihr als Frau diesen Beruf nicht zutraut (vgl. Z. 27 f.) – obwohl er in ihren Augen mehr als anspruchslos ist: „Dabei gibt es nichts Einfacheres." (Z. 28) Auch mit dieser Aussage **wertet sich** die Hauptfigur **selbst ab**.

Mangelnde Selbstachtung, ihre offenkundige Schüchternheit und ihre **Hilflosigkeit** gegenüber den Fahrgästen haben bei der Straßenbahnfahrerin viel **Frustration** und Sehnsucht aufgestaut. Als sie die Route ihrer Straßenbahn ändert und so den Unfall verursacht, scheint sie nicht nur von Henris Gegenwart beeinflusst zu sein, sondern sich auch an den „Idioten" (Z. 89), die ihr Unrecht getan haben, rächen zu wollen. Das „einstimmige[ ] Seufzen" und „[k]ollektive[ ] Luftanhalten" der Fahrgäste treibt sie eher an, als sie zu bremsen (Z. 101). Bisher eher ängstlich zuvorkommend (vgl. Z. 9–14), verlässt sie buchstäblich den Kurs und damit die **Eingleisigkeit ihres Alltags**, und das ebenso eruptiv, wie sie zuvor behutsam gewesen ist.

Aufgabe c: Analyse der erzähltechnischen Mittel und der sprachlichen Besonderheiten

Hinweis: Denken Sie daran, auch hier strukturiert vorzugehen und nicht „am Text entlang" zu analysieren, um Wiederholungen zu vermeiden. Erzähltechnik und Sprache sind eng miteinander verknüpft und lassen sich kaum getrennt voneinander abhandeln. Sinnvoll erscheint es, nach sprachlichen Mitteln zu bündeln und die Untersuchung der Zeitgestaltung damit zu verknüpfen.

Die Zeitstufe der in der **Ich-Erzählsituation** verfassten Kurzgeschichte ist das **Präteritum**. An einer Stelle wird der Bericht des erlebenden Ichs von einem inneren Monolog der Erzählerin unterbrochen (vgl. Z. 89–94).

Nachdem die Fahrerin beschlossen hat, ihre Route zu ändern, nimmt sie die **rasche Abfolge der Ereignisse** paradoxerweise verlangsamt wahr (vgl. Z. 97–109). Erzielt wird dieser Effekt durch die Variation des Satzbaus. Längere, hypotaktische Sätze im Vorfeld des eigentlichen Unfalls entsprechen noch der gewöhnlichen, sanften Fahrweise der Protagonistin: „Ich schüttelte leise den Kopf und fuhr ganz langsam an. Wenn ich schon dabei war, konnte ich ihn auch gleich zum Lochergut bringen. Ich spähte nach einer Weiche, bereit rechts abzubiegen, statt wie es dem Kurs entsprach, geradeaus weiterzufahren." (Z. 95 ff.) Nachdem die Straßenbahn umgekippt ist, vermitteln direkt aufeinander folgende Anaphern eine **Gleichzeitigkeit** der akustischen Eindrücke. Durch die Wiederholungen sind die Sätze verhältnismäßig lang, was erneut für **Zeitdehnung** sorgt: „Ich hörte die Sirenen der Krankenwagen. Ich hörte kleine spitze Schreie hinter mir. Ich hörte ein Stöhnen, das mein eigenes war." (Z. 106 f.) Vorher schon, als die Straßenbahnfahrerin fieberhaft überlegt, wie sie dafür sorgen kann, dass Henri ihre Bahn nicht so bald verlässt, dehnt sich die Zeit ebenfalls infolge des anaphorischen Satzbaus. Es wirkt, als wollten sich ihre Gedanken nur zäh einstellen: „Ich überlegte […]. Ich kaute […]. Ich könnte ihn entführen." (Z. 87 ff.)

Die kurzen, teilweise elliptischen Imperative des inneren Monologs, in dem sich die Hauptfigur die Entführung Henris vorstellt, sorgen dagegen für **Beschleunigung:** „Schmeiß die anderen Idioten raus. Fahr mit ihm durch die Stadt. Das ganze Schienennetz entlang. Die Türen natürlich verriegelt." (Z. 89 ff.) Im Verlauf der anschließenden Hypotaxe wird das Tempo dann **ruhiger und fließender:** „In den Kurven ein bisschen zu schnell, damit er schon nach Atem ringt, wenn ich dann endlich anhalte, an einem dieser ruhigen, schattigen Plätze, an denen man ungestört ist …" (Z. 91 ff.) Dem idyllischen Zielort, den sich die Fahrerin erträumt, entspricht hier der durch die nachgestellte Lokaladverbiale („an einem dieser ruhigen, schattigen Plätze") irreguläre, gewundene Satzbau. Dann aber, als die Fahrerin wieder in der Realität ankommt, erfolgt buchstäblich eine ‚**Vollbremsung**' durch einen kurzen Hauptsatz und eine Ellipse: „Aber solche Plätze gibt es nicht im Züricher Tramnetz. Natürlich nicht." (Z. 93 f.)

Obwohl oder gerade weil sich die Geschehnisse während des Unfalls in wenigen Sekunden abspielen, **dehnt sich die Zeit extrem** durch die exakte Wiedergabe der Wahrnehmungen der Ich-Erzählerin (vgl. Z. 101–105). Sie selbst erwähnt zweimal knapp hintereinander, dass alles „ganz langsam" geschehen sei (Z. 102, 103). Auch Satzellipsen tragen zur Zeitdehnung bei: „Kollektives Luftanhalten. […] Immer noch ganz langsam." (Z. 101 ff.) Beim Finale des Unfalls sorgt dann eine Akkumulation für **Simultanität:** „Der Wagen kippte, es krachte, Metall kreischte, Funken sprühten." (Z. 104 f.) Haptische und visuelle Effekte, als Parallelismen angeordnet, verstärken das Traumartige der Schlusssequenz: „Eine Hand legte sich auf meine Schulter. Atem streifte mein Ohr. Ein Gesicht schwebte langsam in mein Blickfeld […]. Dunkle Augen, die besorgt blickten." (Z. 110 f.) Hier gewinnt man den Eindruck, das Happy End sei nur eine Halluzination: Henris „Gesicht schwebt[ ]" (Z. 110) über ihr. Schon vorher, als sie pragmatisch nach der Weiche „späht", wird es gleichzeitig metaphysisch, in ihrem Kopf ist „ein helles Licht". Sie fühlt sich „glasklar und kalt" und hält sich „einen Augenblick lang […] für einen Engel." (Z. 98 ff.)

Die sprachlichen Mittel sorgen dafür, dass die Erzählung **szenisch** wirkt. Dies betrifft gerade die Figurenrede am Schluss, als Henri sich um die Protagonistin kümmert und gesteht, sie gerne kennenlernen zu wollen (vgl. Z. 109, 113–116). Auch lautmalerische Klangeffekte („krachte“, „kreischte“, Z. 104) tragen dazu bei. Diese poetisch gestalteten Stellen der Kurzgeschichte werden von Sequenzen kontrastiert, die für **Komik** sorgen, z. B., wenn die Straßenbahn personifiziert wird: „Die Metallräder quietschten vorwurfsvoll. […] Mitten auf der Kreuzung hob sich der schwere Wagen ächzend aus den Schienen und kippte zur Seite.“ (Z. 99–103) Den Höhepunkt der grotesk-komischen Situation bilden die „aufgerissenen Mäuler der Passanten“ (Z. 104). Schon vorher erheitert die Darstellung der anonymen Gruppe der Fahrgäste, man schwankt ihnen gegenüber zwischen Mitleid und einer gewissen Schadenfreude – wie die Protagonistin wohl auch. Diese spricht umgangssprachlich von „Idioten“ (Z. 89) und auch das elliptisch formuliertes „einstimmige[ ] Seufzen“ und [k]ollektive[ ] Luftanhalten“ (Z. 101) klingt wenig mitleiderregend.

Trotzdem erhält die Geschichte etwas **Tragikomisches**. Die poetische Sehnsucht der Straßenbahnfahrerin nach dem ihr unbekannten Fahrgast wirkt durch ihr prosaisches Erzählen ernüchternd. Der Unfall ist trotz aller Komik schockartig und realistisch: „Dann war alles schwarz. […] Ich hörte kleine spitze Schreie hinter mir. […] Ich hatte keine Schmerzen. Keine Gedanken.“ (Z. 105–108) Man gewinnt fast den Eindruck, die Erzählerin würde sterben und in diesem Moment Henris Gegenwart wahrnehmen – real oder träumend.

Aufgaben:

a) Fassen Sie den Inhalt des vorliegenden Dramenauszugs zusammen.

b) Charakterisieren Sie Annas Beziehung zu Hudetz. Gehen Sie dabei auch auf die Beziehung zwischen Anna und Frau Hudetz und auf das Gesprächsverhalten der beiden Frauen im Verlauf der Befragung ein.

c) Wie beurteilen Sie Annas Umgang mit der Wahrheit?

Ödön von Horváth (1901–1938)
Der jüngste Tag (1936)

Vorbemerkung: Der vorliegende Auszug stammt aus dem zweiten von sieben Bildern des Stückes. Im ersten Bild begegnen sich auf einem Bahnhof der tüchtige Bahnhofsbeamte Hudetz und Anna, die Tochter des Wirtes, die dem überaus korrekten Mann, der alleine für den Zugbetrieb des kleinen Bahnhofes verantwortlich ist, schöne Augen macht. Sie küsst ihn sogar. Während des Kusses donnert ein Zug vorbei und Hudetz erkennt mit Schrecken, dass er vergessen hat, ein Signal zu stellen. Es kommt zur Katastrophe: Der Eilzug kollidiert mit einem Güterzug, achtzehn Menschen finden den Tod. An der Unglücksstelle werden nun einige Stunden später die Ermittlungen aufgenommen, um die Frage zu klären, ob das Signal wie erforderlich auf Rot gestellt war oder nicht.

STAATSANWALT: *(ruft)* Herr Kohut! Herr Josef Kohut![1]

HEIZER: *(tritt vor)* Hier!

STAATSANWALT: *(sehr leise, damit ihn HUDETZ nur ja nicht hört)* Sie bleiben also dabei, dass Sie das Signal nicht gesehen haben? Reden Sie leise.

HEIZER: Ich hab überhaupt nichts gesehen, Herr Staatsanwalt, ich bin ja grad mit dem Rücken zur Fahrtrichtung gestanden und hab Kohlen geschaufelt, da kam der Ruck –

STAATSANWALT: *(unterbricht ihn ungeduldig)* Von dem Ruck haben Sie uns schon erzählt!

HEIZER: Und ausser dem Ruck hab ich nichts zu erzählen, ich kanns nur immer wieder beschwören, dass der selige Pokorny[2] noch nie ein Signal überfahren hat, nicht beim dichtesten Nebel!

STAATSANWALT: Stimmt! Seine Qualifikation ist erstklassig.

[…]

STAATSANWALT: *(ruft)* Herr Thomas Hudetz!

HUDETZ: *(tritt vor)*

STAATSANWALT: Sie bleiben also dabei, dass Sie das Signal rechtzeitig auf Halt gestellt haben?

HUDETZ: *(gefasst, jedoch innerlich unsicher)* Herr Staatsanwalt, ich kann mir gar nicht vorstellen, ich war doch immer ein pflichtgetreuer Beamter –

STAATSANWALT: *(unterbricht ihn)* Das habens uns jetzt schon hundertmal erzählt –

HUDETZ: Es ist auch alles.

(Stille.)

STAATSANWALT: *(fixiert ihn; leise, jedoch eindringlich)* Ich werd das undefinierbare Gefühl nicht los –

HUDETZ: *(unterbricht ihn)* Ich hab nichts zu verheimlichen!

(Stille.)

[…]

(Jetzt kommen der Gendarm, der Wirt und Anna von links.)

KOMMISSAR: *(zum GENDARMEN)* Was gibts?

STAATSANWALT: *(lauscht)*

GENDARM: Herr Kommissar, da hat sich der Gastwirt vom wilden Mann gemeldet, der behauptet, seine Tochter hätt etwas Wichtiges auszusagen –

STAATSANWALT: *(fällt ihm ins Wort)* Na und? Warum meldet sie das erst jetzt?

WIRT: Herr Staatsanwalt, meine Tochter ist noch ein halbes Kind und sie hat sich halt nicht gleich getraut, aber sie hat sich zuvor mir anvertraut und ich hab gesagt, das musst Du sofort mitteilen, denn das ist sozusagen lebenswichtig für den braven Herrn Hudetz –

[…]

ANNA: *(tritt näher)*

STAATSANWALT: Ich mache Sie nur darauf aufmerksam, dass Sie alles, was Sie hier aussagen, vor Gericht wiederholen werden müssen, und zwar unter Eid. Sie wissen, was das bedeutet?

ANNA: Ja.

HUDETZ: *(starrt ANNA entgeistert an)*

STAATSANWALT: *(lehnt sich zurück)* Nun erzählen Sie uns, was Sie wissen.

ANNA: Er hat das Signal rechtzeitig –

STAATSANWALT: *(unterbricht sie)* Der Reihe nach, der Reihe nach, immer schön der Reihe nach! Los!

(Stille.)

ANNA: *(als würde sie eine Schulaufgabe aufsagen)* Ich habe gestern meinen Bräutigam zum letzten Zug gebracht und der hat eine starke Verspätung gehabt, und dann, wie der Zug weg war, dann hab ich dem Zug noch nachgewunken, und dann hab ich mit dem Herrn Vorstand ein paar Worte gesprochen, ich hab ihn gefragt, warum er nicht mehr zu uns kommt, er geht nämlich nirgends mehr hin –

STAATSANWALT: Was kümmert Sie das?

ANNA: Ich bin doch eine Gastwirtstochter und kümmere mich um das Geschäft – *(sie lächelt)*

WIRT: *(zum STAATSANWALT)* Entschuldigen, dass ich eingreif, aber der Vorstand geht nirgends mehr hin, weil ihn seine Frau nicht lasst.

STAATSANWALT *(horcht auf)* Seine Frau?

WIRT: Herr Staatsanwalt, wissen Sie, was ein böses Weib ist?

STAATSANWALT: *(seufzt)* Ja, das ist mir bekannt!

HUDETZ: Meine Frau ist nicht bös.

[…]

STAATSANWALT: Ruhe! *(zu ANNA)* Fahren Sie fort, Fräulein!

ANNA: Ich bin gleich am End. Ich hab es gehört, wie das Läutwerk geläutet hat, dann hat der Herr Vorstand das Signal gerichtet, und dann erst ist der Eilzug vorbei gefahren –

STAATSANWALT: Dann erst?

ANNA: Ja.

(Jetzt erscheint rechts FRAU HUDETZ mit dem KRIMINALER. Sie halten und hören zu, von niemand beachtet.)

STAATSANWALT: *(eindringlich)*. Also: zuerst das Läutwerk?

ANNA: Dann das Signal.

STAATSANWALT: Und dann erst der Zug?

ANNA: Ja. Und dann – *(sie stockt)*

STAATSANWALT: Na?

ANNA: Und dann hats in der Ferne ein Donnern gegeben, ein Krachen und Donnern und ein Geschrei – so ein furchtbares Geschrei, oh, ich höre es noch immer – *(sie hält sich die Ohren zu)*

STAATSANWALT: Herr Hudetz. Warum haben Sie uns eigentlich diese Ihre Entlastungszeugin verschwiegen?

HUDETZ: *(weiss keine Antwort)*

FRAU HUDETZ: *(betrachte HUDETZ schadenfroh)*

STAATSANWALT: *(zu HUDETZ)* Na?

HUDETZ: *(zuckt die Schultern)*

STAATSANWALT: Komisch.

ANNA: Herr Staatsanwalt, er wusst es ja gar nicht, dass ich alles gesehen hab –

FRAU HUDETZ: *(scharf)* Alles gesehen?!

ALLE: *(zucken zusammen und starren FRAU HUDETZ an)*

KRIMINALER: *(zum STAATSANWALT)* Frau Hudetz.

STAATSANWALT: Ach!

FRAU HUDETZ: *(fixiert gehässig ANNA)*

KRIMINALER: *(leise zum STAATSANWALT)* Es ist nichts aus ihr herauszubekommen. Sie behauptet nichts gesehen zu haben. Sie hätt bereits geschlafen – *(er spricht unhörbar weiter)*

FRAU HUDETZ: *(zu ANNA)* Ärgern hast Du mich wollen, ärgern!

WIRT: *(zu FRAU HUDETZ)* Was wollens denn von meiner Tochter?

FRAU HUDETZ: *(zu HUDETZ; sie deutet auf ANNA)* Ist das Deine Entlastungszeugin? Man gratuliert, man gratuliert – *(sie grinst)*

WIRT: Gebens Ruh, Frau Hudetz!

FRAU HUDETZ: Ich hab nicht zu Ihnen gesprochen.

WIRT: Also nur nicht so von oben herab!

FRAU HUDETZ: Sie haben mir keine Lehren zu geben. Unterrichtens lieber Ihr Fräulein Tochter, dass sie nachts nicht mit fremden Männern streunt!

WIRT: Was hör ich?! Meine Tochter soll streunen?! Frau Hudetz, spielen Sie nicht mit mir –

STAATSANWALT: Frau Josefine Hudetz! Treten Sie näher!

FRAU HUDETZ: *(tritt näher)*

STAATSANWALT: Sie haben uns also nichts zu sagen?

FRAU HUDETZ: *(blickt spöttisch auf HUDETZ und ANNA; nach einer Pause)* Nein.

STAATSANWALT: Nichts gehört, nichts gesehen – ich danke! Wir benötigen Sie nicht mehr. Gehen Sie – *(er blättert im Protokoll)*

[…]

FRAU HUDETZ: *(brüllt plötzlich los)* Ich geh nicht! Ich geh nicht! Ich lass mir das von Euch nicht mehr bieten! Ihr meint, Ihr könnt mit mir machen, was Ihr wollt […]. Nein, ich werd nicht mehr kuschen, ich red, was ich mag, ich red, was ich mag!

WIRT: Halts Maul!

FRAU HUDETZ: Ich lass mir von Ihnen nicht das Maul verbieten, verbietens es lieber Ihrer sauberen Tochter, damit sie keinen Meineid schwört! Jawohl, jetzt sag ich aus, ich! Herr Staatsanwalt, ich stand gestern Abend am Fenster im ersten Stock und hab alles gesehen und alles gehört, alles, alles, alles! Ich habe deutlich gesehen, wie dieses Stück meinem Mann einen Kuss gegeben hat – ich habs gesehen!

WIRT: Einen Kuss? Mich trifft der Schlag!

ANNA: *(bricht plötzlich los)* Lüge, Lüge, Lüge!

FRAU HUDETZ: Ich sage die Wahrheit und werde alles beschwören! Sie hat ihm einen Kuss gegeben, nur um mich zu ärgern, aber es gibt einen Gott der Rache und drum hat er das Signal versäumt – ich kanns beschwören, beschwören, beschwören!

ANNA: *(schreit sie ausser sich an)* Schwörens nur Ihren Meineid, schwörens ihn nur! Sie sind ja ein ganz schlechter Mensch! Nur weil Sie zu alt für Ihren Mann sind, reitens ihn da hinein, Sie könnten ihn ja direkt umbringen, nur weil er Sie nicht mehr anrührt! Sie sind ja berüchtigt, Sie, und ich hab ihm keinen Kuss gegeben, so wahr mir Gott helfe! Ich bin doch glücklich verlobt, aber mich wollens auch noch unglücklich machen – *(sie weint plötzlich heftig und birgt den Kopf an ihres Vaters Brust)*

WIRT: *(streichelt sie)*

STAATSANWALT: *(zu FRAU HUDETZ)* Sie sind sich wohl im klaren darüber, Frau Hudetz, dass Sie durch Ihre Aussage Ihren Gatten schwerstens belasten?

[...]

HUDETZ: Herr Staatsanwalt, alles, was meine Frau gegen mich vorbringt, ist Lüge. Weder hat mich das Fräulein Anna geküsst, noch hab ich das Signal versäumt. Meine Frau ist nicht ganz normal.

FRAU HUDETZ: Ich nicht normal?! Das tät Dir so passen!

HUDETZ: *(zum STAATSANWALT)* Sie hört oft Stimmen, wenn sie allein ist – sie hat es mir selber erzählt! Und auch ihrem Bruder!

[...]

Aus: von Horvath, Ödön: Der jüngste Tag. Schauspiel in sieben Bildern, Stuttgart 2009, S. 25–32 (für Prüfungszwecke gekürzt).

1 Kohut, der Heizer des verunglückten Zuges, hat die Katastrophe überlebt.
2 Pokorny, der Lokomotivführer, ist bei dem Unglück zu Tode gekommen.

Lösungsvorschlag

Hinweis: *Am Beginn Ihrer Arbeit sollte eine kritische Auseinandersetzung mit den einzelnen Teilaufgaben stehen. Üblicherweise ist der Arbeitsauftrag bei der Bearbeitung eines Dramenauszugs dreigliedrig und umfasst die folgenden Anforderungen:*

- *Vorstellung des Inhalts* → ***Reproduktion***
- *(Teil-)Charakterisierung einer Figur* → ***Analyse***
- *Bewertung von Einzelaspekten* → ***Argumentation***

Aufgabe a: Zusammenfassung des Inhalts

Hinweis: *Messen Sie diesem Aufgabenschritt ausreichend Bedeutung zu. Eine intensive Auseinandersetzung mit dem Aufgabentext ist die unabdingbare Voraussetzung für die Bearbeitung der weiteren Teilaufgaben. Hier sollen Sie den Textauszug formal (Textvorstellung) und inhaltlich (Inhaltsangabe) darstellen:*

- ***Textvorstellung:*** *Autor, Erscheinungsdatum, Titel, Textart, Thema, Inhaltsüberblick; Figuren, Handlungszeit und -ort, Besonderheiten (Vorbemerkungen, Regieanweisungen)*
- ***Inhaltswiedergabe:*** *Handlungsverlauf, Textstruktur, Konflikt*

In dem 1936 erstmals veröffentlichten Schauspiel *Der jüngste Tag* von Ödön von Horváth geht es um den Umgang mit der Schuld an einem tödlichen Zugunglück. Verursacht wird der Zusammenstoß eines Eilzugs mit einem Güterzug, bei dem 18 Menschen sterben, durch ein Versäumnis des Stationsvorstehers Hudetz: Er hat das Signal für den Eilzug nicht auf Rot gestellt, da er von der Gastwirtstochter Anna abgelenkt worden ist. An dieser Stelle schließt sich der zu bearbeitende Textausschnitt an, der dem zweiten von sieben Bildern des Stücks entnommen ist. Die Szene spielt an der Unfallstelle, an der sich einige Stunden zuvor das Unglück ereignet hat. Der ermittelnde Staatsanwalt versucht vor Ort die Unfallursache zu ergründen, die er in einem Fehlverhalten des Stationsvorstehers vermutet, was er aber nicht beweisen kann. Dafür werden von ihm Betroffene und Zeugen befragt, unter denen sich auch der Stationsvorsteher Hudetz, dessen Frau sowie Anna befinden.

Nach Aussage eines Überlebenden hat der Lokomotivführer, der bei dem Unglück sein Leben verloren hat, niemals ein Signal übersehen. Den daraufhin vom Staatsanwalt gegenüber Hudetz erhobenen Vorwurf, dieser habe das Signal im entscheidenden Moment falsch bzw. gar nicht gestellt, entkräftet die hinzukommende Anna mit der Behauptung, sie habe gesehen, wie der Stationsvorsteher das betreffende Signal korrekt bedient habe. Im weiteren Verlauf der Szene tritt die Frage nach der Ursache für das Unglück mehr und mehr in den Hintergrund. Stattdessen rückt das Verhältnis des Stationsvorstehers zu seiner Frau Josefine und zu Anna in den Fokus. Hudetz' Frau hat nämlich beobachtet, wie Anna ihren Mann im entscheidenden Moment geküsst hat, was dazu geführt hat, dass das Signal nicht gestellt worden ist. Mit diesem Vorwurf konfrontiert sie nun ihren Mann und belastet ihn dadurch vor dem Staatsanwalt schwer. Anna, die diesen Sachverhalt vehement abstreitet und auf ihrer (Falsch-)Aussage beharrt, versucht ihre Glaubwürdigkeit dadurch zu bekräftigen, dass sie Frau Hudetz beschuldigt, diese würde ihren Mann aus Eifersucht und enttäuschter Liebe vorsätzlich belasten. Als die Auseinandersetzung eskaliert, beschuldigt Hudetz seinerseits seine Frau, indem er ihr unterstellt, geistig verwirrt zu sein und Stimmen zu hören, womit er ihre Glaubwürdigkeit untergraben will.

Aufgabe b: Charakterisierung von Annas Beziehung zu Hudetz

Hinweis: *Die literarische Charakterisierung ist eine komplexe Arbeitsaufgabe mit zahlreichen Teilbereichen (s. Grafik unten). Hier ist jedoch nur eine Teil-Charakterisierung gefordert, bei der Sie Annas Beziehung zu Hudetz und seiner Frau herausarbeiten sollen, wobei das Hauptgewicht auf ihrem Verhältnis zu Hudetz liegt. Dafür ist es notwendig, dass Sie Annas Verhalten gegenüber den anderen Figuren und ihre jeweilige Stimmung genau untersuchen, aber auch andere Bereiche ihrer Persönlichkeit, wie ihre Herkunft oder ihr Alter, mit einbeziehen. Ein Schwerpunkt sollte dabei auf Annas (und Frau Hudetz') Gesprächsverhalten gelegt werden. Sie müssen dazu den Inhalt des Dramenauszugs genau erfassen und erkennen, welche Textstellen die Beziehungen der Figur explizit oder implizit thematisieren.*

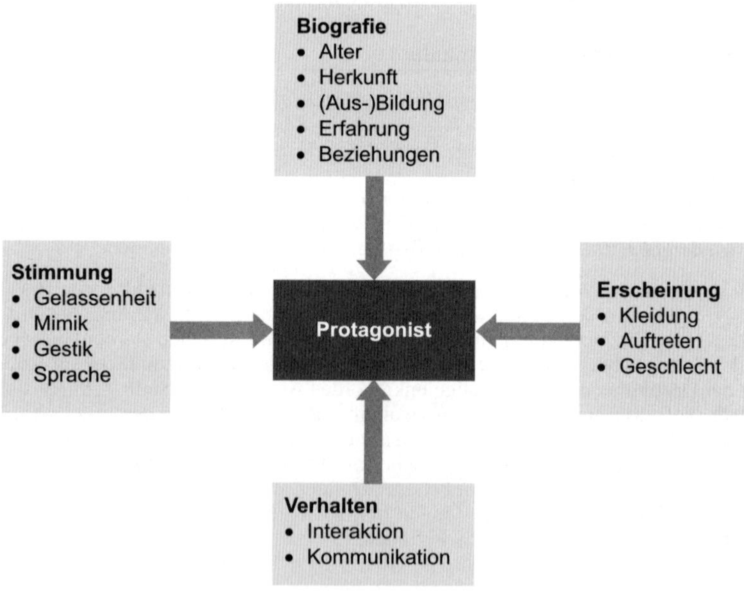

Anna ist es, die durch ihr Verhalten gegenüber dem Stationsvorsteher Hudetz dessen Fehler mit verursacht und dadurch maßgeblich zu dem furchtbaren Zugunglück beiträgt. In der ersten Szene des Schauspiels macht sie ihm auf dem Bahnsteig „schöne Augen" (Vorbemerkung) und küsst ihn, woraufhin er vergisst, das Rotsignal für den nächsten Zug zu stellen. Sie hat sich auf dem Bahnsteig aufgehalten, weil sie ihren Bräutigam zum Zug gebracht hat (vgl. Z. 45 f.) und gibt später vor, „glücklich verlobt" (Z. 124) zu sein. Ihre Motivation für die Annäherungsversuche gegenüber dem Stationsvorsteher ist im Text nicht explizit genannt; vermutlich verwirrt sie den „tüchtigen" und „überaus korrekten Mann" (Vorbemerkung) aus **jugendlicher Koketterie**. Annas Verhalten ist wohl auch gegen die Frau des Stationsvorstehers Hudetz gerichtet, die selbst davon ausgeht, Anna habe ihren Mann geküsst, um sie zu ärgern (vgl. Z. 90). Anna wiederum unterstellt Frau Hudetz, ihren Mann aufgrund dessen fehlender Zuneigung zu tyrannisieren: „Sie sind ja ein ganz schlechter Mensch! Nur weil Sie zu alt für Ihren Mann sind, reitens ihn da hinein, Sie könnten ihn ja direkt umbringen, nur weil er Sie nicht mehr anrührt!" (Z. 120 ff.) Auch ihre gegenüber dem Staatsanwalt vorgebrachte Begründung für ihren Aufenthalt auf dem Bahnsteig – „ich hab [Hudetz] gefragt, warum er nicht mehr zu uns kommt, er geht nämlich nirgends mehr hin" (Z. 48 f.) – deutet darauf hin, dass sie sich Hudetz genähert hat, um ihn ein Stück weit **vom übergroßen Einfluss seiner Frau zu befreien** und dieser damit zu schaden. Dass sie entgegen ihrer Aussage sehr wohl weiß, warum der Stationsvorsteher sich nicht mehr in der väterlichen Gastwirtschaft blicken lässt, zeigt die Selbstverständlichkeit, mit der ihr Vater danach den Staatsanwalt über die Gründe für Hudetz' Fernbleiben aufklärt (vgl. Z. 53 f.).

In der Vernehmung durch den Staatsanwalt tritt sie dann als **Entlastungszeugin** für Hudetz auf und gibt vor, sie hätte gesehen, wie dieser das Signal gestellt hat (vgl. Z. 60 f.), wobei auch hier ihre Beweggründe nicht eindeutig erkennbar sind. Sie scheint Hudetz aufgrund von **Schuldgefühlen** helfen und schützen zu wollen. Dafür spricht auch, dass sie ihm beispringt, als er nicht erklären kann, warum er ihre Anwesenheit nicht früher erwähnt hat (Z. 81). Anna geht sogar so weit, für Hudetz einen **Meineid** zu schwören: „[I]ch hab ihm keinen Kuss gegeben, so wahr mir Gott helfe!" (Z. 123) Allerdings liegt diese Lüge auch in ihrem eigenen Interesse, da ein Eingeständnis des Kusses sie „auch noch unglücklich machen" (Z. 124) würde. Ob sie also vorrangig aussagt, um Hudetz zu helfen oder um sich selbst zu schützen, bleibt im vorliegenden Textauszug letztlich offen. In jedem Fall hat sich aber ihre Beziehung zu **Hudetz** durch ihre Aussage dahingehend geändert, dass er jetzt **von ihr abhängig** ist. Während er anfangs noch seine Frau gegen den Vorwurf, sie sei ein „böses Weib" (Z. 56 ff.), verteidigt, stellt er sich auf die Seite der Wirtstochter, nachdem seine Frau gegen ihn ausgesagt hat. Indem er dieser unterstellt, geistig gestört zu sein (vgl. Z. 129–134), sagt er sich endgültig von ihr los und wird damit ebenso zum **Komplizen Annas** wie sie sich zu seiner Komplizin gemacht hat.

Das Verhältnis zwischen Anna und **Frau Hudetz** dagegen ist von Anfang an durchdrungen von **gegenseitiger Abneigung:** Anna hält die ältere Frau für einen „ganz schlechte[n] Mensch[en]" (Z. 121), da sie sich nicht hinter ihren Mann stellt, sondern gegen ihn aussagt, und ihn auch zuvor schon vom gesellschaftlichen Leben ferngehalten hat (vgl. Z. 48 f.). Frau Hudetz sieht in Anna einerseits die **Rivalin**, das „Stück" (Z. 113), das ihren Mann geküsst hat, andererseits aber auch die personifizierte Jugend, deren offenes Verhalten für sie einen Affront darstellt (vgl. Z. 97 f.). Ihr Hass auf die Wirtstochter führt letztlich zur direkten Konfrontation (vgl. Z. 116 ff.) und endet in einer verbalen Eskalation, deren Konsequenz der offene Bruch mit ihrem Mann ist.

Während der Befragung durch den Staatsanwalt variiert das **Gesprächsverhalten** der beiden Frauen: Solange Frau Hudetz noch nicht anwesend ist, wirkt Anna bei ihrer Schilderung der unmittelbar vor dem Unfall liegenden Ereignisse **kindlich-unschuldig**. Ihre Aussage macht sie, „*als würde sie eine Schulaufgabe aufsagen*" (Regieanweisung in Z. 45), was zu den Ausführungen ihres Vaters passt, sie sei „noch ein halbes Kind" (Z. 31). Dies verleiht ihr eine gewisse Glaubwürdigkeit, die durch ihren **Gefühlsausbruch** bei der Beschreibung des Unfalls – „so ein furchtbares Geschrei, oh, ich höre es noch immer" (Z. 72) – noch unterstrichen wird.

Mit dem Auftreten von Frau Hudetz tritt die Befragung in eine neue Phase ein: Nachdem sie Annas Entlastungsaussage anfangs schweigend verfolgt hat, greift sie mit der Frage „Alles gesehen?!“ (Z. 82) in das Gespräch ein, um **Annas Äußerungen infrage zu stellen**. Im weiteren Verlauf gilt Frau Hudetz' Aufmerksamkeit nicht ihrem Mann, sondern vorrangig der Wirtstochter: Sie „*fixiert* [sie] *gehässig*“ (Regieanweisung in Z. 86), wirft ihr zusammenhangslos vor, Anna wolle sie ärgern (vgl. Z. 90), gratuliert ihrem Mann sarkastisch zu seiner Entlastungszeugin (vgl. Z. 92 f.) und versucht diese durch **Unterstellungen** (vgl. Z. 97 f.) moralisch zu diskreditieren. Als der Staatsanwalt Frau Hudetz auffordert zu gehen, empfindet sie das als demütigend, woraufhin die Situation eskaliert. In einem lauten Gefühlsausbruch wehrt sich die Frau des Stationsvorstehers zunächst gegen ihr eigenes Schweigen – „Nein, ich werd nicht mehr kuschen, ich red, was ich mag, ich red, was ich mag!“ (Z. 107 f.) –, um dann Anna direkt anzugreifen und sie als Lügnerin zu entlarven (vgl. Z. 110–119). Es kommt zum **offenen Streit** zwischen den Frauen, bei dem nun auch Anna „*ausser sich*“ (Z. 120) gerät. Hudetz, der sich bis zu dieser Stelle auffällig zurückgehalten hat, versucht die Auseinandersetzung dadurch zu beenden, dass er seiner Frau, die er bis dahin in Schutz genommen hat, unterstellt, geistig verwirrt und damit als Zeugin unglaubwürdig zu sein (vgl. Z. 129–134).

Aufgabe c: Bewertung von Annas Verhalten

Hinweis: *Bei dieser Erörterungsaufgabe wird von Ihnen eine dialektische Vorgehensweise erwartet. Das bedeutet, dass Sie jeweils Argumente finden müssen, mit denen sich Annas Verhalten legitimieren bzw. verurteilen lässt. Im Schluss sollen Sie dann zu einer abschließenden Wertung (Stellungnahme) gelangen. Entscheidend ist, dass Sie Ihre Aussagen über die Figuren des Stücks immer an konkreten Textstellen belegen. Beziehen Sie dafür auch die Vorbemerkung mit ein.*

Anna, die neben Hudetz und dessen Frau als Einzige die Ursache des tödlichen Zugunglücks kennt, macht bei ihrer Vernehmung durch den ermittelnden Staatsanwalt bewusst und vorsätzlich falsche Angaben. Da sie sich jedoch in einer Ausnahmesituation befindet, stellt sich die **Frage, wie ihr Umgang mit der Wahrheit zu beurteilen ist**.

Die Wirtstochter schützt mit ihrer Lüge den Stationsvorsteher Hudetz, der das Signal nicht gestellt und dadurch die Katastrophe verursacht hat, und **hilft ihm** damit. Zwar war sie es, die den Mann von seiner Aufgabe abgelenkt hat, dennoch liegt die Verantwortung bei ihm, er allein ist „für den Zugbetrieb des kleinen Bahnhofs verantwortlich“ (Vorbemerkung) und muss deshalb selbst sicherstellen, dass er seinen Pflichten ungestört nachkommen kann. Würde Anna nicht für ihn lügen, würde er für diesen Fehler voll zur Rechenschaft gezogen werden. Dass sie ihn abgelenkt hat, macht sein Verhalten zwar menschlich nachvollziehbar, strafrechtlich ist das allerdings wenig relevant: Man stelle sich **beispielsweise** vor, ein Fluglotse würde sich nach einem Absturz damit rechtfertigen, er sei wegen des Besuchs einer jungen Frau unaufmerksam gewesen und deshalb nicht oder nur eingeschränkt verantwortlich. Anna hilft also einem Menschen, dessen Schuld strafrechtlich schwer wiegt, moralisch aber eher gering erscheint. Zu beachten ist zudem, dass Anna durch ihren Meineid auch ein **persönliches Risiko** eingeht und sich selbst dadurch erst rechtlich angreifbar macht.

Unter diesem **juristischen Aspekt** ist ihre Lüge allerdings keinesfalls zu rechtfertigen. Die Falschaussage verstößt gegen allgemein akzeptiertes Recht und ist damit ein strafbares Delikt. Aber auch, wenn man an Annas Verhalten **moralische Maßstäbe** anlegt, erscheint dieses fragwürdig: Sie lügt offenbar nicht, um Hudetz aus seiner juristisch-moralischen Zwangslage zu befreien, sondern vorrangig deshalb, um ihre Verlobung nicht zu gefährden. Den Kuss bestreitet sie vor allem wegen ihres persönlichen Glücks: „Ich bin doch glücklich verlobt, aber mich wollens auch noch unglücklich machen“ sagt sie zu Frau Hudetz, anschließend „*weint* [sie] *plötzlich heftig*“ (Z. 124 f.) – ein Verhalten, dass durch eine als ausweglos empfundene Lage hervorgerufen worden sein kann, aber auch auf Selbstmitleid hindeutet. Indem sie lügt, übernimmt Anna keine Verantwortung für ihren eigenen Fehler, den Kuss. Darüber hinaus führt ihr Meineid dazu, dass die Eheleute Hudetz entzweit werden – anfangs verteidigt Hudetz seine Frau noch („Meine Frau ist nicht bös.“, Z. 58) – und Frau Hudetz als geisteskranke Lügnerin erscheint.

Insgesamt ist Annas Umgang mit der Wahrheit also **zu verurteilen**, da er nicht nur strafrechtlich relevant ist, sondern auch moralisch fragwürdig. Obwohl Anna teilweise ziemlich abgeklärt wirkt, muss jedoch mit einbezogen werden, dass sie noch recht jung ist, was die **Verwerflichkeit ihres Verhaltens einschränkt:** Ihr Vater, bei dem sie noch lebt, bezeichnet sie als „halbes Kind“ (Z. 31), sie weint sich an seiner Brust aus (vgl. Z. 125). Ein weiteres Zeichen ihrer Unreife ist zudem, dass der drohende Verlust ihres Verlobten für sie schlimmer zu sein scheint als das tödliche Zugunglück.

Aufgaben:

a) Stellen Sie den Text vor.

b) Untersuchen Sie die Aussageabsichten des Textes in den Zeilen 1–20 und zeigen Sie, wie diese sprachlich umgesetzt werden.

c) *Zu bearbeiten ist eine der folgenden Aufgaben:*

Wir bringen Lebensmitteln heutzutage nicht genügend Wertschätzung entgegen. Diskutieren Sie diese im Zusammenhang mit Lebensmittelskandalen häufig geäußerte Ansicht.

oder

An Ihrer Schule ist die Einführung einer Kantine geplant. Eine Initiative von Schülern, Eltern und Lehrern hat dazu ein Konzept entwickelt, das der Bedeutung von gesunder Ernährung und verantwortlichem Handeln gerecht wird.
Entwerfen Sie für diese Initiative ein Schreiben an den Sachaufwandsträger (Bürgermeister oder Landrat), in dem Sie das Konzept vorstellen und um seine Umsetzung bitten.

Unser täglich Brot
von Matthias Drobinski

Brot duftet. Der Geruch frisch gebackener Brötchen kann selbst triste U-Bahn-Zwischenstockwerke in kleine Heimaten verwandeln: Hast du Hunger? Hier ist einer, der ihn stillt. Frisches Brot mit guter Butter ist eine Delikatesse, schon allein deshalb ist es ein Skandal, dass sich die Kunden der Müller-Großbäckerei nicht sicher sein können, dass in den vergangenen zwei Jahren nicht auch Mäuse, Kakerlaken und sonstiges Getier von jenem Mehl naschten, aus dem dann später ihre Wecken und Brotlaibe wurden. Der wahre Skandal aber greift tiefer, weil Brot nicht irgendein Lebensmittel ist. Brot ist das Synonym für Ernährung, ein Zeichen des Lebens und der abwesenden Not. Seit die Ägypter vor 5 000 Jahren den Sauerteig erfanden, hat Brot auch eine kulturelle und politische Dimension; im Verhältnis zum Brot zeigt eine Gesellschaft, wie sie leben will.

„Unser tägliches Brot gib uns heute", heißt es im Vaterunser seit 2 000 Jahren – in der Bitte lebt der Schrei der Verhungernden aller Zeiten genauso wie die Sorge um den Arbeitsplatz; im christlichen Abendmahl bekommt das Brot eine transzendente Bedeutung. Als das Gerücht umging, Marie Antoinette habe gesagt, die hungernden Leute in Frankreich sollten, wenn sie kein Brot hätten, doch Kuchen essen, da war die Revolution nicht mehr fern. Brotpreise waren immer politische Preise. Teuerungen führten zu Revolten, Subventionen stabilisierten Herrschaften. Die DDR setzte bis zu ihrem Ende die Brotpreise fest, als Ausweis sozialistischer Errungenschaft: Mochte es in den Läden nur noch graugewordene Konserven geben, billiges Brot musste immer da sein. Selbst in Österreich setzte bis in die siebziger Jahre der Staat die Preise fest.

Ja, billiges Brot ist eine soziale Errungenschaft, bezahlbare Lebensmittel sind ein Fortschritt in Menschlichkeit; wie sehr, wissen in Deutschland in ganzer Dimension nur noch jene, die sich am Ende des Krieges nach einem Kanten Brot sehnten, mehr als 65 Jahre ist das nun her. Es hat ja niemand aus bösem Willen Großbäckereien, Schweinemastbetriebe und Mega-Gewächshäuser gebaut und den weltweiten Lebensmittel-Import-Export-Kreislauf in Gang gesetzt. Am Anfang des heutigen partiellen Lebensmittel-Irrsinns standen die völlig berechtigten Bedürfnisse von Menschen und die völlig legitimen Gewinnerwartungen jener, die diese Bedürfnisse erfüllten. Nur hat sich irgendwann die Maschinerie beschleunigt und verselbständigt bis ins Absurde hinein, zum Schaden von Mensch, Klima, Umwelt.

Es wäre ungerecht, die Entwicklung, was das Brot angeht, Bäckermeister Müller senior aus München alleinhaftend anzukreiden, weil er 1953 die erste industrielle Semmelbackmaschine der Welt aufstellte. Die Geschichte des Brotes seit diesem Tag ist allerdings bezeichnend: Es begann der Siegeszug der Großbäckereien und der Niedergang des Handwerks, die flächendeckende Verbreitung des gleich schmeckenden Kamps-Müller-Backwerks und die Verdrängung des nicht aus der Backmischung geborenen Wecken in die Öko- und Manufactum-Nische[1]. Es war der Sieg der Bäcker, die lieber um sieben Uhr das Aufbacken beginnen, statt um halb vier in der Backstube zu stehen, und der Kunden, die billiges Brot wollen und Wecken für ein paar Cent, sonst eigentlich nichts. Die großen Handelsketten produzieren inzwischen eigenes Backwerk, der Brötchenkrieg geht, bei (auch durch Spekulation) steigenden Mehlpreisen, um große Mengen und geringe Margen. Das Brot hat seinen Wert verloren. Es gebietet nicht mehr Ehrfurcht, es ist Ramsch. Die Mäuse und Kakerlaken bei Müller sind ein Menetekel.

Die Verbraucher, also alle Wecken- und Semmel-Esser, haben in den vergangenen Tagen in einer Mischung aus Überempfindlichkeit und Hilflosigkeit reagiert. Die Berichterstattung und die dort überlieferten Zitate empörter Müller-Kunden klangen manchmal, als seien demnächst die ersten Brötchentoten zu erwarten. Der ins Hysterische gesteigerte Ausdruck, durchs Essen am eigenen Leib und Leben getroffen zu sein, gehört mittlerweile zum Repertoire jedes Lebensmittelskandals. Das hätte dann seinen Sinn, wenn es helfen würde, das Verhältnis zum Brot als Lebensstilfrage zu begreifen und nicht nur die nächste Tüte Wecken dort zu kaufen, wo sie fair gebacken werden – fair gegenüber dem Bäcker und dem Lebensmittel an sich. Doch das passiert ja nicht, es ist ja bei noch keinem Lebensmittelskandal passiert. Die Leute erschrecken, klagen und fühlen sich gar ein bisschen krank. Sie kaufen ein paar Wochen woanders ein, dann siegt die Übermacht des Angebots. Es ist ja auch nicht einfach, permanent gegen die Interessen des eigenen Geldbeutels zu handeln. Der Vorrat des guten Willens muss da ziemlich groß sein.

Man kann jetzt mit einigem Grund den zuständigen bayerischen Ministern vors Bein treten, weil sie nicht schnell und entschieden genug gehandelt haben. Man kann von der Politik verlangen, jetzt strengere Gesetze zu formulieren und häufiger prüfen zu lassen, man kann auch die Müller-Bäcker beschimpfen ob ihrer Nachlässigkeit. Die Mäuseplage dort wird bald enden. Das Erschrecken über den Niedergang des Brotes aber sollte bleiben.

Drobinski, Matthias: Unser täglich Brot, in: Süddeutsche Zeitung vom 09. 02. 2012 (für Prüfungszwecke überarbeitet).

1 Manufactum: Einzelhandelsunternehmen, das hochwertige, handwerklich gefertigte Waren anbietet

Lösungsvorschlag

Aufgabe a: Kurzvorstellung

Hinweis: Die Aufgabe fordert eine erweiterte Kurzvorstellung beziehungsweise eine erweiterte Überblicksinformation; eine vollständige Inhaltsangabe (z. B. eine Inhaltsangabe in Thesenform) erfüllt die Aufgabenstellung nicht. Für die erweiterte Kurzvorstellung müssen Sie folgende Aspekte im Fließtext abhandeln: Autor, Titel, Quelle, Textsorte, Anlass, Hauptaussagen (sodass der grobe Gedankengang des Autors erkennbar ist) und die Intentionen.

In dem gesellschaftskritischen Kommentar *Unser täglich Brot*, der am 09. 02. 2012 in der Süddeutschen Zeitung erschienen ist, übt Matthias Drobinski anlässlich des damals aktuellen Lebensmittelskandals bei der Firma Müller-Brot Kritik daran, wie die Gesellschaft mit Lebensmitteln umgeht. Der Autor fordert, dass Verbraucher Lebensmitteln einen höheren Stellenwert beimessen, selbst wenn im Gegenzug höhere Preise gezahlt werden müssen. Er appelliert zudem an alle Beteiligten (Politik und Produzenten), die Qualität zu sichern.
Der Kommentar verweist dafür zunächst auf die existenzielle, kulturelle und politische Bedeutung von Brot. Im Anschluss werden negative Auswirkungen des Preiskampfes bei Lebensmitteln skizziert. Drobinski stellt resignierend fest, dass trotz der gegenwärtigen Diskussion und allgemeinen Erschütterung über die Zustände sich langfristig wohl doch nichts am Konsumverhalten der Verbraucher ändern wird.

Aufgabe b: Untersuchung der Aussageabsichten und der sprachlichen Umsetzung

Hinweis: Für die Zeilen 1 bis 20 müssen Teilintentionen gefunden werden, die mit sprachlichen Mitteln verdeutlicht werden. Sie sollten darauf achten, nicht lediglich Textstellen abzuschreiben, sondern die sprachlichen Mittel auch aufzulösen und somit zu interpretieren. Die Schwierigkeit bei dieser Aufgabe liegt darin, dass nur eine sehr kleine Textpassage untersucht werden soll, dennoch aber eine hinreichende inhaltliche Dichte erreicht werden muss. Die Lösung wird hier der Übersichtlichkeit wegen gegliedert ausformuliert; in der Abschlussprüfung müssen Sie einen Fließtext verfassen.

Zunächst führt Drobinski neben der Sättigung zusätzliche Wirkungen von Brot an:

- Die **Metapher**, wonach Brotgeruch „selbst triste U-Bahn-Zwischenstockwerke in kleine Heimaten verwandel[t]" (Z. 1 f.), macht deutlich, dass der Geruch von frischem Brot beim Menschen ein Gefühl von Geborgenheit erzeugt; er fühlt sich wohl und das sogar – **überspitzt** ausgedrückt – in kargen öffentlichen Bereichen des Nahverkehrs.
- Zudem **spricht** er den Leser **direkt an** und betont die existenzielle Bedeutung von Brot – einmal mit der **Frage** und der zugleich mitgegebenen **Antwort** „Hast du Hunger? Hier ist einer, der ihn stillt." (Z. 2) sowie mit der **apodiktischen Feststellung** „Frisches Brot mit guter Butter ist eine Delikatesse" (Z. 3). Auffällig ist die Verwendung **positiv konnotierter Begriffe** wie „stillen", „frisch" oder „Delikatesse", die wiederum Geborgenheit und Wohlbefinden hervorrufen.

Davon ausgehend leitet der Autor zur religiösen und politischen Funktion von Brot über:

- So macht das **Zitat** aus dem Vaterunser „Unser tägliches Brot gib uns heute" (Z. 11) die immense kulturgeschichtliche Dimension von Brot deutlich. Noch heute betet die Christenheit im Sinne Jesu um Brot, das damit religiösen Charakter erhält. Die **Personifikationen** des „Schrei[s] der Verhungernden" und der „Sorge um den Arbeitsplatz" (Z. 12 f.) laden diese Aussage mit **Pathos** auf, indem sie die lebenserhaltende Kraft des Grundnahrungsmittels Brot herausstellen.

- Drobinski verweist auf diverse geschichtliche **Beispiele**, um die politische Dimension von Brot zu veranschaulichen. Marie Antoinettes vermeintliche **Aussage** (vgl. Z. 14 ff.) erregte die Gemüter vor der Französischen Revolution und rief beim Volk Entrüstung hervor. **Plakativ** bringt die als **Parallelismus** gestaltete **Antithese** „Teuerungen führten zu Revolten, Subventionen stabilisierten Herrschaften." (Z. 16 f.) eine politische Regel zum Ausdruck, die mit **weiteren Beispielen**, nämlich durch den Verweis auf die DDR (vgl. Z. 17 ff.) und Österreich (vgl. 19 f.), belegt wird.

Vor diesem Hintergrund formuliert Matthias Drobinski Kritik an der Großbäckerei Müller:

- Er brandmarkt die bekannt gewordenen Missstände mit dem **Schlagwort** „Skandal" (Z. 3) und verstärkt dieses Urteil noch durch die **Wiederholung** dieses Schlagworts in Zeile 6 f. in Kombination mit dem **Adjektiv** „wahr".
- Die **Akkumulation** „Mäuse, Kakerlaken und sonstiges Getier" (Z. 5) veranschaulicht beziehungsweise erklärt den Müller-Skandal. Die **Kollektivformulierung** „Getier" (Z. 5) intensiviert das Gefühl von Ekel über die Vorkommnisse in der Großbäckerei, da der Leser bewusst im Unklaren gelassen wird, welche Schädlinge noch zwischen den Lebensmitteln in der Großbäckerei herumkrochen.

Aufgabe c: Stellungnahme bzw. Brief

***Hinweis:** Sie haben die Auswahl zwischen einer dialektischen Stellungnahme (erste Aufgabenalternative) oder einer etwas „kreativeren" Argumentation in Form eines offiziellen Schreibens (zweite Alternative).*

- ***Alternative I:** Entscheiden Sie sich für die **dialektische Stellungnahme**, müssen Sie Argumente, die die These stützen, und solche, die die These negieren, ausführen. Zum Schluss fordert eine dialektische Themafrage – hier zu erkennen an der Aufforderung „Diskutieren Sie" – immer eine begründete Synthese beziehungsweise eine begründete Wertentscheidung. Eine Wiederholung der bereits genannten Argumente ist für den Schluss nicht ausreichend.*
  Die Einleitung zur Stellungnahme sollte die Fragestellung aufgreifen.
- ***Alternative II:** Entscheiden Sie sich für den **Brief**, so sollten Sie formale Bestandteile (Datum, Adresse, Betreff, Anrede, abschließende Grußformel mit Unterschrift) berücksichtigen. Laut Aufgabenstellung ist das Konzept zur Einführung einer Schulkantine im Detail vorzustellen. Zudem bitten Sie um dessen Umsetzung. Im Folgenden werden beispielhaft zentrale Passagen des Briefes ausgearbeitet, die mit Blick auf Ihre Schulsituation zu konkretisieren sind.*

Alternative I

- Einleitung:

  Wir bringen Lebensmitteln heutzutage nicht genügend Wertschätzung entgegen. – Im Folgenden soll diese im Zusammenhang mit Lebensmittelskandalen häufig geäußerte Ansicht diskutiert werden.

- Hauptteil:

  Auf der einen Seite kann man dieser Aussage zustimmen:

  - Dies zeigt sich vor allem am **verschwenderischen Umgang mit Lebensmitteln**. Circa 15 Millionen Tonnen Lebensmittel werden jedes Jahr in Deutschland weggeworfen. Schaut man sich diese Lebensmittel genauer an, so handelt es sich häufig um gut essbare Produkte, die lediglich der Verkaufsnorm nicht entsprechen. Manches Obst oder Gemüse ist nicht makellos genug oder nicht in der verkaufsgewünschten Größe gewachsen. Vielfach gibt es keinen geschmacklichen oder qualitativen Grund, die Lebensmittel nicht zu konsumieren. Die Folgen einer solchen Wegwerfmentalität in allen Bereichen – seien es Haushalt, Handel oder Produktion – sind fatal: Die Produktion von Lebensmitteln ist häufig sehr umweltbelastend, die Entsorgung gleichermaßen. Zusätzlich erscheint die Verschwendung besonders brisant, wenn man bedenkt, dass es nach wie vor große Hungersnöte in der Welt gibt.

- Viele Verbraucher sind ständig auf der Suche nach dem billigsten Produkt und nicht bereit, Preise zu zahlen, die eine wertschätzende Herstellung von Lebensmitteln beweisen. Die Produzenten sehen sich daher einem immer heftigeren **Preiskampf** unterworfen. Dass dadurch die Qualität leidet, ist sofort einsichtig. Die fehlende Wertschätzung zeigt sich vor diesem Hintergrund besonders in der Fleisch- und Wurstindustrie. Wie soll ein tiergerechtes – sowieso schon sehr kurzes – Leben ermöglicht werden, wenn die Fleischpreise ständig gesenkt werden müssen?

Auf der anderen Seite gibt es aber auch Argumente, die an der Aussage zweifeln lassen:

- Als Gegenbewegung zum Fast-Food-Trend wird **Kochen** neuerdings immer häufiger **als Kulturtechnik** begriffen. Davon zeugen die drängenden Forderungen von Experten, Ernährungsunterricht in allen Schulen stärker zu institutionalisieren. Aber auch die unzähligen Kochsendungen, die viele Zuschauer vor den Bildschirm ziehen, zeigen neben diversen als Event veranstalteten Live-Kochshows, wie sehr doch aktuell Kochen und damit die Auseinandersetzung mit Lebensmitteln als angenehme Beschäftigung angesehen wird.
- Vielfach zeichnet sich auch ab, dass **Verbraucher für gute Lebensmittel sensibilisiert** sind. Das sieht man zum einen an dem Boom der Biomärkte. Inzwischen gibt es sogar Ketten von Biosupermärkten. Zum anderen setzen auch Discounter oder konventionelle Supermärkte immer stärker auf heimische Erzeugnisse, die in der unmittelbaren Region hergestellt worden sind.

– Schluss:

Will man, dass Lebensmittel hinreichend wertgeschätzt werden, so müssen die Erwachsenen den jungen Menschen mit gutem Beispiel vorangehen. Besonders ist hier die Schule gefordert: Sie kann im Unterricht die theoretischen Grundlagen für einen ethisch vertretbaren, bewussten Umgang mit Lebensmitteln legen. Daneben sollten die Verantwortlichen zugleich ganz praktisch den jungen Menschen die Wertschätzung vorleben, indem etwa der Pausenverkauf eine Vorbildfunktion anstrebt. Hier kann man auf Bioprodukte beziehungsweise auf heimische Erzeugnisse achten und nicht-verkaufte frische Produkte sinnvoll weiterverwerten.

Alternative II

Abs.:
Max Mustermann
Musterstraße 14
80331 München

München, den 03. Juni 2013

An:
Bürgermeister der Stadt München

Schulkantine an der Musterschule München

Sehr geehrter Herr Bürgermeister,

wir – die Schulgemeinschaft der Musterschule München – treten an Sie als den Sachaufwandsträger unserer Schule heran, um Sie dafür zu gewinnen, an unserer Schule eine Schulkantine einzurichten.
Als erster Schülersprecher bin ich ausgewählt worden, Ihnen unser Konzept vorzustellen.

– Hauptteil:

Hier sollte nun Ihr Konzept ausführlich dargestellt werden. Dabei kann man zum Beispiel auf folgende Aspekte eingehen:

- Eine Schulkantine erfüllt die Wünsche von Schülern und Lehrern: Durch den zunehmenden Nachmittagsunterricht bietet die Kantine die Möglichkeit, günstig, schmackhaft und vor allem gesund zu essen. Wegen der Unterstützung seitens lokaler Bauern kann ökologisch verantwortungsvoll auf regionale und saisonale Produkte zurückgegriffen werden.
- Eine ausgewogene und vitaminreiche Ernährung ist unabdingbar, wenn sich Schüler und Lehrer im Nachmittagsunterricht angemessen konzentrieren sollen.
- Für den Sachaufwandsträger fallen voraussichtlich lediglich Energiekosten an, die zum Zubereiten der Speisen (z. B. Kochen und Backen) notwendig sind. Der schulische Fachbereich „Ernährung und Hauswirtschaft" übernimmt – unterstützt von Elternbeirat und SMV – die Zubereitung der Gerichte. Nach einem schulinternen Schlüssel werden die einzelnen Klassen des Fachbereichs die zu verkaufenden Gerichte kochen. Den Verkauf organisiert der Elternbeirat ehrenamtlich. Aktuellen Kalkulationen zufolge, die wir Ihnen gerne ausführlich persönlich vorstellen möchten, deckt der Verkaufserlös die Kosten, die aufgrund von Sonderkonditionen der lokalen Händler niedrig ausfallen.
- Im Kunstunterricht sind entsprechende Speiseräume in Projektarbeit schon in Vorbereitung. Vor Ort können Sie sich von den hohen hygienischen Standards und dem äußerst ästhetischen Wohlfühlambiente überzeugen. Die Arbeiten sind schon so weit fortgeschritten, dass Sie sich einen aussagekräftigen Eindruck verschaffen können.
- Sollen Schulen Schülern nicht nur Wissen, sondern auch Verantwortungsgefühl vermitteln, so bitten wir Sie, das Projekt zu unterstützen. Unsere Schule übernimmt mit der Verwendung nachhaltiger und ökologisch unbedenklicher Lebensmittel zusätzlich eine Vorbildfunktion.
- *Weitere Aspekte können Sie an die konkrete Situation Ihrer Schule anpassen.*

– Ende:

Wir bitten Sie, unser Anliegen wohlwollend zu prüfen. Wir würden uns sehr freuen, Sie vor Ort zu einer Besichtigung zusammen mit Vertretern der Schulgemeinschaft begrüßen zu dürfen. Für das leibliche Wohl wird bestens gesorgt.

– Persönliche Angaben:

Mit freundlichen Grüßen
Max Mustermann

Aufgaben:

a) Fassen Sie den Inhalt des vorliegenden Romanauszugs zusammen.

b) Charakterisieren Sie den Protagonisten Rick und erläutern Sie, wie Pascal versucht, Rick zu manipulieren.

c) Beurteilen Sie Ricks Verhalten.

<u>*oder*</u>

Rick hat sich nach diesem Gespräch einem Freund anvertraut, der Mario, Vladimir und Robert und ihre gemeinsame Vorgeschichte ebenfalls kennt.
Stellen Sie sich vor, Sie sind dieser Freund. Schreiben Sie Rick einen Brief oder ein E-Mail, in dem Sie an Ricks Gewissen appellieren und versuchen, ihm die von Pascal angebotene Lehrstelle auszureden.

Jakob Arjouni (1964–2013)
Cherryman jagt Mister White (2011)

Vorbemerkung: Der 18-jährige Rick Fischer lebt in Storlitz, einem für die Romanhandlung erfundenen Dorf bei Berlin, im Osten Deutschlands. Seine Eltern sind bei einem Verkehrsunfall ums Leben gekommen, als er fünf Jahre alt war. Seitdem wohnt er bei einer Freundin seiner Großmutter, die er Tante Bambusch nennt. In seiner Schulzeit wurde er – aber auch Tante Bambusch – von seinen ehemaligen Mitschülern Mario, Vladimir und Robert massiv bedroht. Seit seinem Realschulabschluss vor über einem Jahr sucht er eine Lehrstelle als Gärtner.

Sie saßen am Rand des Biergartens. Mario, Vladimir, Robert und ein Mann mit Anzug und Krawatte, den ich nicht kannte. Als ich vor ihrem Tisch stehenblieb, erhob sich der Mann und streckte mir lächelnd die Hand entgegen. „Tag, Rick, freut mich sehr. Ich bin Pascal. […] Setz dich. Was möchtest du trinken?“ Ich sah auf ihre Gläser. Die Jungs tranken Bier, vor Pascal stand ein Kännchen Kaffee. „Apfelsaft, bitte.“ Pascal winkte dem Kellner. Ich nickte den Jungs zu. Sie nickten zurück. „Hallo, Ricki“, sagte Vladimir, so ruhig und ernst, dass ich seine Stimme kaum wiedererkannte. Alle drei wirkten, als ginge es um etwas sehr Wichtiges. Mario nippte nachdenklich am Bier. Robert bemühte sich, gerade zu sitzen. Vladimir zwinkerte mir zu, als wollte er sagen: Wird schon. Vielleicht, so dachte ich für einen Moment, wollen sie einen guten Eindruck machen. Damit einer aus ihrem Ort, einer, mit dem sie immerhin zusammen zur Schule gegangen sind, eine Chance bekommt. Ich weiß nicht, wie ich solchen Unsinn denken konnte. Nachdem Pascal den Apfelsaft bestellt hatte, strich er sich über den Scheitel – etwas, das er, wie ich bald merken sollte, oft tat, obwohl sich sein Scheitel so wenig bewegte, als sei er aufgemalt. Dann beugte er sich über den Tisch. „Du willst also Gärtner werden, Rick?“ „Ja.“ „Bist gerne draußen, magst die Natur?“ „Ja, sehr. Meine Tante hat einen großen Garten, da habe ich schon immer viel gemacht.“ „Aha. Toll. Und was machst du da so?“ „Ach, inzwischen eigentlich alles. Meine Tante ist schon ziemlich alt. Also, ich mäh Rasen, schneid die Obstbäume, gieß das Gemüse, pflanz ein, ernte. Mit der Motorsäge säge ich Holz für den Kamin. Die Säge habe ich von meinem Vater.“ […]

„Na, das klingt doch so, als wärst du genau der Richtige für uns.“ „Ich würde mich sehr freuen, Herr, ähm …“ „Mensch Rick, wir sind doch per du! Pascal.“ „Also, ich würde mich sehr freuen, Pascal.“ „Prima. Haben dir die Jungs ein bisschen erzählt, worum’s geht?“ Ich wusste nicht, was er meinte. Ich dachte, es ginge um eine Gärtnerlehre. Ich sah zu Vladimir. In dem Moment brachte der Kellner meinen Apfelsaft, und alle verstummten. Als der Kellner gegangen war, sagte Vladimir: „Nur, dass er eine Lehre machen kann. Wir dachten, den Rest erklärst besser du ihm." Es war merkwürdig, wie Vladimir redete, fast ängstlich. Er schien echten Respekt vor Pascal zu haben. Ausgerechnet Vladimir. Ausgerechnet vor einem wie Pascal. Auf mich wirkte er ziemlich läppisch. Der festgegelte Scheitel, die schwarze Lederkrawatte, der Mensch-Rick-Ton. „Nun, Rick, dann pass mal auf ..." Er sah sich kurz um, ob uns jemand hören konnte. Dabei war der Kellner schon längst wieder im Schankraum, und, wie gesagt, es war ein kühler Tag: Seit meiner Ankunft hatte niemand den Biergarten betreten, und außer uns saßen dort nur zwei Alkoholiker in dicken Jacken etwa zwanzig Meter entfernt. Sich umgucken und die Stimme senken war oberläppisch.

„Du bist doch ein guter Deutscher, nicht wahr?" Ich verstand nicht sofort. Oder ich wollte nicht sofort verstehen. „Ich weiß nicht." Er lächelte. Dabei zeigte er seine Zähne. Sie waren ein bisschen wie seine Fingernägel. „Wie heißt du noch mal mit Nachnamen?" „Fischer." „Fischer – na, das ist doch ein feiner deutscher Name! Bist du doch sicher stolz drauf?" „Auf meinen Namen?" „Auf den Namen, deine Eltern, deine Herkunft, Deutschland." Inzwischen verstand ich, und Pascals Fragen waren mir unangenehm. Um ihm ein bisschen den Schwung zu nehmen, sagte ich: „Meine Eltern sind tot."

Er stutzte und warf einen Blick zu den Jungs. Der Blick sagte: Warum habt ihr mich darüber nicht informiert? „Das tut mir leid. Ich nehme an, du vermisst sie sehr?" „Ja." Einen Augenblick schien er nicht weiterzuwissen. Vielleicht hatte er erwartet, ich würde nun von meinen Eltern erzählen und wie sie gestorben sind. Ich trank einen Schluck Apfelsaft. „Na schön, Rick ..." Ich sah, wie er seufzen wollte. Nicht aus Mitgefühl, sondern weil's gerade zäh mit mir wurde. Er verkniff es sich. „... Worauf ich eigentlich hinauswill: Mit der Lehrstelle ist eine kleine Aufgabe verbunden. Hast du schon mal vom Heimatschutz gehört?" [...]

Ich antwortete: „Klar." „Na, wunderbar. Und was denkst du darüber?" „Eigentlich nichts." „Nichts?" Er runzelte die Stirn. „Der Heimatschutz hat es sich zur Aufgabe gemacht, unser Land gegen fremde Einflüsse zu verteidigen und unsere Kultur zu bewahren. Dazu musst du doch eine Meinung haben?" Ich zuckte mit den Achseln. „Hab ich nicht." „Na! Das finde ich aber ganz schön unverantwortlich." Er wandte sich an die Jungs. „Was meint ihr?" Sie zögerten. Robert kratzte sich den Speckhals. Vladimir sah auf sein Bierglas. Ich war ihr Vorschlag. Schließlich sagte Mario: „Rick ist schon in Ordnung. Er ist eben nicht politisch, war er noch nie. Ist mehr für sich, malt Comics, denkt sich Geschichten aus mit Batman und so. Und das ist doch genau das, was du suchst: 'ne Art Batman." Pascal sah zwischen Mario und mir hin und her. Ich verstand nichts. Ich dachte an die Gärtnerlehre. Pascal lehnte sich zurück, verschränkte die Arme und betrachtete mich prüfend. Ich sagte mir: Ein Vorstellungsgespräch eben. Schließlich fragte er: „Kennst du Juden?" [...]

Ich antwortete: „Naja, Einstein zum Beispiel." „Ich meine doch, persönlich! Ob du persönlich welche kennst?" „Ich glaube nicht. Das heißt, ich weiß nicht. Wie kann man das genau wissen? Es gibt ja kein Erkennungszeichen." Die Jungs kicherten. „Nein. Noch nicht." Pascal grinste wie ein Cowboy, mit halber Lippe. „Na, in gewisser Weise gibt's das schon. Guck ihnen nur mal auf die Nasen. Solche Dinger ...!" Mit großer Geste deutete er eine Art Rüssel an, und alle lachten. Ich nicht, obwohl ich wusste, worauf er anspielte. Wenn man in Storlitz außerhalb der Schule etwas über Juden lernt, dann dass sie hinterm Geld her sind, überall die Finger drin und große Nasen haben. [...]

„Na gut, Rick ..." Er schaute mir in die Augen. Ich konnte es nur ahnen, er ließ sich nichts anmerken, aber ich würde sagen, er war stinksauer. „Es kommt mir fast so vor, als würdest du meinen, du seist schlauer als wir." Ich sagte nichts. Natürlich hielt ich mich für schlauer. In meiner Welt. In ihrer Welt waren vielleicht sie schlauer. Aber die interessierte mich nicht. Wieder sprang Mario für mich ein. „Pascal, erklär ihm doch einfach, worum's geht. Ich versprech dir, Rick ist genau der Richtige. Erledigt alles ordentlich, damit er seine Ruhe hat – nicht wahr, Rick? Bloß keinen Ärger. Und falls du später doch mal denkst, das eine oder andere möchtest du lieber nicht erledigen, und würdest gerne einfach verschwinden, dann weißt du ja: es gibt immer noch Tante Bambusch." Naja, er sprang für mich ein … Aber dass sie mich, solange Tante Bambusch lebte, in der Hand hatten, war ja sowieso klar.

„Wenn ihr meint. Es ist euer Freund. Eure Verantwortung." Pascal warf einen Blick in die Runde, der so was sagte wie: Letzte Chance auszusteigen. Ich dachte: Dabei ist er's doch, der jemanden für die Gärtnerei sucht. Aber mir war egal, was zwischen ihnen lief. Das Einzige, was mich interessierte, war die Lehrstelle. „Also hör zu, Rick: Ein Bekannter von mir führt eine Gärtnerei in Berlin Wilmersdorf. Als Lehrling wirst du vormittags in der Gärtnerei helfen und lernen und nachmittags ein Praktikum in einem kleinen städtischen Park absolvieren. Dort machst du das Gleiche wie bei deiner Tante: Rasenmähen, Laubrechen, Blumengießen und so weiter. Wie klingt das?" Ich war froh, wahrheitsgemäß antworten zu können: „Klingt toll." „Wunderbar. Nun zu der damit verbundenen Extraaufgabe …" […] Pascal stellte die Tasse ab und strich sich über den Scheitel. „… Der Park grenzt an die Wiese eines Kindergartens. Ein Kindergarten für Juden." Er sah kurz zum Schankraum, wohl um sich noch mal zu versichern, dass ihn außer uns niemand hörte, dann hob er die Stimme: „Einer von unzähligen jüdischen Vereinen, die zur Zeit täglich in Berlin aufmachen. Bezahlt von unseren Steuergeldern! […] So, und jetzt zu deiner Aufgabe, Rick: Ich möchte, dass du den Kindergarten beobachtest und deine Beobachtungen jeden Tag aufschreibst. Wie eine Art Tagebuch, verstehst du? Wie viele Kinder dort sind, wie viele Kindergärtnerinnen, welche Sprachen gesprochen werden, Russisch, Englisch, Hebräisch – womöglich mit israelischer Flagge überm Eingang! –, wann die Eltern die Kinder bringen und abholen, ihre Namen, Berufe, Herkunft – eigentlich alles, was du aufschnappst. Zwischen dem Park und der Kindergartenwiese ist ein Zaun, davor sind Blumenbeete. Da kannst du dich beim Unkrautjäten, Gießen und Umpflanzen so lange aufhalten, wie du willst, ohne Verdacht zu erregen, und bei schönem Wetter sind die Kinder fast den ganzen Tag draußen. Versteh mich nicht falsch: Was du machst, ist völlig legal, aber wir wissen ja, wie empfindlich diese Herrschaften sind. Dabei ist es selbstverständlich unser Recht als Steuerzahler, zu erfahren, wohin unser Geld geht. Allein die Bewachung des Kindergartens durch die Polizei rund um die Uhr! Da möchte man doch wissen, was das kostet, während unsere Kinder sich in anderen Bezirken vor lauter Drogendealern und türkischen Banden kaum auf die Straße trauen. Darum schreib genau auf, wie viele Beamte im Einsatz sind, wann sich die Teams abwechseln und wie sie sich mit den Juden verstehen. Für unsere Sache wär's natürlich großartig, wenn wir Beamte finden, die sich über den Dienst beschweren: Zeit- und Geldverschwendung!, und wie sie sich komisch dabei fühlen, Empfangskomitee für ein paar verwöhnte Judenbengel zu sein." […] „Was meinst du, Rick, kriegst du das hin?" […] Ich würde gerne schreiben: „Ich zögerte", einfach weil's von heute aus gesehen wohl normal gewesen wäre. Tat ich aber nicht. Im Gegenteil: Ich sagte schnell und ziemlich erleichtert: „Klar."

In dem Moment schien es mir weder eine schwere noch eine unannehmbar schäbige Aufgabe zu sein. Jedenfalls im Vergleich zum Flugblätterverteilen, „Ausländer raus!" oder so was. Außerdem hätte mich beim Flugblätterverteilen ein Bekannter sehen und es Tante Bambusch oder meinen Freunden erzählen können. Meine Freunde sind eher links, jedenfalls nicht rechts, und wenn die gehört hätten, dass ich für die Nazis arbeite … Dagegen aufschreiben, wie viele Polizisten den Kindergarten bewachten – ich sagte mir, Pascal und seine Leute wollen eben wissen, wie viel Geld in den Kindergarten fließt, um das politisch auszuschlachten. So was passiert schließlich dauernd. Irgendein Bürgermeister wird vom Gegenkandidaten beschuldigt, seinen Freunden Bauland zugeschustert oder seine Freundin als Sekretärin eingestellt zu haben. Solches Zeug. Naja, und Pascals eklige Sprüche vergaß ich einfach. So ungewöhnlich waren sie in Storlitz sowieso nicht. Jedenfalls: So wie es aussah, hatte ich eine Lehrstelle in Berlin, und das überstrahlte in dem Moment alles.

Aus: Arjouni, Jakob: Cherryman jagt Mister White. Roman, Zürich: Diogenes 2011, S. 36–53 (für Prüfungszwecke überarbeitet).

Lösungsvorschlag

Aufgabe a: Zusammenfassung des Inhalts

Hinweis: *Hier sollten Sie darauf achten, den Kern des Gespräches herauszuarbeiten, und nur dann, wenn es unbedingt nötig ist, Details wiedergeben. Denken Sie daran, dass die indirekte Rede den Konjunktiv I verlangt! Auf keinen Fall sollten Sie die innere Handlung vergessen.*

In dem vorliegenden Auszug aus dem 2011 erschienenen Roman *Cherryman jagt Mister White* von Jakob Arjouni schildert der Protagonist, ein 18-Jähriger namens Rick, der in dem fiktiven Ort Storlitz bei Berlin lebt, ein recht merkwürdiges Vorstellungsgespräch. Da er unbedingt eine Lehrstelle in einer Gärtnerei antreten möchte, lässt er sich auf eine sehr zweifelhafte Nebentätigkeit ein.

Der 18-jährige Rick lebt seit dem Tod seiner Eltern vor 13 Jahren bei einer Freundin seiner Großmutter. Er hat den Realschulabschluss und sucht seit einem Jahr nach einer Ausbildungsstelle zum Gärtner. Deshalb trifft er sich mit drei ehemaligen Mitschülern in einem Biergarten, obwohl diese ihn und seine Ziehmutter während der Schulzeit terrorisiert haben. Angeblich wollen sie Rick eine Stelle vermitteln und machen ihn mit Pascal bekannt, einem Mann im Anzug, der offensichtlich weniger an Ricks Eignung als Gärtner, sondern eher an seiner politischen Einstellung interessiert ist. Dabei kommt Pascals rechtsextremistische und antisemitische Haltung deutlich zum Vorschein. Da Rick, irritiert von dieser Wendung des Gespräches und dem Verhalten Pascals, recht einsilbig bleibt, müssen die drei Vermittler eingreifen, damit ihm Pascal dann doch die Lehre in Verbindung mit einer Zusatztätigkeit anbietet. Einer der drei spricht sogar eine unterschwellige Drohung gegen Rick aus. Pascal erklärt ihm, dass er, Rick, neben seiner Ausbildung ein Praktikum in einem Park absolvieren und dabei einen jüdischen Kindergarten beobachten solle, der unter Polizeischutz stehe. Angeblich gehe es Pascal um die Belastung der Steuerzahler durch diese Einrichtung. Da Rick, der genauso wenig wie sein näheres soziales Umfeld rechts orientiert ist, die Lehrstelle unbedingt möchte, schiebt er alle Bedenken beiseite und nimmt das Angebot an.

Aufgabe b: Charakterisierung Ricks / Erläuterung des Manipulationsversuches

Hinweis: *Achten Sie darauf, die Aussagen der drei ehemaligen Mitschüler über Rick als solche zu kennzeichnen, da sie nur deren Sicht widerspiegeln und keine absolute Gültigkeit besitzen. Ihre Ausführungen sollten neben den allgemeinen Angaben zur Person besonders Ricks Verhalten gegenüber Pascal und seine – aus der Erinnerung dargestellten! – Gedanken mit einbeziehen sowie die Reflexionen des Ich-Erzählers berücksichtigen.*
Bei der Erläuterung der Redestrategie Pascals bietet es sich an, dem Textverlauf zu folgen, da sich seine Taktik aufgrund Ricks Reaktionen immer wieder ändert. Vergessen Sie dabei nicht, Ricks Gesprächsverhalten und Pascals Verärgerung zu thematisieren.

Rick Fischer ist 18 Jahre alt und lebt im Osten Deutschlands, in einem Dorf namens Storlitz in der Nähe von Berlin. Da seine Eltern vor 13 Jahren tödlich verunglückt sind, ist er von der Freundin seiner Großmutter, die er „Tante Bambusch“ nennt, großgezogen worden. Beide wurden während seiner Schulzeit von drei Mitschülern Ricks drangsaliert: Mario, Vladimir und Robert. Seit seinem Realschulabschluss vor über einem Jahr bemüht sich Rick um eine Ausbildungsstelle als Gärtner (vgl. Vorbemerkung), weil ihm die Tätigkeit im Freien große Freude bereitet (vgl. Z. 15–20). Er übernimmt schon lange sämtliche Gartenarbeiten für Tante Bambusch (ebd.). Sein Wunsch, nach einer Ausbildung zum Gärtner ist so groß, dass er sich sogar mit seinen drei ehemaligen Peinigern trifft (vgl. Vorbemerkung) – und letztendlich ein zwielichtiges Angebot annimmt (vgl. Z. 127 ff.).

Offensichtlich ist Rick **ein eher ruhiger Typ**. Im Gespräch erwähnt Mario, dass Rick „schon in Ordnung [ist]", was aus dem Munde eines solchen Zeitgenossen nicht besonders positiv klingt. Rick sei „mehr für sich", male Comics, denke sich Geschichten aus „mit Batman und so" (Z. 57 ff.). Später betont Mario nochmal, dass Rick „alles ordentlich" erledige, „damit er seine Ruhe hat [...] [, b]loß keinen Ärger." (Z. 77 f.) Sie **halten ihn für einen Mitläufer**, den sie darüber hinaus im Griff zu haben glauben: „Und falls du später doch mal denkst, das ein oder andere möchtest du lieber nicht erledigen, und würdest gerne einfach verschwinden, dann weiß du ja: es gibt immer noch Tante Bambusch." (Z. 78 ff.)

Da die Äußerungen, mit denen seine früheren Mitschüler Rick charakterisieren, nicht unbedingt vertrauenswürdig sind, muss man die Aussagen, Gedanken und Handlungen Ricks heranziehen, um daraus seine Persönlichkeitsmerkmale abzuleiten. Zu bedenken ist, dass Rick im Rückblick erzählt, sich vergangener Geschehnisse erinnert und dabei vielleicht auch etwas verschweigt und beschönigt.

Trotz der Hoffnung auf eine Lehrstelle verhält sich Rick eher **abwartend und distanziert**, er „[nickt] den Jungs" zur Begrüßung lediglich zu (Z. 6) und reagiert kurz angebunden auf Pascals nationalistische Anspielungen. Auf die Frage, ob er ein „guter Deutscher" sei, antwortet er: „Ich weiß nicht." (Z. 36 f.), und versucht absichtlich, Pascal „ein bisschen den Schwung zu nehmen", als dieser wissen möchte, ob er nicht „stolz" auf „[seinen] Namen, [s]eine Eltern, [s]eine Herkunft, Deutschland" sei: „Meine Eltern sind tot." (Z. 39–42) Rick ist **hin und her gerissen** zwischen der Aussicht auf die Lehrstelle und seinem Misstrauen gegenüber den Anwesenden beziehungsweise seiner Antipathie gegenüber Pascal, dessen Aussehen und Benehmen ihm „ziemlich läppisch" vorkommen (Z. 29).

Ricks Verhalten wirkt **unentschieden** – weder möchte er direkt auf Konfrontation gehen, noch will er sich der rechtsextremen Haltung anschließen oder sich anbiedern – nicht einmal zum Schein. Auf die Frage, was er vom „Heimatschutz" halte, tut er so, als habe er keine Meinung dazu (vgl. Z. 49–54). Er widerspricht aber auch nicht, als Mario eingreift und behauptet, Rick sei „eben nicht politisch", sei es „noch nie" gewesen (Z. 57 f.). Trotzdem scheint es Rick durchaus eine heimliche Freude zu bereiten, Pascal zu provozieren, und er erweist sich dabei als recht **schlagfertig**. Als Pascal wissen möchte, ob der Juden kenne, antwortet Rick: „Naja, Einstein zum Beispiel." (Z. 64) Er schließt sich dem Lachen der anderen über eine antisemitische Äußerung Pascals nicht an, zeigt also Selbstbewusstsein, und es bleibt Mario überlassen, Pascal zu besänftigen (vgl. Z. 76–80).

Obwohl Rick offensichtlich **kein Mitläufer** ist – schon am Anfang bestellt er sich kein Bier wie die drei anderen, sondern einen Apfelsaft – und alles andere als rechtsextrem, steht er nicht für seine Überzeugung bzw. die seines näheren Umfelds ein. Dem Leser verrät er: „Meine Freunde sind eher links, jedenfalls nicht rechts, und wenn die gehört hätten, dass ich für die Nazis arbeite ..." (Z. 121 f.). Offensichtlich ist er tatsächlich **politisch desinteressiert**.

Auch wenn er die Gefahr ahnt, **stellt** er **sich blind**. Er spielt die „eklige[n] Sprüche" Pascals herunter, die in Storlitz „[s]o ungewöhnlich [...] sowieso nicht" gewesen seien (Z. 127 f.): „Wenn man in Storlitz außerhalb der Schule etwas über Juden lernt, dann dass sie hinterm Geld her sind, überall die Finger drin und große Nasen haben." (Z. 70 f.) Seine Rolle als Spion scheint ihm „weder eine schwere noch eine unannehmbar schäbige Aufgabe zu sein" (Z. 118 f.). Er redet sich ein, dass Pascal in Erfahrung bringen will, mit wie viel Steuergeld der Kindergarten bezuschusst wird, um daraus politisches Kapital zu schlagen (vgl. Z. 123 ff.). Sein **erzählendes Ich betrachtet sein damaliges Verhalten kritisch**. Er wisse nicht mehr, „wie [er] solchen Unsinn denken konnte", nämlich, dass Mario, Vladimir und Robert lediglich einen guten Eindruck hätte machen wollen, um einem ehemaligen Mitschüler zu einer „Chance" zu verhelfen (vgl. Z. 9–12).

Der Ich-Erzähler stellt sich im Rückblick als **begriffsstutzig** dar: „Ich verstand nichts. Ich dachte an die Gärtnerlehre." (Z. 60 f.) Doch trotz seiner Irritation (vgl. Z. 24) hat er durchaus erfasst, mit wem er es zu tun bekommt und welches Verhältnis seine drei ehemaligen Mitschüler zu Pascal haben, dem sie unterwürfig und ängstlich begegnen (vgl. Z. 27 ff.).

Rick **beobachtet** die anderen **genau** und interpretiert die Mimik seines Gegenübers (vgl. Z. 83 f., Z. 43 f., Z. 56 f.). Er meint jedoch, es sei ihm „egal" gewesen, „was zwischen ihnen lief", das „Einzige", was ihn interessiert habe, sei die Lehrstelle gewesen (Z. 85 f.). Als er keine Reaktion auf Pascals antisemitische Äußerungen über Juden zeigt, kann er „nur ahnen", weiß aber wohl ganz sicher, dass dieser „stinksauer" ist (vgl. Z. 72 f.). Allerdings gesteht das erzählende Ich ein, dass die Gärtnerlehre „in dem Moment alles [überstrahlte]" (Z. 129) und er deshalb keine Sekunde gezögert habe, wie er es vielleicht getan hätte, wenn es um das Verteilen von Flugblättern gegangen wäre. Dabei hätte ihn nämlich „ein Bekannter sehen und es Tante Bambusch oder [s]einen Freunden erzählen können" (Z. 120 f.). Es ist offensichtlich, dass sich Rick schon damals für die Tätigkeit im Dienst der Rechtsextremen **geschämt** hat. „Ich verstand nicht sofort. Oder ich wollte nicht sofort verstehen." (Z. 36 f.) Hier verrät Rick einen **opportunistischen Charakterzug:** Er ignoriert die offensichtlich rechtsextreme Gesinnung des potenziellen Arbeitgebers, um die Stelle zu bekommen.

Pascals Versuche, **Rick zu manipulieren**, **ändern sich je nach Erfordernis**. Er gewinnt diesen eigentlich nur deshalb für seine Aufgabe, weil Rick unbedingt die Stelle als Gärtnerlehrling haben möchte. Da Pascal das nicht weiß, versucht er es zunächst mit **Leutseligkeit:** Er steht auf, als Rick im Biergarten ankommt, reicht ihm die Hand, bietet ihm einen Platz an, lädt ihn auf ein Getränk ein und heuchelt Interesse an Ricks gärtnerischen Fähigkeiten (vgl. Z. 2 ff., Z. 15 ff.). Er besteht darauf, von Rick geduzt zu werden: „Mensch Rick, wir sind doch per du! Pascal." (Z. 22) Als er merkt, dass Rick noch nicht weiß, um was es wirklich geht, versucht er, ihn mit **Suggestivfragen** zu einem Bekenntnis zu bringen: „Du bist doch ein guter Deutscher, nicht wahr?"; „Fischer – na, das ist doch ein feiner deutscher Name! Bist du doch sicher stolz drauf?" (Z. 36, Z. 39 f.) Nachdem ihn der 18-Jährige auch hier ins Leere laufen lässt („Meine Eltern sind tot.", Z. 42), heuchelt Pascal **Anteilnahme** – allerdings erfolglos, woraufhin er es sich verkneifen muss zu „seufzen", „[n]icht aus Mitgefühl, sondern weil's gerade zäh […] wurde" (Z. 47 f.). Er **appelliert** an Ricks Verantwortungsgefühl für die „Heimat" (vgl. Z. 49–56). Als sich dieser hierzu keine Meinung abringen lässt, nimmt Pascal eine distanziert-prüfende Haltung ein, um Rick einzuschüchtern und einen weiteren Test durchzuführen: Ricks Einstellung zu Juden (vgl. Z. 62–71). Auch hier scheitert Pascal, **bemüht sich** aber trotzdem, **den Schein zu wahren**. Deshalb formuliert er gestelzt: „Es kommt mir fast so vor, als würdest du meinen, du seist schlauer als wir." (Z. 73 f.), anstatt rundheraus zu fragen, ob Rick sich für schlauer halte.

Nachdem Mario sich für Rick verbürgt und diesen gleichzeitig bedroht hat, erläutert Pascal dem 18-Jährigen endlich, worum es geht. Zunächst beginnt er mit dem, was für Rick **verlockend** ist: seiner Tätigkeit in der Gärtnerei (vgl. Z. 86–90). Dann leitet er zu der heiklen „Nebentätigkeit" über, dem Ausspionieren des jüdischen Kindergartens während eines „Praktikums" im Park (vgl. Z. 87 ff.). Hier legt er den Fokus auf die **Kosten**, die eine solche Einrichtung verursacht, ohne konkret zu werden, und erweckt den Anschein, als würde es sich nicht um Deutsche handeln: Rick soll unter anderem aufschreiben, welche Sprachen gesprochen werden und welche Fahne aufgezogen ist (vgl. Z. 95–102). Pascal wird richtiggehend **emotional** und vermittelt echte oder gespielte **Empörung:** „Bezahlt von unseren Steuergeldern! […] – womöglich eine israelische Flagge überm Eingang!" (Z. 96–100). Er behauptet, die Beobachtung sei „**völlig legal**" und **gerechtfertigt**, da es das Recht der Bürger wäre, über „Zeit- und Geldverschwendung" aufgeklärt zu werden (Z. 105 f., Z. 113). Seine Ausführungen beendet er mit der Suggestivfrage: „Was meinst du, Rick, kriegst du das hin?“ (Z. 114 f.) Diese Taktik, Rick die Angelegenheit so harmlos wie möglich darzulegen und ihn zu ermuntern, hat zuletzt tatsächlich Erfolg.

Aufgabe c: E-Mail an Rick

Hinweis: *Die folgende E-Mail an Rick sollte trotz einer zwanglosen Form bestimmte Kriterien erfüllen. Zunächst würde ein Vertrauter die Thematik selbst ansprechen und seine Ablehnung deutlich formulieren. Dann wäre ein gewisses Verständnis für Ricks Zusage angebracht, um ihn nicht zu verprellen. Anschließend sollten möglichst steigernd alle Aspekte angeführt werden, die Rick zu einer Absage bewegen könnten. Am Ende bietet sich ein Appell an, möglicherweise auch ein Lösungsweg. Hierbei sollten Sie aber keine Szenarien erfinden, Rick zum Beispiel eine Stelle in Ihrer fiktiven Gärtnerei anbieten oder Ähnliches. Im Stil darf die Argumentation im Gegensatz zu einer Stellungnahme emotional und subjektiv sein. Trotzdem sollten Sie nicht zu frei formulieren, sondern ein gewisses Maß einhalten, auch beim Einsatz von Frage- und Ausrufezeichen. Achten Sie auf Sprachrichtigkeit und verwenden Sie kein unangemessen saloppes Vokabular.*

Sollten Sie sich für die ***Aufgabenvariante****, die* ***Beurteilung des Verhaltens von Rick****, entscheiden, gilt es Folgendes zu bedenken: Hier müssen Sie unbedingt nüchtern und sachlich formulieren, außerdem viel deutlicher dialektisch vorgehen. Für Rick sollte ein gewisses Verständnis gezeigt und dieses ausführlicher begründet werden als in der E-Mail, deren Absender Ricks Lebensumstände kennt. Bedeutend gewichtiger aber sind die gleichen Argumente, die in der E-Mail zum Tragen kommen. Als Einleitung bieten sich aktuelle bzw. historische Bezüge an. Im Gegensatz zur E-Mail dürfen Sie erst in der Synthese ein abschließendes Urteil fällen. Inwieweit man Ricks persönliche Situation, seinen Berufswunsch und die Arbeitsmarktsituation mildernd berücksichtigt, ist vom eigenen Standpunkt abhängig. Als Entschuldigung oder gar Rechtfertigung für seine Fehlentscheidung sollte man sie aber nicht gelten lassen.*

Lieber Rick,

danke für dein Vertrauen! Ich bin froh, dass du mir von der „Sonderaufgabe“ erzählt hast, die mit der Gärtnerlehre verbunden ist – und gelinde gesagt bin ich entsetzt darüber, dass du dich darauf eingelassen hast! Natürlich kann ich verstehen, dass dich die Aussicht auf die Ausbildung geblendet hat und du zunächst froh warst, eine relativ harmlos klingende Gegenleistung für die Chance zu erbringen. Aber bedenke, was dahinter stecken könnte!

Wenn du diesen Spitzeldienst leistest, wird es mit Sicherheit irgendwann herauskommen. Dann erfahren es auch deine Freunde und Tante Bambusch. Sie würden sich von dir abwenden. Tante Bambusch vielleicht nicht, aber sie wäre bestimmt sehr traurig und enttäuscht. Ich glaube außerdem nicht, dass eine solche Beobachtung wirklich legal ist. Erwischt man dich, sitzt du ziemlich in der Tinte. Bringt man dich dazu, von deiner Tätigkeit zu berichten, oder man weist sie dir nach, wirst du polizeilich als rechtsextrem geführt. Zumindest wird man dich beobachten. Wenn deine Aufzeichnungen einer Straftat Vorschub leisten, bist du ein Mittäter, kannst angeklagt und verurteilt werden. Und wer von deinen neuen „Freunden“ wird dir helfen? Sie werden dich vermutlich unter Druck setzen, ihre Namen nicht zu verraten.

Den drei Halunken Mario, Vladimir und Robert würde ich sowieso nicht über den Weg trauen! Erinnere dich, wie übel sie dir und Tante Bambusch in der Schulzeit mitgespielt haben. Das ist nur wenig mehr als ein Jahr her. Und nun wollen sie dir plötzlich etwas Gutes tun und sogar für dich bürgen? Da ist doch etwas gewaltig faul! Wenn ich höre, wie unterwürfig sie sich gegenüber diesem Pascal verhalten haben … Was muss das für ein Typ sein, dass die drei sich vor ihm fürchten und vor ihm katzbuckeln? Und Mario hat dir dann auch gleich wieder einmal gedroht. Du weißt schon, wie sie dich bei der Stange zu halten gedenken? Notfalls mit Gewalt. Das lässt doch erahnen, als was sich die Angelegenheit noch entpuppen wird. Nicht umsonst kalkulieren die drei ein, dass du aussteigen und verschwinden würdest, wenn Tante Bambusch nicht wäre.

In jedem Fall lieferst du dich Leuten wie Pascal aus. Der ist mit Sicherheit geschult! Er war dir doch gleich unsympathisch und sein Getue und seine Aufmachung fandest du richtig „läppisch". Dieses alberne Gehabe soll dich aber nicht darüber hinwegtäuschen, dass Pascal und andere Drahtzieher wirklich gefährliche Zeitgenossen sind und dir – und Tante Bambusch! – Schlimmes antun können, wenn du nicht „spurst". Außerdem: Sobald du in Aktion trittst, bist du erpressbar und kannst gezwungen werden, riskantere und schlimmere Taten zu begehen. Möglicherweise steigern sie deine Aufgaben unauffällig, sodass du dir immer wieder aufs Neue einreden kannst, es sei noch harmlos, was du tust.

So, und zu guter Letzt bedenke, wozu du den Kindergarten ausspähen sollst. Wenn du Nachrichten liest oder im Fernsehen anschaust, weißt du, wozu diese Rechtsextremen fähig sind. Heimtückisch wurden über Jahre zehn ausländische Mitbürger und eine Polizistin erschossen. Bombenattentate hat es auch schon gegeben. Menschen werden von Skinheads zu Tode geprügelt oder schwer verletzt. Was glaubst du, haben sie mit dem Kindergarten vor? Nicht umsonst wird dieser von der Polizei bewacht. Stell dir vor, es wird ein Anschlag verübt – auf Kinder! Wird dir da nicht angst und bange? Dein ganzes Leben wird zerstört sein, wenn du zu so einem Verbrechen beiträgst! Was haben die Kleinen und ihre Eltern getan? Es kann doch nicht sein, dass man sie für ihre bloße Zugehörigkeit zum Judentum hasst und töten will. Hast du in Geschichte nicht gelernt, wie unmenschlich die Anhänger eines solchen „Heimatschutzes" sind? Sechs Millionen Juden wurden im „Dritten Reich" umgebracht, systematisch zu Tode gequält und bestialisch ermordet!

Ich bitte dich inständig, Rick, distanziere dich sofort von diesen Neo-Nazis. Geh zur Polizei, um deinetwillen, aber vor allem, um Tante Bambusch zu schützen. Falls du dich das nicht traust, musst du dir Verbündete suchen, Vereine gegen Rechts oder unter deinen Freunden. Auf keinen Fall darfst du die Lehre antreten – du würdest es mehr bereuen als alles andere!

Ich will dir nichts vormachen, was deine Zukunftsperspektive betrifft. Dass du sonst keine Aussicht auf eine seriöse Lehre hast, ist deprimierend, aber das darf dich nicht zu so einem Schritt veranlassen. Versuche es weiter – und, wenn es auch hart klingt, schau dich nach einer Alternative um. Wenn du nicht aus Storlitz weg kannst, um Tante Bambusch nicht im Stich zu lassen, musst du dir überlegen, welche Möglichkeiten dir bleiben. Schlimmstenfalls musst du dich mit Aushilfsjobs über Wasser halten. Alles jedoch ist besser, als dich auf Rechtsextreme einzulassen!

Liebe Grüße
dein/deine …

Aufgaben:

a) Fassen Sie den Inhalt des Dramenauszugs zusammen.

b) Charakterisieren Sie den Vater. Berücksichtigen Sie dabei das Verhalten seinem Sohn und dessen Generation gegenüber.

c) Inwiefern verkörpert der Kommissar ein für die damalige Zeit modernes Vaterbild?

Walter Hasenclever (1890–1940)
Der Sohn (1914)

Vorbemerkung: Das Werk „Der Sohn" wurde von Walter Hasenclever zwischen 1913 und 1914 geschrieben. Der Sohn hat die allgemeine Reifeprüfung nicht bestanden und fürchtet den Zorn seines Vaters. Nach einem Streit mit ihm flieht der Sohn aus dem Haus. Die zunächst private Auseinandersetzung zwischen den beiden entwickelt sich in der Folge zu einem gesellschaftlichen Konflikt, der in einem revolutionären Aufruhr der Söhne gegen die Väter gipfelt. Die Verhaftung des Sohnes auf Veranlassung des Vaters hin lässt den Konflikt wieder ins Elternhaus zurückkehren. Hier spielt auch die folgende Szene, in der der Kommissar den verhafteten Sohn seinem Vater übergibt.

Fünfter Akt
Erste Szene

Wenige Stunden später.

Das Sprechzimmer des Vaters im elterlichen Hause. Ein langer Raum; in der Mittelwand rechts und links eine Türe, an den Seitenwänden je eine. Links steht der Tisch des Vaters mit Büchern, Telephon; davor Sessel mit Holzlehne. An der Mittelwand Glasschränke mit ärztlichen Utensilien, rechts ein Untersuchungstisch, aufklappbar. An der rechten Seitenwand der Bücherschrank. Davor, gegenüber dem Arbeitstisch des Vaters, ein kleinerer Tisch mit Stühlen. An der Wand die Rembrandtsche Anatomie.
Der Vater. Der Kommissar.

DER VATER: Ich danke Ihnen, Herr Kommissar. – Hat mein Sohn sich zur Wehr gesetzt?

DER KOMMISSAR: Der junge Mann war ganz ruhig. Wir hatten erwartet, einen Rasenden zu finden. Statt dessen trafen wir zwei Herren im Gespräch. Ein Anlaß, Gewalt anzuwenden, lag nicht vor. Trotzdem haben wir auf Ihren Wunsch die Hände gefesselt. Auch die Fahrt hierher verlief in voller Ruhe. Vielleicht, Herr Geheimrat, war die Maßregel etwas zu strenge. Ich als alter Menschenkenner habe nur mit Bedauern das Zwangsmittel ergriffen. Vielleicht ist es in Güte möglich, den jungen Mann auf die rechte Bahn zu führen. Ich bin überzeugt, er ist kein schlechter Mensch. Es gibt schlimmere Sorte!

DER VATER: Herr Kommissar, ich habe ihn zwanzig Jahre beobachtet. Ich bin sein Vater, außerdem bin ich Arzt. Ich muß es wissen.

DER KOMMISSAR: Verzeihung, Herr Geheimrat, ich wollte keineswegs …

DER VATER: Im Gegenteil: ich bitte um Ihr Urteil! Sie sind sicher ein erfahrener Mann, doch betrachten Sie die Dinge unter Ihrem Winkel. Ich glaube, ich täusche mich nicht. Ich habe reiflich überlegt, bevor ich mich entschlossen habe. Es ist keine Güte mehr möglich! Nur die äußerste Strenge kann ihn noch bessern. Dieser Junge ist verdorben bis auf den Grund seines Charakters. Er will sich meinem Willen entziehen – das darf unter keinen Umständen geschehn. Sie haben seine Reden nicht gehört! Die Jugend von heute läuft ja Sturm gegen alle Autorität und gute Sitten. Seien Sie froh, daß Sie nicht einen solchen Sohn haben.

DER KOMMISSAR: Herr Geheimrat: ich habe Söhne. Und ich liebe sie! Ich könnte den Fluch der Schändung nicht auf ihr Haupt rufen. Ich kenne die furchtbare Tragödie zu sehr! Wir haben mit Tieren und Verbrechern zu tun. Bevor ich mein eignes Blut in diesen Abgrund stoße, lieber lebe ich nicht mehr. Selbst bei jugendlichen Kriminellen kennen wir vor dem Gesetz noch Verweise und Strafaufschub. Was hat Ihr Junge denn Schlimmes getan? Hat er geraubt, gefälscht, gemordet? Das sind die Kreaturen, mit denen wir rechnen müssen; das ist die Gesellschaft, in die Sie ihn treiben. Verzeihn Sie mir noch ein offenes Wort: Sie brandmarken ihn für sein Leben. Sie stempeln ihn mit der Marke des Gerichts. Er hat einen kleinen Ausflug gegen Ihren Willen unternommen …

DER VATER: *(lacht höhnisch)* Einen kleinen Ausflug!

DER KOMMISSAR: Sie sind im Recht und werden ihn strafen. Aber rechtfertigt das eine Erniedrigung? Ich fürchte, die Fesseln sind nicht mehr gut zu machen. Herr Geheimrat – es kann ein Unglück geben!

DER VATER: Er hat mir den Gehorsam verweigert; es ist nicht das erstemal. Wenn er, der doch mein Sohn ist, schimpflich mein Haus verläßt – was kann ich anders tun, als ihn meine Macht fühlen lassen! Ich bin sonst der Entehrte. Was wird man von mir denken? Wie wird man mich ansehn! Ich muß, wenn kein Mittel mehr hilft, zu diesem letzten greifen. Das schulde ich meiner Pflicht gegen mich – und gegen ihn. Ich glaube noch, ich kann ihn bessern. Er ist jung: dies sei ihm eine Warnung für sein ganzes Leben. Herr Kommissar, Sie sind mir ein Fremder. Trotzdem habe ich Ihnen mehr gesagt, wie je einem Menschen. Bitte, vertrauen Sie mir. Alles lastet ja auf mir in dieser Stunde – ich will nur das Beste nach meinem Gewissen. Aber das darf ich nicht auf mir sitzen lassen! Sie sind selber Vater. Was täten Sie an meiner Stelle?

DER KOMMISSAR: Ein Wesen aus meinem Geschlecht, das in meinem Leben entsprungen ist, kann nicht verworfen sein. Das ist für mich das höchste Gesetz! Auch wir altern. Weshalb soll unser Sohn nicht jung sein?

DER VATER: Und wenn er Sie beleidigt?

DER KOMMISSAR: Mein Sohn ist doch ärmer und schwächer als ich. Wie kann er mich beleidigen?

DER VATER: Herr Kommissar, ich bin aktiv gewesen; ich habe für meine Ehre mit dem Säbel gefochten. Ich trage noch die Spuren, *(er weist auf eine Narbe in seiner Wange)* ich muß mein Haus rein halten. Ich kann mich auch von meinem Kinde nicht ungestraft beschimpfen lassen. Außerdem erachte ich die Verantwortung des Erziehers zu hoch, sich einem Zwanzigjährigen gleich zu machen.

DER KOMMISSAR: Ich fürchte, wir reden einander vorbei. Ich habe auch in meiner Jugend gefochten. Aber die Zahl der Semester und Mensuren erscheint mir kein Maßstab. Unsere Söhne verlangen, daß wir ihnen helfen. Herr Geheimrat: Das müssen wir tun. Ob sie besser sind oder schlechter als wir, ist eine Frage der Zeit – nicht des Herzens.

DER VATER: Ich bin bestürzt – verzeihn auch Sie mir die Offenheit in einer ernsten Stunde. Wie kann ein Vater, wie kann ein Beamter so reden! Unsre jungen Leute werden schlimmer und verderbter von Tag zu Tag. Das ist notorisch! Und dieser Fäulnis im kaum erwachsenen Menschen soll man nicht steuern!? Ich halte es für meine heiligste Pflicht, gegen die Verirrung zu kämpfen, und ich werde es tun, solange ich atme. In welcher Zeit leben wir denn? Hier lesen Sie in der Zeitung, wie weit es schon gekommen ist! *(Er nimmt das Blatt und weist auf die Stelle.)* Gestern hat in einer geheimen Versammlung ein Unbekannter gegen die Väter gepredigt. Das kann nur ein Wahnsinniger sein!! Aber das Gift hören Tausende und saugen es gierig. Weshalb schreitet die Polizei nicht ein? Diese Bürschchen sind staatsgefährlich. Hinter Schloß und Riegel mit allen Verführern; sie sind der Auswurf der Menschheit.

DER KOMMISSAR: *(mit einem Blick in die Zeitung)* Diese Versammlung war der Polizei bekannt. Es ist ein Klub junger Leute. Er steht unter dem Protektorate einer hohen Persönlichkeit …

DER VATER: Auch das noch! Dann haben wir ja bald die Anarchie.

DER KOMMISSAR: Ich kann Sie über diesen Vortrag beruhigen. Er war nur gegen die unmoralischen Väter gerichtet.

DER VATER: *(höhnisch)* Also gegen die Unmoralischen. Und die Regierung unterstützt das Treiben? Um so mehr ist es unsere Pflicht, sich gegen den Verrat in der eigenen Familie zu schützen. Nein, Herr Kommissar, die äußerste Strenge. Die äußerste Strenge!

DER KOMMISSAR: Wir sind die Leute des Gerichts. Wieviel Verdammnis sehn wir! Glauben Sie mir, ich will keinen Unschuldigen henken, geschweige denn meinen eigenen Sohn. Und wenn er mir tausendfach Unrecht tut – ich bin doch sein Vater! Soll er andere mehr lieben als mich? Wir Väter müssen erst unsre Söhne erringen, ehe wir wissen, was sie sind.

DER VATER: Sie scheinen unter Söhnen etwas Absonderliches zu verstehn.

DER KOMMISSAR: *(bescheiden)* Ich verstehe darunter ein Wesen, das mir geschenkt ist, dem ich dienen muß.

DER VATER: *(erhebt sich)* Herr Kommissar – wie gesagt: Ich danke Ihnen. Auch ich kenne meine Pflicht als Vater, allerdings in einem andern Sinne. Ich wünsche Ihnen keine Enttäuschungen! Ich werde es versuchen, selbst in diesem Falle noch, mit meinem Sohne in Güte zu reden – solange ich das vermag. Mehr kann ich nicht sagen. Ich bitte, führen Sie ihn mir jetzt zu.

DER KOMMISSAR: Ich werde Ihrem Sohne die Fesseln abnehmen. Er wird den Weg zu Ihnen allein finden. *(Er verbeugt sich und geht. Der Vater setzt sich in den Stuhl links an seinen Tisch.)*

Aus: Hasenclever, Walter: Der Sohn. Ein Drama in fünf Akten, Stuttgart 1994, S. 98–103 (für Prüfungszwecke überarbeitet).

Lösungsvorschlag

Zum Autor: *Walter Hasenclever wurde 1890 in Aachen geboren. Nach seinem Abitur begann er 1908 ein Jurastudium in Oxford, wechselte dann aber nach Lausanne. Während seines Studiums in Leipzig (1909 bis 1914) wurde sein Interesse an Literatur und Philosophie geweckt. 1910 erschien sein erster Gedichtband „Städte, Nächte und Menschen". 1914 gelang ihm mit dem Stück „Der Sohn" das erste große Werk des expressionistischen Dramas. Nach der Machtübernahme durch die Nationalsozialisten wurden seine Werke verboten und nach der Bücherverbrennung aus den Bibliotheken entfernt. Hasenclever ging daraufhin ins Exil nach Nizza. Während des Zweiten Weltkriegs wurde er als „feindlicher Ausländer" in Frankreich zweimal interniert. Nach der Niederlage Frankreichs nahm er sich in der Nacht vom 21. auf den 22. Juni 1940 im Internierungslager Les Milles bei Aix-en-Provence das Leben, um nicht den Nazis in die Hände zu fallen.*

Zum Drama: *„Der Sohn" ist ein Drama in fünf Akten; es folgt damit formal dem klassischen oder aristotelischen Aufbau. Es gilt als sein bedeutendstes Drama und als eines der wichtigsten Dramen des Expressionismus. Das Stück zeichnet die innere Reifung eines Heranwachsenden nach und thematisiert einen Generationenkonflikt. Dieser beginnt als private Auseinandersetzung zwischen Vater und Sohn und entwickelt sich im Verlauf des Stücks zu einem gesellschaftlichen Konflikt, der sich in einem revolutionären „Kampf gegen die Väter" entlädt. Am Schluss kehrt das Stück auf die private Ebene zurück.*

Aufgabe a: Inhaltszusammenfassung

Hinweis: *Die Vorstellung des Textes beginnt mit den Angaben über Autor, Titel, Textsorte und Quelle. Des Weiteren müssen Sie Informationen zum Thema und dem damit verbundenen Problem, der Zeit und dem Ort der Handlung sowie den Akteuren geben.*
Die Inhaltsangabe wird im Präsens geschrieben, etwaige Hinweise auf vorzeitige Ereignisse werden im Perfekt genannt.
Wörtliche Zitate oder detaillierte Schilderungen von Personen, Ereignissen oder Situationen sind nicht Gegenstand einer Kurzvorstellung (Inhaltswiedergabe).

Der Textauszug ist der ersten Szene des fünften Aktes des von Walter Hasenclever in den Jahren 1913 und 1914 geschriebenen Dramas *Der Sohn* entnommen. In dieser diskutiert ein Kommissar mit einem autoritären Vater über die richtige Behandlung von dessen rebellischem Sohn.

Schauplatz ist das Sprechzimmer eines Arztes, dessen Sohn von einem Kriminalkommissar in Handschellen – dies geschieht auf den *ausdrücklichen* Wunsch des Vaters – in die häusliche Obhut überstellt wird. Die Szene wird ausschließlich vom Dialog der beiden Protagonisten getragen, eine äußere Handlung findet nicht statt. Gegenstand des Gesprächs ist das vom Vater so gewertete „Fehlverhalten" des Sohnes, der sich nach seinem Scheitern bei der Reifeprüfung dem väterlichen Willen durch Flucht entzogen hatte. Im Gegensatz zum Kommissar, der ebenfalls Vater von Söhnen ist, wertet der mit „Geheimrat" titulierte Arzt das Verhalten seines Sohnes nicht als eine verständliche Überreaktion auf die negative Erfahrung des Scheiterns, sondern als einen Angriff auf seine Autorität, was in seinen Augen einem Verbrechen gleichkommt, dem mit aller Härte zu begegnen ist. Er will mit Strenge und Strafe seinen Sohn bessern und sich so dem Trend, dem Aufbegehren der Jugend, entgegenstemmen, das seines Erachtens die gesellschaftliche Ordnung, d. h. das patriarchalische System gefährdet. Im Verlauf des Gesprächs kristallisieren sich die unterschiedlichen Einstellungen der beiden Väter über den Umgang mit ihren Kindern heraus: Auf der einen Seite der Arzt, der seine Vaterrolle über den Begriff der absoluten Disziplin und Unterwerfung unter seinen Willen definiert, und andererseits der Kommissar, dessen Erziehungsstil von Verständnis und Toleranz geprägt zu sein scheint. Die Szene endet abrupt, ohne dass eine Annäherung der beiden Positionen erkennbar wird. Der Kommisar geht ab, um den Sohn zu holen.

Aufgabe b: Charakterisierung des Vaters

Hinweis: *Bei diesem Aufgabenteil geht es darum, die Persönlichkeit eines Protagonisten möglichst genau zu erfassen und aufgrund der im Text explizit erwähnten Fakten oder indirekt aus dem Textzusammenhang erkennbaren Indizien zu beschreiben und zu analysieren. Dabei handelt es sich um eine sehr komplexe und anspruchsvolle Aufgabe, die ein genaues Erfassen des Vorlagetextes voraussetzt.*
Die folgende Übersicht zeigt exemplarisch eine Zusammenstellung wichtiger Persönlichkeitsmerkmale:

Protagonist

äußere Erscheinung
– Alter
– Schichtzugehörigkeit
– Geschlecht
– Kleidung
– Wohnung
– Stil

soziale Lage
– Materielle Verhältnisse
– Biografie
– Beruf, Arbeit, Schule
– Freundschaften
– Partnerbeziehung

Verhalten	*psychische Gestimmtheit*
– Selbstwahrnehmung	*– Gefühlshaushalt*
– Untergebene	*– Libido (sexuelle Triebkraft)*
– Vorgesetzte	*– Ängste*
– Partner	*– Sinnkonstrukt*
– Umfeld (Gesellschaft)	*– Selbstbild*
	– Urteilsfähigkeit

Das familiäre Umfeld des Sohnes ist im gehobenen **(Bildungs-)Bürgertum** angesiedelt. Der Vater, Arzt und Geheimrat, verkörpert fast schon in **Überzeichnung** die „Tugenden" dieser Klasse: Schon der **situative Kontext** des Gesprächs zeigt deutliche Indizien für das Selbstbild und die Selbstinszenierung des Vaters. Es findet nicht in den Privaträumen der Familie statt, sondern in dessen Sprechzimmer, mit allen Insignien der seiner gesellschaftlichen Stellung entsprechenden Macht: Schreibtisch, Bücherwand, Telefon usw. (vgl. Regieanweisung). Dadurch wird der komplementäre Rahmen für den Gesprächsverlauf von Anfang an vorgegeben: Bereits dieses äußere Umfeld legt den hierarchischen Charakter des Dialogs fest: Auf der einen Seite der von sich und seinen Prinzipien überzeugte Familienvorstand, Vater *und* Arzt (vgl. Z. 17 f.), Akademiker *und* Patriot (vgl. Z. 58 f.), Geheimrat *und* angesehener Bürger (vgl. Z. 44 f.) – auf der anderen der Kommissar, ein subalterner Beamter (vgl. Z. 68), der lediglich eine in Auftrag gegebene Dienstleistung erbracht hat (vgl. Z. 9).

Zwar bedient sich der Vater während des Gesprächsverlaufs höflicher Umgangsformen, doch verlässt der Dialog nie den Bereich konventioneller Konversation. Selbst als der Kommissar offen seine Empörung über die Einstellung des Vaters artikuliert (vgl. Z. 63 ff.), reagiert dieser nicht mit Argumenten, die seine Haltung verständlich machen, sondern eher ausweichend-ablenkend mit Floskeln der Höflichkeit und klischeehaften Unterstellungen (vgl. Z. 67 ff.).

Das ganze Gespräch spiegelt den **selbstherrlichen**, **bestimmenden Charakter** des Vaters wider. Zwar gibt er sich den Anschein, die Lage gründlich überdacht zu haben (vgl. Z. 22), doch steht sein Urteil unwiderruflich fest: „Dieser Junge ist verdorben bis auf den Grund seines Charakters." (Z. 23 f.) Dabei ist es offenbar nicht das erste Mal, dass der Sohn sich aufgelehnt und ihm „den Gehorsam verweigert" (Z. 42) hat. Diese renitente Haltung lässt ihn umso heftiger auf seine väterliche Autorität pochen. Er betrachtet die Flucht seines Sohnes als Beleidigung (vgl. Z. 55), die er nicht auf sich „sitzen lassen" (Z. 50 f.) darf, wenn er die Ehre seines Hauses wiederherstellen will. Der Vater denkt in Kategorien der „**Macht**" (Z. 44) und der Unterordnung. Die **Erziehung mit der „äußerste[n] Strenge**" (Z. 23) erachtet er als seine „heiligste Pflicht" (Z. 70 f.). Indem er hier eine religiöse Vokabel gebraucht, zeigt er, dass er seines Erachtens ein göttliches Gebot umsetzt. Diese Aufgabe empfindet er durchaus als Belastung (vgl. Z. 49), doch kann und will er sich ihr nicht entziehen.

Zwar ist der Vater seiner Sache, seines rigorosen Erziehungsideals, sicher, dennoch fragt er den Kommissar um Rat (vgl. Z. 50 f.), da er offenbar erwartet, von diesem in seiner Position bestätigt zu werden. Dessen begütigende Einwände bleiben dann auch erfolglos, der Vater rückt nicht von seiner unerbittlichen Haltung ab.

Dabei betrachtet der Vater das Verhalten seines Sohnes als **symptomatisch für die Zeit:** „Unsre jungen Leute werden schlimmer und verderbter von Tag zu Tag. Das ist notorisch!" (Z. 68 f.) Indem er die ungehorsame Jugend als „Auswurf der Menschheit" (Z. 77) beschimpft, demonstriert er seine ganze **Verachtung für die junge Generation**. Und da die Regierung dieses „Treiben" (Z. 85) duldet, ist der Vater fest entschlossen, zumindest in der eigenen Familie die Kategorien des Gehorsams und der Hierarchie durchzusetzen (vgl. Z. 85 f.). Es wird deutlich, dass er sich selbst als **Anwalt der „Autorität und gute[n] Sitten**" (Z. 26) und als **Stellvertreter der patriarchalischen Gesellschaft** versteht, der deren Weltbild im Kleinen, der Familie, verteidigen müsse, um die staatliche Ordnung zu gewährleisten und eine „Anarchie" (Z. 81) zu verhindern. Mildernde Umstände lässt er nicht gelten.

Der wiederholte Hinweis auf seine Autorität und die daraus abgeleitete Forderung nach Unterordnung (vgl. Z. 42 ff.) basieren auf einem Menschenbild, das Erziehung als Unterwerfung definiert (vgl. Z. 69 f.). Dabei steht aber nicht das Wohl des Kindes, sondern die **gesellschaftliche Reputation des Arztes und seiner Familie im Mittelpunkt** (vgl. Z. 35 f. und Z. 60 ff.), letztlich die Prinzipien des Bürgertums (vgl. Z. 81). Es geht ihm um *seine* „Ehre“ für die er „mit dem Säbel gefochten“ hat (Z. 58 f.). Dieser entspricht auf der gesellschaftlichen Ebene die „Moral“, deren Schutz „äußerste Strenge“ (Z. 86) rechtfertigt. Diese Einstellung findet ihre Entsprechung in einem dem griechischen Philosophen Sokrates zugeschriebenen Zitat, wonach die Jugend heutzutage den Luxus liebe, schlechte Manieren habe und die Autorität verachte. Sie widersprächen ihren Eltern und tyrannisierten ihre Lehrer. Diese Klage war in Kreisen des Bürgertums sehr populär und wurde als Rechtfertigung für die autoritäre Haltung gegenüber den jungen Menschen instrumentalisiert: Ihr Freiheitsbegehren und die damit verbundenen befürchteten Veränderungen sollten bekämpft werden.

Der Vater, der Härte statt Liebe als Erziehungsprinzip verficht und seinen Sohn zwingen will, die patriarchalische Rollenverteilung zu akzeptieren, erscheint in dieser einseitig zugespitzten Haltung eher als **Typus** und weniger als differenzierter und realistischer Charakter. Bezeichnenderweise hat er keinen Eigennamen, sondern wird nur in seiner beruflichen (als Arzt) und familiären Position (als Familienoberhaupt) gezeigt. Hasenclever ging es offenbar darum, in dieser Figur **das Typische der wilheminischen Vätergeneration** zu konzentrieren. Der Arzt erscheint als Feindbild der neuen, expressionistischen Generation, die zur Rebellion aufruft.

Aufgabe c: Erläuterung zum Vaterbild des Kommissars

Hinweis: *Das Fragewort „inwiefern“ deutet darauf hin, dass der Kommissar tatsächlich ein modernes Vaterbild verkörpert. Sie müssen also nur nach Begründungen für diese These suchen. Stützen Sie auch hier Ihre Aussagen mit Textbelegen. Hilfreich ist es, die beiden unterschiedlichen Auffassungen von der Vaterrolle, für die der Arzt und der Kommissar stehen, einander gegenüberzustellen. Durch diese Abgrenzung hebt sich das Erziehungsideal des Kommissars umso deutlicher ab.*

Im Gegensatz zu den archaisch-rigoros anmutenden Vorstellungen des Vaters über die Erziehung – die sich auf das Prinzip von Zucht und (Unter-)Ordnung berufen (vgl. Z. 25 f.), vertritt der Kommissar eine für die wilhelminische Gesellschaft fast schon revolutionäre Einstellung. An die Stelle einer nebulösen, aber starr-verkrusteten Prinzipientreue (vgl. Z. 42 f.) tritt bei ihm die **Vaterliebe** (z. B. Z. 28, 34 f. und 52). Wo der Arzt absolute Unterordnung unter seine Autorität verlangt (vgl. Z. 43 f.), reagiert er mit **Toleranz** und fordert **Milde** statt Bestrafung (vgl. Z. 36 f.). Für den Kommissar ist das Wesen der Erziehung nicht Unterdrückung, sondern selbstverständliche **Hilfe bei der Emanzipation der Kinder**, die für ihn schlicht ein Aspekt von Verantwortungsgefühl und Fürsorge ist: „Unsere Söhne verlangen, daß wir ihnen helfen. Herr Geheimrat: Das müssen wir tun.“ (Z. 65)

Trotz seines Berufes, dem er viele negative Erfahrungen im Umgang mit Menschen verdankt (vgl. Z. 29 f.), dominiert bei ihm der **Glaube an das Gute**, gerade auch beim jungen Menschen (vgl. Z. 15 f.) Für ihn ist das Erwachsenwerden ein Lernprozess, der eben auch Misserfolge und Fehler zu seinem Wesen zählt (vgl. Z. 53 f. und 88 ff.). Da sein Sohn „ärmer und schwächer“ (Z. 56) sei, könne er ihn auch nicht beleidigen, d. h. selbst bei Verfehlungen würde der Kommissar seinem Kind gegenüber Güte und Liebe zeigen. Anders als der Geheimrat sieht der Kommissar im **Kind ein Geschenk**, dem er mit Dankbarkeit begegnet (vgl. Z. 93 f.), und nicht ein „Subjekt“, das nur durch „äußerste Strenge“ (Z. 86) zur gesellschaftlich geforderten Reife herangezogen – besser „gezüchtet“ – werden kann. Die Aussage des Kommissars, dass er seinem Kind „dienen“ (Z. 94) müsse, bedeutet die völlige Umkehrung der Position des Arztes.

Zusammenfassend kann man den vom Kommissar in seinen Dialogbeiträgen skizzierten Erziehungsstil mit den Adjektiven **aufgeschlossen**, **ermutigend**, **verständnisvoll** und **tolerant** bezeichnen. Sein Umgang mit dem Jungen des Arztes ist deshalb auch von Vertrauen gezeichnet (vgl. Z. 100f.). Er sieht im jungen Menschen nicht den Wilden, der durch sein Verhalten die gesellschaftliche Konvention infrage stellt und letztlich bedroht, sondern ein Wesen, das seinen Weg und seinen Platz in der Gesellschaft finden muss. Die Aufgabe für ihn als Erzieher erblickt er darin, bei diesem Prozess Hilfe zu leisten und, wo nötig, Korrekturen vorzunehmen.

Damit vertritt der Kommissar ein **modernes Erziehungsleitbild**, das Liebe an die Stelle von patriarchalisch-hartherziger Strenge setzt und den jungen Menschen als Individuum respektiert. Interessanterweise stellt Hasenclever die gängigen Rollenbilder auf den Kopf: Der Arzt, von dem man eigentlich Rücksichtnahme auf die psychischen Befindlichkeiten seines Sohnes erwarten würde, erweist sich als familiärer Tyrann, wohingegen der Kommissar, den man als Vertreter von Staat und Polizeigewalt eher mit Drill und Unnachgiebigkeit in Verbindung bringen würde, für Empathie und liberale Erziehungsideale eintritt.

Bayern – FOS · BOS 12: Fachabiturprüfung 2014 – Deutsch
1. Analyse eines Sachtextes

Aufgaben:

a) Verfassen Sie zum vorliegenden Text eine Überblicksinformation.

b) Arbeiten Sie die Aussageabsichten des Verfassers heraus und analysieren Sie, wie diese sprachlich umgesetzt werden.

c) Analysieren Sie den Titel „Stadt ohne Herz“ und dessen Funktion. Teilen Sie die Einschätzung des Autors, dass „unser Einkaufsverhalten die Zentren der Republik veröden lassen könnte“?

Stadt ohne Herz

Wie unser Einkaufsverhalten die Zentren der Republik veröden lassen könnte

von Gerhard Matzig

Nehmen wir eine normale innerstädtische Straße mit schmalen Parzellen und kleinteiliger Bebauung. Etwa die Bierstraße in Osnabrück. Und überlegen wir uns, was Amazon & Co., also der boomende, sogenannte Distanzhandel (vormals: Versandhandel) für den immer noch nicht wirklich darbenden, sogenannten stationären Einzelhandel (vormals: Läden und Geschäfte) bedeuten könnte.

Auch deshalb wählen wir übrigens die Bierstraße, weil sie einen schönen Namen hat. Ende des 15. Jahrhunderts befanden sich in der Osnabrücker Altstadt 63 Brauereien, die meisten davon in dieser Straße. Von den vielen Brauereien ist aber mittlerweile nicht mehr viel zu sehen. *Das*, befürchten nicht wenige Stadtplaner und Kommunalpolitiker, könnte exakt auch das Schicksal des Einzelhandels werden: hinweggefegt von Internet und Logistik.

Der Trend: Die Leute bestellen im Netz, die Post liefert an die Haustür. „Wenn das so weitergeht, sind in 15 Jahren die Innenstädte leer“, sagt Olaf Jaeschke, Vizepräsident des Einzelhandelsverbandes Harz-Heide. 15 Jahre. 500 Jahre hat man gebraucht, um das Bier loszuwerden.

Was es nun statt Bier in der Osnabrücker Bierstraße zu sehen gibt: zum Beispiel das Pfandleihhaus „Fairkaufen“. Das bleibt vom E-Commerce vermutlich unbehelligt. Kann bleiben. Daneben ein Schnellimbiss („NEU! Folienkartoffel für 2,50 Euro“). Kann auch bleiben, die Folienkartoffeln sind mächtiger als Amazon. Daneben „Trendnails“. Bleibt. Daneben „Anno Domini“. Kommt weg, auch Antiquitäten werden immer öfter über Ebay vertickt. Daneben ein Laden für Second-Hand-Design-Klamotten. Kommt weg, der Handel mit Second-Hand wie auch der mit Designerteilen: ist internetaffin.

Man könnte so weitermachen, die Straße rauf – und auf der anderen Seite wieder runter. Wenn sich die Befürchtungen der Experten als gerechtfertigt herausstellen, dann werden sich unsere Innenstädte in Zukunft durch Schnellimbisse, Maniküreangebote und vielleicht noch Pfandleihhäuser auszeichnen. Schon daran sieht man: Die Verelendung der Stadträume, die schon heute zu beobachten ist, würde sich drastisch beschleunigen. Ein schwacher Trost: Die ubiquitären Handy-Läden würden auch verschwinden. Auch Handys kann man bei Amazon bestellen.

Elektroartikel, Bücher und Kleidung: Das sind die Produkte und Warengruppen, die samt der zugehörigen Läden zunehmend aus dem Weichbild der Städte verschwinden. Allein im Buchhandel stieg der Anteil des Onlinehandels am Gesamtumsatz 2011 von 27 auf 30 Prozent. Die Dynamik ist beachtlich, trotzdem muss man auch sagen: Der Onlinehandel macht insgesamt und im Durchschnitt der Warengruppen noch keine zehn Prozent des Umsatzes aus. Es kommt aber auf die Wachstumsraten an. „Telepolis“, die Vision einer digitalen, virtuellen Stadtgemeinschaft, ist keine Utopie. Handel und Begegnung: Das waren einst die Ur-Motive der Stadt. (Allerdings auch: der Wandel.) […]

Ausgerechnet jetzt deutet sich das an, da die „Renaissance der Stadt“ allerorten gefeiert wird – also die Wiedergewinnung des urbanen Raumes zum Wohnen und Arbeiten. Was aber zuletzt, als sich das Arbeiten seit der Nachkriegszeit in die abgelegenen Fabriken und das Wohnen auf die grüne Wiese verlagert hatten, noch in der Stadt erlebbar war: ist eben das Kaufen – den Discountparadiesen und Gewerbesteppen zum Trotz. Der Einzelhandel ist ein Initial der Renaissance der Stadt. War, muss man vielleicht bald sagen.

Diese Entwicklung geht derzeit einher mit der Eventisierung der Stadt. Die Städte bieten schon seit einigen Jahren in einem einzigen großen Buhlen um die Aufmerksamkeit der Touristen, der Provinzler und der Zahlungskräftigen unter den Stadtbewohnern ihre Plätze und Straßen dar, als hätten sie nur eines zu fürchten: die Leere.

Der Horror vacui hat aus dem öffentlichen Raum […] eine Abfolge partikularer und temporärer Interessen gemacht. Beziehungsweise ein sehr spezielles Terrain für Mittelaltermärkte, den Stadtmarathon, […], das Weinfest, das Kino-Open-Air-Festival, die Nacht der Museen, Fanmeile, Partyzone … Städte sind auch hier Getriebene der Städte-Konkurrenz.

Der 24-Stunden-Online-Shop kommt in seiner ganzen Virtualität prima ohne die Stadt aus. Das Kaufen wird womöglich nicht mehr das Motiv des Stadtbesuchs sein. So verwandeln sich die Städte in Museen ihrer selbst – und in das Event. Arme Bierstraße. Das Bier ist den Büchern, Socken und Uhren nur vorangegangen.

Aus: Matzig, Gerhard: Stadt ohne Herz. Wie unser Einkaufsverhalten die Zentren der Republik veröden lassen könnte, in: Süddeutsche Zeitung vom 23./24. Februar 2013 (für Prüfungszwecke überarbeitet).

Lösungsvorschlag

Aufgabe a: Überblicksinformation

***Hinweis:** Bevor Sie mit der Bearbeitung der einzelnen Teilaufgabe beginnen, stellen Sie sicher, dass Ihnen alle Wortbedeutungen klar sind. Schlagen Sie deshalb schwierige Begriffe, wie z. B. „ubiquitär“ (Z. 27; lat., überall verbreitet, allgegenwärtig) oder „Horror vacui“ (Z. 47; lat., die Angst / Scheu vor der Leere) sicherheitshalber nach. Die erforderlichen Bestandteile einer Überblicksinformation sind nicht ganz eindeutig festgelegt. Auf jeden Fall muss sie Titel und Autor nennen und die Quellenangabe enthalten (Publikationsorgan und Erscheinungsdatum). Formulieren Sie darüber hinaus die Textsorte, das Thema und die Hauptaussage. Verschiedentlich werden noch Angaben zum Charakter des Textes (z. B. informativ-appellativ), zum Anlass und zur Intention verlangt. Klären Sie schon im Voraus, welche Bestandteile Ihre Lehrkraft erwartet. Im vorliegenden Fall ist kein unmittelbarer Anlass erkennbar und die Intention ist unter b) ohnehin zu klären, braucht also hier nicht eigens erwähnt zu werden.*

Der Kommentar „Stadt ohne Herz“ von Gerhard Matzig ist in der Süddeutschen Zeitung vom 23./24. Februar 2013 erschienen und liegt hier in einer für Prüfungszwecke überarbeiteten Fassung vor. Darin befasst sich der Autor mit den Auswirkungen des Onlinehandels auf den Charakter unserer Städte. Er kommt zu dem Ergebnis, dass die Innenstädte durch die erwartete dramatische Zunahme des Onlinehandels ihre Attraktivität und Vielgestaltigkeit verlieren werden, ohne dass dieser Verlust durch neue Nutzungsformen ersetzt werden könnte.

Aufgabe b: Aussageabsichten des Verfassers und sprachliche Umsetzung

Hinweis: Die Aufgabenstellung verlangt eine Sprachanalyse des Gesamttextes, die nicht auf einen bestimmten Untersuchungsaspekt eingegrenzt ist. Damit Sie vor lauter Einzelanalysen nicht die Gesamtsicht auf den Text verlieren, ist es hier besonders wichtig, dass Sie Ihre Analyse nicht nach dem Fortgang des Textes richten, sondern ihr einen eigenständigen Aufbau zugrunde legen. Dieser orientiert sich an übergeordneten Gesichtspunkten, die jeweils für die Wahl der Sprachmittel verantwortlich sind. Diese Gesichtspunkte können unterschiedliche Intentionen sein oder wenn – wie hier – nur eine Intention festzustellen ist, verschiedene Teilintentionen, aus denen sich die zentrale Intention zusammensetzt, oder unterschiedliche Vorgehensweisen des Verfassers (sachlich gegenüber emotional) zur Umsetzung der zentralen Intention. Letzteres Verfahren scheint beim vorliegenden Text am geeignetsten. Diese für die Wahl der Sprachmittel entscheidenden Merkmale des Textes müssen natürlich benannt werden, bevor die Detailanalyse beginnt. (Die zentralen Gesichtspunkte sind hier durch Kursivdruck, die Sprachmittel durch Fettdruck hervorgehoben.)
Erwähnen Sie gelegentlich im Rahmen der Einzelanalyse den übergeordneten Gesichtspunkt, auf den das jeweilige Sprachmittel bezogen ist. Damit hat man vielfach auch schon die Wirkung des Sprachmittels ausreichend verdeutlicht. Allerdings sollten Sie, wenn sich im Einzelfall eine präzisere Wirkungsangabe anbietet, diese auch ergänzen. Bei den wichtigeren Mitteln empfiehlt sich zudem, den inhaltlichen Zusammenhang, in dem sie stehen, anzugeben, sodass Ihre Feststellungen auch demjenigen, der den Text nicht kennt, plausibel erscheinen. Dass Sie Ihre Angaben durch Zitate oder Zeilenangaben belegen, ist selbstverständlich.
Orientieren Sie sich also an folgender Vorgehensweise:
– Angabe des übergeordneten Gesichtspunktes
– Benennung und Belege
– Angabe des inhaltlichen Zusammenhangs
– Wirkungsangabe

Gerhard Matzig will in dem Text auf eine Entwicklung aufmerksam machen, die er für bedenklich hält, nämlich die drohende Verödung der Innenstädte durch die Zunahme des Onlinehandels. Er wendet sich dabei an ein eher gebildetes, an Gegenwartsfragen interessiertes Publikum.

Drei verschiedene Aspekte spielen für seine Wahl der Sprachmittel eine Rolle:

- Indem der Text eine Entwicklung aufzeigt, hat er eine *sachlich-informative Komponente.*
- Gleichzeitig will der Autor den Leser dazu bringen, dass er sich seiner pessimistischen Sicht anschließt. Insofern hat der Text auch eine *appellative, also beeinflussende Intention.* Dieser Appellcharakter zeigt sich darin, dass er die vermutete *Entwicklung negativ darstellt* und *dramatisiert.*
- Um seine Intention zusätzlich indirekt zu unterstützen, bemüht er sich darum, *glaubwürdig zu erscheinen* und seinen *Text gefällig zu gestalten.*

Der *im Kern sachliche Charakter des Textes* drückt sich in der relativ **zurückhaltenden Verwendung von Mitteln der Polemik oder Suggestion**, wie z. B. Spott oder stark positiv bzw. negativ besetzten Metaphern aus. Sachlich wirkt auch die gelegentliche Vorsicht, mit der der Autor seine negativen Prognosen formuliert. Diese erscheinen wiederholt im **Konjunktiv**, etwa wenn er aufzuzeigen verspricht, „wie unser Einkaufsverhalten die Zentren der Republik veröden lassen könnte“ (Unterüberschrift) oder wenn er voraussagt, das, was den Brauereien passiert ist, „könnte“ auch dem Einzelhandel widerfahren (vgl. Z. 8–10). Seine Sorgen werden darüber hinaus **an eine Bedingung geknüpft:** „Wenn sich die Befürchtungen […] als gerechtfertigt herausstellen, dann werden […]“ (Z. 23–25). Die erwähnte Zurückhaltung manifestiert sich auch in den einschränkenden Adverbien „womöglich“ (Z. 52) und „vielleicht“ (Z. 42), mit denen er seine Aussagen verknüpft, sowie in der punktuellen Relativierung des

Onlinehandels (vgl. Z. 32–34). Der vorwiegend sachlich-informative Charakter des Textes zeigt sich zudem darin, dass Matzig seine **Aussagen mit einem Zitat und Zahlen bzw. Fakten untermauert**. So gibt er die Prognose des Vizepräsidenten des Einzelhandelsverbandes Harz-Heide wieder (vgl. Z. 11 f.), informiert über Veränderungen in der Osnabrücker Altstadt (vgl. Z. 6–9) und im Onlinehandel mit Büchern (vgl. Z. 30–32) sowie über den Anteil des Onlinehandels am Handel insgesamt (vgl. Z. 32–34). Darüber hinaus erscheint seine Darstellung ebenfalls aufgrund der vielen **Fremdwörter und gehobenen Ausdrücke** sachlich: Der Einzelhandel wird als „Initial der Renaissance der Stadt" (Z. 42) bezeichnet, es herrscht ein „Buhlen" (Z. 44) um Besucher, die Städte bilden einen „urbanen Raum" (Z. 38), leiden unter einem „Horror vacui" (Z. 47), dienen zunehmend „partikulare[n] und temporäre[n] Interessen" (Z. 47 f.) und sind ein „Terrain" (Z. 48) für alle möglichen Events. Der gehobene Wortschatz verweist gleichzeitig auf die Zielgruppe des Textes.

Bei aller Sachlichkeit will Matzig *den Leser* aber auch *auf der Gefühlsebene beeinflussen* und ihn dazu bringen, dass er die aufgezeigte bzw. vermutete Entwicklung negativ sieht und sie ihm entsprechend dramatisch und besorgniserregend erscheint. Eine ablehnende Einstellung des Lesers provoziert der Verfasser, indem er – wenn auch sparsam – einige **Mittel der Abwertung** benutzt: Schon die einseitige Auswahl der Angebote, die sich seiner Ansicht nach auch in Zukunft in den Innenstädten halten werden, hat eine solche Funktion: Pfandleihhäuser, Nagelstudios und Schnellimbissketten (vgl. Z. 16–18). Diese Entwicklung nennt er metaphorisch „Verelendung" (Z. 25). Der Einzelhandel wird dabei „hinweggefegt von Internet und Logistik" (Z. 10). Man denkt bei dieser **Metapher** an einen schnellen, gewaltsamen Vorgang, der sein Objekt beseitigt, ohne dass eine Spur von ihm zurückbleibt. Die Stadt der Zukunft wird folglich „ohne Herz" (Überschrift) sein. Und die wenigen Begegnungen, die noch stattfinden werden, bezeichnet der Autor mit dem **negativ konnotierten Neologismus** „Eventisierung" (Z. 43), ein Teil der verbleibenden Besucher wird abwertend gar als „Provinzler" (Z. 45) tituliert. Die Bemühungen der Städte um Belebung bestehen „in einem einzigen großen Buhlen" (Z. 44), wozu diese „ihre Plätze und Straßen dar[bieten]" (Z. 45 f.). Matzigs Prophezeiungen gipfeln in dem **pathetischen Ausruf** „Arme Bierstraße" (Z. 53). Neben den Abwertungen verwendet er auch **leichte Ironie**, um die künftigen Gegebenheiten der Lächerlichkeit preiszugeben: „Folienkartoffeln sind mächtiger als Amazon" (Z. 18); die Städte werden sich in Zukunft durch insgesamt fragwürdige Geschäftsbetriebe „auszeichnen" (Z. 25). Die gleiche Wirkung erreicht er durch **Spott**, wenn er aufgeblasene Begriffe, wie sie heute typisch sind („Distanzhandel", „stationärer Einzelhandel") in Form eines Kontrasts auf ihren bescheidenen Kern zurückführt (vgl. Z. 3–5). Mögliche Zweifel daran, dass seine Befürchtungen berechtigt sind – denn man könnte ihm entgegenhalten, er überschätze die Bedeutung des Einzelhandels –, kontert er mit **apodiktischen Behauptungen**. Diese sollen den Leser auf seine Position einschwören: „Handel und Begegnung: Das waren einst die Ur-Motive der Stadt." (Z. 35 f.) und „Der Einzelhandel ist ein Initial der Renaissance der Stadt." (Z. 41 f.)

Um die *Entwicklung besonders dramatisch erscheinen* zu lassen, beginnt Matzig sofort mit einer **Aufforderung**, die den Leser ohne Umschweife an einen konkreten Ort, nämlich die Bierstraße in Osnabrück, bringt. Damit fühlt der sich einbezogen und wird neugierig gemacht. Anschließend beschreibt der Autor die befürchtete Umwandlung der Innenstädte am **Beispiel** dieser Straße. So empfindet der Leser die Veränderung als besonders nah und greifbar. Der Autor mustert dabei die einzelnen, gegenwärtig dort vorhandenen Läden nacheinander. Und er kommentiert ihre Zukunft lakonisch mit einer **Ellipse**, die er im Kern für jedes Geschäft wiederholt (Z. 16–20: „Kann bleiben." – „Kommt weg."). Dadurch erscheint der Internethandel wie ein städteplanender Diktator, der mit gehobenem oder gesenktem Daumen über Gedeih und Verderb der einzelnen Läden entscheidet. Indem sich der Verfasser auf wenige ausgewählte Geschäftstypen konzentriert und **antithetisch** nur die Alternative von Bestehen oder Vergehen zulässt, spitzt er die Problematik zudem stark zu. Dramatik entsteht auch, wenn Matzig Veränderungen beschreibt und dabei Sprachmittel einsetzt, die besonders eindringlich wirken: Der gesamte Text ist von **auffälligen Kurzsätzen** (vgl. z. B. Z. 11, 16, 27 f., 34, 41 f.) und **Ellipsen** (vgl. z. B. Z. 2, 10, 13, 16 f., 53) durchzogen. Häufig werden auch dort, wo eigentlich eine – schwerfälligere – Hypotaxe üblich wäre, zwei einfache Hauptsätze gebildet, die mit einem Doppelpunkt verbunden sind. Vielfach besteht der erste Teil dieser Verbindung sogar nur aus einer Ellipse: „Der Trend: Die Leute bestellen im Netz [...]." (Z. 11; vgl. auch Z. 25 f. und 32 ff.) Diese Vorgehensweise lässt die Aussagen dynamischer und gedrängter erscheinen. Darüber hinaus wird der Doppelpunkt auch als **Mittel der Emphase** eingesetzt, z. T. in Verbindung mit emphatischen Umstellungen: „Was es nun [...] zu sehen gibt: zum Beispiel das Pfandleihhaus ‚Fairkaufen'." (Z. 15 f.) Ähnlich verhält es sich in den Z. 21, 38–41, 43–46. Hinzu kommen **einige Kumulationen** (vgl. Z. 24 f., 29, 48 ff.), die den Aussagen zur Zukunft der Städte Nachdruck verleihen.

Die erwähnten Zahlen und Fakten sowie die gehobenen Ausdrücke, Fremdwörter und Fachbegriffe weisen nicht nur auf den z. T. sachlichen Charakter des Textes hin, sondern lassen den Autor und sein *Anliegen* auch *als seriös und glaubwürdig* erscheinen. Das **konkrete Beispiel** Osnabrück und die **Mittel der Dramatisierung** machen den Text anschaulicher und spannender, also unterhaltsam. Sie *stimmen den Leser dem Verfasser und seinem Anliegen gegenüber gewogener.* Gleichzeitig unterstützen sie so indirekt die appellative Intention des Autors. Diese Wirkung erzielt er auch dadurch, dass er abschließend auf eine leicht paradoxe Weise unterschiedliche Gegenstände (Bier, Bücher, Socken und Uhren) miteinander in Beziehung setzt. Der Verfasser sagt ihren Untergang in Form einer **Personifikation** vorher: Das Bier sei den übrigen Gegenständen „nur vorangegangen" (Z. 54). Damit wird der Text durch ein **tragikomisches Element** abgerundet.

Aufgabe c: Analyse des Titels und Stellungnahme

Analyse des Titels

Hinweis: *Erläutern Sie hier die Metapher „ohne Herz" und zeigen Sie, inwiefern diese dem Anliegen des Textes dient. Die folgende Skizzierung wie auch die Überlegungen zur Stellungnahme müssen natürlich in einen Fließtext umgewandelt werden. Verbinden Sie dabei Analyse und Stellungnahme miteinander zu einer Einheit, sodass der erste Teil die Funktion einer (erweiterten) Einleitung übernimmt.*

Wegen ihres starken Gefühlswertes und ihres Reichtums an Konnotationen hat die Metapher in der Überschrift ganz allgemein die Funktion, die Aufmerksamkeit des Lesers zu wecken und ihn zum (An-)Lesen des Textes zu veranlassen. Darüber hinaus dienen ihre Konnotationen ganz konkret den Aussageabsichten des Verfassers:

- Das **Herz als Ort der Gefühle:** Eine Stadt ohne Herz ist kalt, grausam, letztlich unmenschlich, wenn keine soziale Interaktion mehr stattfindet.
- Das **Herz als Mittelpunkt:** Einer Stadt ohne Herz fehlt das Zentrum, sie ist nur noch ein Siedlungsbrei, ihre verschiedenen Bereiche werden austauschbar.
- Das **Herz in seiner physiologischen Funktion** als das Organ, das sauerstoffarmes Blut ansaugt, in die Lunge schickt und sauerstoffreiches Blut wieder in die Zellen pumpt: Einer Stadt ohne Herz fehlt der Umschlagplatz, der Ort der ständigen Bewegung, der Begegnung und des Austauschs, sie hat keine Strahlkraft mehr und ist nicht mehr in der Lage, ihre Peripherie zu bereichern, weshalb es dort auch zur Verarmung kommt.
- Das **Herz als der Kern und Garant des Lebens:** Eine Stadt ohne Herz ist akut in ihrer Existenz bedroht, weil ihr ein grundlegendes Element fehlt und sie damit aufhört, Stadt zu sein. Sie zerfällt.

Stellungnahme

***Hinweis:** Das Thema enthält drei zentrale Begriffe, über deren Bedeutung Sie sich klar werden müssen, um Ihre Stellungnahme formulieren zu können:*

- *Zentren der Republik: Gemeint sind die Zentren der Städte, nicht ihre Außenbezirke, die v. a. aus Wohnsiedlungen oder Industrie- und Gewerbegebieten bestehen.*
- *Einkaufsverhalten: Der Begriff ist weiter, als es der Text nahelegt. Daher kommen hier Argumente infrage, die der Autor nicht näher behandelt: Neben dem zunehmenden Onlinehandel gibt es auch die Tendenz zu riesigen Einkaufsparks in Gewerbegebieten (auf ehemals grünen Wiesen) mit „Discountparadiesen" und sogenannten Factory-Outlet-Centern.*
- *Verödung: Der Begriff hat zwei Bedeutungsbereiche. Als „öde" bezeichnet man sowohl ein Gebiet, das leer ist, als auch eines, das wenig Abwechslung bietet. Gegenbegriffe wären hier z. B. „vielgestaltig", „abwechslungsreich" und „anregend".*

Bedenken Sie bei Ihrer Argumentation auch: Für die Einschätzung des Autors gibt es im Grunde nur ein Argument, das er selbst liefert. Die Kritik an der These des Autors kann dagegen ganz unterschiedlich ansetzen.

Pro-Position:

Für die Befürchtung des Autors spricht, dass sich unser **Einkaufsverhalten deutlich ändert**. Zum einen gibt es die Möglichkeit, viele Artikel im **Internet** zu bestellen. Zum anderen kann man dort als Käufer zunächst ohne großen Aufwand umfassende Preisvergleiche zwischen verschiedenen Anbietern im Netz anstellen. So verlagert sich der Kauf zunehmend weg von den Ladengeschäften hin zum Versandhandel. Dies betrifft nicht nur relativ langlebige Güter wie Möbel oder Küchengeräte, sondern fast alle Artikel des täglichen Gebrauchs sowie Lebens- und Genussmittel mit längerer Haltbarkeit. Beispielsweise kann man sich am Bildschirm sogar sein eigenes Müsli zusammenstellen und dieses dann ordern. Zudem werden an strategisch günstigen Orten sogenannte **Factory-Outlet-Center** gegründet, wo zu ermäßigten Preisen hochwertige Markenkleidung und Luxusartikel angeboten werden. Infolgedessen verschwinden wichtige Versorgungseinrichtungen aus den Innenstädten, weil der abnehmende Umsatz die hohen Ladenmieten nicht mehr erwirtschaftet. Damit **veröden die Innenstädte**, indem

- das Warenangebot eintönig wird, weil es sich auf Dinge beschränkt, die man weder im Internet bestellen noch in Einkaufparks/-zentren in Gewerbegebieten erwerben kann (Beispiele: siehe Text). Als Folge nimmt auch die Eintönigkeit im äußeren Erscheinungsbild städtischer Straßen zu.
- die Anzahl und das Spektrum von Menschen, die sich in den Innenstädten aufhalten, kleiner wird, weil zukünftig wesentlich weniger Menschen ein Motiv haben, die Innenstädte überhaupt aufzusuchen.

Kontra-Position:

- Die Einschätzung des Autors ist realitätsblind, weil die **Verödung der Städte** in entscheidender Hinsicht nicht – wie er meint – erst droht, sondern eigentlich **schon abgeschlossen** ist, und zwar nicht zuletzt aufgrund von Erscheinungen, deren Verlust der Autor beklagt. Die längst bestehende Ödnis ist eine andere, als der Autor sie im Sinn hat, und geradezu eine Folge der einseitigen Ausrichtung der Innenstädte auf zahlungskräftige Ladengeschäfte. Während der „urbane Raum" früher, wie Matzig selbst feststellt, „zum Wohnen und Arbeiten" (Z. 38) diente, aber daneben natürlich auch zur Versorgung der Wohnbevölkerung und der Besucher mit unterschiedlichsten Artikeln und Freizeitangeboten (Bierstraße!), haben sich dort infolge der **hohen Mieten** große Bereiche in die sprichwörtlichen **Einkaufsmeilen** verwandelt. Es drängen sich Boutiquen, Luxusgeschäfte und Billigläden mit hoher Kundenfrequenz. Um sich von der bereits bestehenden Ödnis zu überzeugen, braucht man nur einen Blick in die sogenannten Fußgängerzonen zu werfen, die das Bild der Innenstädte beherrschen. Egal in welcher Stadt man sich befindet, eine Fußgängerzone gleicht der anderen, denn überall finden sich fast identische Geschäfte. Hier muss man genauso von einer „Ödnis“ sprechen, wenn auch nicht im Sinne Matzigs.

- Die Befürchtungen des Autors erscheinen unbegründet, weil **sich das Einkaufsverhalten** vermutlich **nicht so grundlegend ändern wird**, wie er das unterstellt. Er gibt selbst zu, dass der Onlinehandel „insgesamt und im Durchschnitt der Warengruppen noch keine zehn Prozent des Umsatzes [ausmacht]“ (Z. 33), obwohl nach zuverlässigen Erhebungen über 80 % der Menschen in Deutschland im Internet aktiv sind. Seinen Hinweis, es komme auf die Wachstumsraten an, untermauert er nur für den kleinen Bereich des Buchhandels mit Zahlen. Tatsächlich lässt sich vermuten, dass es dem **Internet-Handel** ergeht wie den meisten Neuerungen: Zu Beginn ist ein furioser Aufstieg zu beobachten, doch irgendwann flacht die Kurve ab und es wird eine **Sättigungsgrenze** erreicht. Viele Menschen schätzen nämlich das **Einkaufserlebnis**. Sie wollen die Schaufenster betrachten, die verschiedenen Artikel sehen, befühlen und vergleichen und das Erworbene sofort in Empfang nehmen und nach Hause tragen können. Nicht umsonst gilt das „Shoppen“ als beliebte Freizeitbeschäftigung. Entsprechend wird es zwar einige Veränderungen geben, aber eine **Verödung der Innenstädte wird ausbleiben**.
- Die Analyse des Autors ist fragwürdig, weil es zwar zu einer Verödung der Innenstädte kommen könnte, aber die **Ursache nur zu einem geringen Teil unser Einkaufsverhalten** ist. Der wesentliche Faktor ist die **Luxussanierung bzw. Gentrifizierung**, d. h. die Umwandlung von einfachen, aber bezahlbaren Mietwohnungen in großzügige und komfortable Eigentumswohnungen. Sie führt dazu, dass nur noch – meist kinderlose – Angehörige einer bestimmten Sozialschicht die attraktiven Zentren bevölkern, auf deren Bedürfnisse dann Versorgungs- und Freizeiteinrichtungen zugeschnitten sind: Das Gourmet-Lokal verdrängt das Wirtshaus, die Boutique den Second-Hand-Laden, das hippe Fitnesscenter den Spielplatz. Hinzu kommt die seit der Finanzkrise zunehmende **Immobilienspekulation**, denn Wohnraum gilt als attraktive Geldanlage. Diese Faktoren sind es vor allem, die die verbliebene **Vielfalt der Innenstädte zerstören** und sie so veröden lassen.
- Der Pessimismus des Verfassers ist mit großer Wahrscheinlichkeit nicht gerechtfertigt, weil die **Änderung des Einkaufsverhaltens keine (weitere) Verödung** erwarten lässt. Im Gegenteil: Durch die einseitige Ausrichtung der Städte auf den Handel ist das Gleichgewicht gestört, wie monotone Fußgängerzonen mit den immer gleichen Geschäften belegen. Der verstärkte Onlinehandel wird dieser Fehlentwicklung, die zur gegenwärtigen Verödung geführt hat, gegensteuern und so das **Gleichgewicht wiederherstellen**. Verschwindet nämlich ein Teil der Geschäfte aus den Zentren, so **sinken** dort auch die **Ladenmieten** und Innenstadtlagen werden für **andere Nutzungsformen** interessant, die bisher mit den vorhandenen Läden konkurriert und dabei den Kürzeren gezogen haben. Kleinere, weniger zahlungskräftige, aber kreative Anbieter könnten Geschäfte eröffnen, Ateliers von Künstlern, Werkstätten von Kunsthandwerkern bekämen wieder eine Chance. Bürogebäude werden vielleicht nicht mehr nur Banken, Versicherungen und Arztpraxen beherbergen, womöglich kommt es auch zu einer **größeren sozialen Mischung** unter den Bewohnern; mit anderen Worten: Die **Innenstädte** werden womöglich sogar **vielgestaltiger und bunter**.

Synthese:
Die Einschätzung des Autors ist **pauschal und undifferenziert**. Er sieht die Funktion der Stadtzentren **einseitig** durch den Warenverkauf bestimmt und lässt andere Nutzungsformen unberücksichtigt. Damit verliert er weitere Faktoren, die für die Stadtentwicklung – im positiven wie im negativen Sinn – ausschlaggebend sind, weitgehend aus den Augen, auch wenn er diese Faktoren nebenbei einmal anspricht (vgl. Z. 35 und 38). Hinzu kommt, dass er **alle Städte über einen Kamm schert**. Was den Einfluss des Einkaufsverhaltens betrifft, so gibt es bedeutende Unterschiede zwischen Kleinstädten, mittelgroßen Städten und Metropolen. Viele Kleinstädte sind z. B. längst verödet, weil die zunehmende Mobilität ihre Bewoh-

ner veranlasst hat, nicht nur Lebensmittel im außerhalb liegenden Gewerbegebiet einzukaufen, sondern in der Erwartung eines größeren Angebots Fachgeschäfte in der nächstgelegenen Großstadt aufzusuchen. Matzig unterscheidet die Städte auch nicht hinsichtlich ihrer unterschiedlichen sonstigen Ausgangsbedingungen. Eine Stadt mit einem reichen Kulturleben und attraktiven historischen Stätten ist in einer andern Situation als eine solche, deren Wiederaufbau nach den Zerstörungen des letzten Kriegs von den Bedürfnissen des Straßenverkehrs und der Geschäftswelt diktiert war. Sein Warnruf ist aber insofern wertvoll, als er deutlich macht, dass man die Entwicklung nicht den freien Kräften des Marktes überlassen sollte, sondern **stadtplanerische Eingriffe notwendig** sind, um die Städte lebenswert zu erhalten oder zu gestalten. Dies betrifft v. a. Maßnahmen, die die erwähnte **Gentrifizierung verhindern**, also bezahlbaren Wohnraum im Inneren gewährleisten und eine gute soziale Mischung ermöglichen. Dann wird auch der Handel überleben.

Aufgaben:

a) Fassen Sie den Inhalt der Erzählung zusammen.

b) Charakterisieren Sie Peter Sturz. Gehen Sie dabei insbesondere auf dessen innere Entwicklung ein.

c) Arbeiten Sie unter Berücksichtigung des Titels die gesellschaftskritischen Aspekte der Erzählung heraus.

<u>oder</u>

Kurz bevor Peter Sturz den Brief seiner Frau erhält (vgl. Z. 78), schreibt er seinerseits an sie. Verfassen Sie diesen Brief, in dem er sich über die Behandlung im Hotel beklagt.

Erich Kästner (1899–1974)
Inferno im Hotel (1927)

Drei Tiroler Luxushotels und eine illustrierte Zeitschrift veranstalteten – aus Gründen propagandistischer Konvention – ein gemeinsames Preisausschreiben. Die Zeitschrift stellte den Lesern eine allgemein gehaltene Frage und wünschte besondere Antworten, wählte die drei gelungensten Einsendungen und lieferte deren Urhebern die zur Nutznießung der Prämien notwendigen Schnellzugsfahrten (zweiter Klasse). Die drei Tiroler Hotels erklärten sich ihrerseits bereit, je einen der Gewinner vierzehn Tage kostenlos aufzunehmen. Den ersten Preis erhielt ein Dr. Gotthold Lehmann, den zweiten ein gewisser Herr Peter Sturz und den dritten die Gattin eines Bankdirektors. Dieser Dame kamen zwei luxuriöse Wochen in Tirol nicht ungelegen; es war ihre dritte Reise im laufenden Jahr, und außerdem fand sie das Hochgebirge himmlisch. Auch Dr. Gotthold Lehmann schätzte sich glücklich; er war Gymnasiallehrer; Gehalt und Familie hätten ihm Erholung höchstens innerhalb der ersten Eisenbahnzone erlaubt.

Aber für Herrn Peter Sturz (wie die Zeitschrift ihn höflicherweise nannte) sollte die Reise zu einer schmerzlichen Fahrt in würdelose Abenteuer werden. Sturz war Metallarbeiter; damit ist der zureichende Grund seiner Erniedrigung eindeutig bezeichnet, und auch ihre Chronik ist schnell notiert:

Peter Sturz, 28 Jahre alt und seit vierzehn Monaten verheiratet, hatte die Preisfrage beantwortet, ohne an irgendeine Chance auch nur zu denken. Als er dann unter den Namen der Prämierten den eigenen las, erschrak er sehr und schrieb, man möge ihm, einem armen Teufel, statt der Reise, bitte, eine Geldsumme zuwenden. Doch die Redaktion der Zeitschrift lehnte sein Gesuch ab … Frau Sturz, belustigt über ihres Mannes Unruhe, kaufte im Konsumverein[1] den kunstseidenen Schlips, den er erst zum Geburtstag hätte bekommen sollen; sie stärkte und plättete drei Vorhemdchen und etliche Paar Manschetten; sie bürstete den blauen Sonntagsanzug mit Benzin und packte einen Karton. Sturz nahm den ihm zustehenden Urlaub von zehn Tagen und erhielt einige, freilich unbezahlte, Tage mehr hinzubewilligt. Dreißig Mark holte er von der Sparkasse, für alle Fälle und obwohl sie als Anzahlung auf eine Nähmaschine gedacht gewesen waren. Die Zeitschrift schickte das für die Hin- und Rückreise gültige Billettheft – und Sturz fuhr nach Tirol.

Die Fahrt im Coupé zweiter Klasse gefiel ihm. Er rauchte Zehnpfennigzigarren, kaute Wurststullen, blinzelte vergnügt durchs Fenster, wippte auf den Polstern und pfiff. Später schlief er mehrere Stunden. In München stieg er um, schlief wieder ein, erwachte hinter

Rosenheim und sah gerührt die ersten Berge. In Kufstein regnete es. Trotzdem ging er vor seinem Abteil des Zürich-Wien-Express', der ihn weiterbringen würde, stolz auf und ab, kletterte im letzten Augenblick in den Wagen und bedauerte, eine Stunde danach, dass er schon in K. angekommen war.

Den Karton unterm Arm und den Hut zwischen den Fingern betrat er das Hotel. Der Portier nahm sich nicht die Mühe, seinen Schreck zu verbergen, als er hörte, wer dieser lächerlich grobe und schüchterne Mensch sei. Eilig ließ er ihn nach einem Zimmer des obersten Stockwerkes abschleppen und machte dem Direktor erschüttert Mitteilung. – Sturz kniff die Augen zusammen, während ihn der Boy durch die Halle führte. Herumsitzende Gäste musterten ihn, als sei er die Dame ohne Unterleib ... Im Lift fuhren sie hoch. Und nachdem sich der Junge zurückgezogen hatte, stand Sturz lange noch dicht an der Tür des Zimmers und wagte nicht, den Karton abzulegen.

Eine Viertelstunde nach dem dritten Gongschlage klopfte es, und der Boy rief: man esse längst! Etwas später stand Sturz in einem großen, herrlich erleuchteten Saal. Die Herren trugen schwarze Anzüge und weißbrüstige Hemden; die Damen glichen nacktarmigen Fürstinnen. Sturz erhielt einen kleinen einsamen Tisch angewiesen; und bevor er sich setzte, verbeugte er sich dreimal linkisch ins Leere. Seine Verwirrung stieg, als man ihm das Vorgericht servierte. Er wusste mit den merkwürdig bunten Speisen nichts anzufangen und schlang sie hinunter, als fräße er Gift. Messer und Gabel klirrten in den schweren Fäusten. Der Oberkellner studierte ihn süffisanten Blicks, und als Sturz das Messer aufs Parkett fiel, als er es aufhob und damit weiterspeiste, starrten ihn alle Gäste, unheimlich fremd und voll sachlicher Neugier, an. Mit gesenktem, rotem Kopfe saß er da und kaute. Ihm war todelend zumute, und verzweifelt schluckte er, was man ihm hinstellte. Als er schließlich aufzublicken wagte, war er allein. Das heißt, drüben am Büfett lehnten zwei Tischkellner und lachten.

In der Halle trank man Sekt und Wein. Wie ein Matrose schwankte Sturz an den Menschen vorüber. Die Treppen rannte er hinauf, riegelte die Tür ab und warf sich wie ein Paket aufs Bett. Dann stand er wieder auf, zog sich aus, hing den Anzug sorgfältig über einen Bügel, löschte das Licht und ging schlafen. Von weit her drang Tanzmusik. Und er hätte – wäre er's nur gewöhnt gewesen – gern geweint.

Die Angestellten waren grausamer als die Gäste. Es schien, sie hätten sich auch an ihm zu rächen, da sie gezwungen waren, einen Kerl zu bedienen, den sie verachteten. Sie quälten ihn voll böser Lust; sie ertrugen es nicht, sein Herz auch nur eine Stunde unverletzt zu lassen; sie verbreiteten alle seine Irrtümer, damit man ihn verlache. Vom Zimmermädchen erfuhren alle, die es wissen wollten (und andere auch), Sturz halte die Tür zu seinem Badezimmer für eine nachbarlich verschlossene Tür und habe noch nicht gebadet. Der Oberkellner erzählte den Herrschaften, Sturz wage es nicht, Pasteten, Krebse, Geflügel und andere Gerichte zu essen, weil er nicht wisse, wie er sie anständig verzehren solle. Der Portier teilte den Interessenten mit, „Herr" Sturz habe mehrfach versucht, mit den Hausdienern und Kutschern, wenn sie abends im Hofe saßen und Karten spielten, Gespräche anzuknüpfen. Sogar beim Holzhacken habe er helfen wollen. Na, man habe ihm gründlich heimgeleuchtet!

Seit seiner Ankunft hatte Sturz kaum ein Dutzend Worte gewechselt. Immer war er allein. Immer war er auf der Flucht vor dem Gelächter. Abzureisen freilich schämte er sich noch mehr ... So hastete er verlassen und verfolgt durch den lärm- und musikerfüllten Palast; und nur unterwegs, auf stillen Bergwegen und Gletschern gegenüber, fand er ein wenig Frieden. – Am zehnten Tage empfing er einen Brief von seiner Frau und sah am Datum, dass der Portier ihn mehrere Tage absichtlich zurückgehalten haben musste. Doch schwieg er, ging auf sein Zimmer und las, was sie ihm schrieb. An diesem Abend – die Hauskapelle spielte Tafelmusik – weinte Sturz an seinem leeren, kleinen Tisch. Der Oberkellner kolportierte es schleunig und fügte anschaulich hinzu: die Tränen seien aufs Kalbsfrikassee getropft. Nervenkrisen eines Metallarbeiters wurden an etlichen Tischen für originell erklärt.

Am späten Abend, als Sturz sein Zimmer betrat, konnte er an der Tür zum Badezimmer lesen: „Einmal richtig baden, könnte dir nichts schaden". – Erst jetzt merkte er die Bedeutung des Nebenraums, betrat ihn und blickte auf die eingelassene Wanne, als sähe er in ein Grab ... Seit er geweint hatte, vollzog sich eine Wandlung in ihm. Seine Schüchternheit wich und machte einem schlimmen Trotze Platz. Man hatte ihn in die Enge getrieben. Jetzt stellte er sich zur Verteidigung. Es verlangte ihn danach, zu beleidigen und zu bestrafen. Aber niemand verletzte ihn mehr. Es hatten wohl alle instinktiv begriffen, dass er sich geändert hatte. So fraß er den Zorn in sich hinein. Man sah ihn gar nicht. Er war nicht mehr interessant und außerdem gefährlich. Man tat, als sei er nicht vorhanden.

Sturz fand diesen Zustand nicht weniger unerträglich als den vorigen und teilte dem Portier mit, er reise ein paar Tage vor dem Ablauf des Termins. Auf der Bank des Ortes wechselte er fünfundzwanzig Mark in Schillinge um und bot – nachdem er seinen Karton gepackt hatte – dem Zimmermädchen ein Trinkgeld. Sie drehte ihm den Rücken ... Er suchte den Hausdiener; dieser lachte ihm ins Gesicht und meinte, von so einem nehme er nichts ... Sturz lief zum Oberkellner und drückte ihm einige Scheine in die Hand. Der Oberkellner ließ das Geld fallen und wandte sich zum Gehen. Da hielt der Arbeiter es nicht mehr aus und schlug den Menschen nieder. – Kellner und Gäste liefen herbei und knieten sich zu dem Blutenden.

Sturz drehte sich um. Man trat zurück und ließ ihn ungehindert passieren. An der Tür spieh er aus und warf den Rest des Geldes in den Saal. Dann ging er zum Bahnhof und fuhr heim.

Wenige Wochen später starben der Arbeiter Sturz und seine Frau an Leuchtgasvergiftung[2]. Es liegt nahe, zwischen jener Reise und diesem Selbstmord einen Zusammenhang zu konstatieren.

Aus: Kästner, Erich: Inferno im Hotel, in: ders.: Drei Männer im Schnee. Roman./Inferno im Hotel. Erzählung, Zürich: Atrium Verlag 2010, S. 231–238.

1 Konsumverein: genossenschaftliche Einrichtung, um günstigere Einkaufspreise für Lebensmittel und sonstige Güter des täglichen Bedarfs zu ermöglichen

2 Leucht- oder Stadtgas wurde früher als Brennstoff für öffentliche Beleuchtung und zum Betrieb von Lampen und Gasöfen in Wohnungen verwendet.

Lösungsvorschlag

Aufgabe a: Zusammenfassung des Inhalts

***Hinweis:** Die Geschichte ist recht detailliert, sodass die Inhaltsangabe verhältnismäßig umfangreich ausfällt. Versuchen Sie trotzdem, sich kurz zu fassen.*

Die 1927 entstandene Erzählung „Inferno im Hotel" von Erich Kästner spielt zur Zeit der Weimarer Republik und handelt von einem jungen **Metallarbeiter**, der einen zweiwöchigen **Luxusurlaub** in Tirol gewinnt, jedoch am Benehmen der Hotelangestellten und Gäste **zugrunde geht**.

Der jung verheiratete Peter Sturz **gewinnt** bei einem Preisausschreiben unverhofft einen zweiwöchigen **Urlaub in einem Tiroler Luxushotel**. Da ihm seine Bitte um eine Barauszahlung nicht gewährt wird, reist er dorthin, obwohl er sich bei dem Gedanken an den Aufenthalt in einem noblen Hotel nicht wohl fühlt. Die Zugfahrt kann er genießen, doch schon beim Betreten der Lobby und beim Abendessen zeigt sich an den Reaktionen der Angestellten und der Gäste, dass sie ihn für **völlig deplatziert** halten.
Die folgenden Tage treibt man ein böses Spiel mit Sturz. Das **Personal** hilft ihm nicht, sich zurechtzufinden, sondern **belustigt sich** und die Gäste mit hämischen Berichten über seine Unbeholfenheit. Auch sein **misslungener Annäherungsversuch** bei den einfachen Angestellten des Hotels wird sofort weitererzählt. Als Sturz feststellen muss, dass ein Brief seiner Frau absichtlich zurückgehalten worden ist, bricht er zur **Schadenfreude der Anwesenden** mitten im Speisesaal in **Tränen** aus.
Dann findet er an seiner Badezimmertür eine **Botschaft** mit der Aufforderung, sich zu waschen, und dahinter die mit Wasser gefüllte Wanne vor. Sturz hat die Tür nämlich für einen Zugang zum Nachbarzimmer gehalten und deshalb bis dahin kein Bad genommen. Seine Verzweiflung schlägt in **kalte Wut** um, was vom Personal und von den Gästen sofort wahrgenommen wird. Man beginnt nun, Sturz vollkommen zu **ignorieren**. Das treibt ihn dazu, **vorzeitig abzureisen**. Auf seine Versuche, Trinkgeld zu geben, reagiert jedoch das Personal derart **verächtlich**, dass Sturz den Oberkellner niederschlägt. Wenige Wochen nach seiner Heimkehr sterben er und seine Frau an einer Vergiftung mit Leuchtgas. Dass dieser **Suizid** mit dem Hotelaufenthalt zusammenhängt, steht für den Erzähler fest.

Aufgabe b: Charakteristik mit besonderem Augenmerk auf die innere Entwicklung des Protagonisten

***Hinweis:** Hier besteht die Gefahr, lediglich am Text entlang zu arbeiten und dabei eine verlängerte Textzusammenfassung oder gar eine Nacherzählung anzufertigen. Achten Sie darauf, aus den wörtlich oder inhaltlich zitierten Textstellen sofort Schlussfolgerungen zu ziehen oder eine Behauptung voranzustellen. Trennen Sie auch die Charakteristik von der Zusatzaufgabe, da diese ebenfalls leicht zu einer Nacherzählung der inneren Handlung führen kann.*

Peter Sturz ist 28 Jahre alt (vgl. Z. 17), Metallarbeiter (vgl. Z. 14) und „seit 14 Monaten verheiratet" (Z. 17). Die Eheleute leben in **sehr bescheidenen Verhältnissen**, denn für die Nebenkosten der Reise muss die Anzahlung auf eine Nähmaschine verwendet werden und als Koffer dient ein Pappkarton (vgl. Z. 19–27). Sturz' Frau ist praktischer Natur, sie lächelt über seine Beunruhigung, kauft im genossenschaftlichen und daher kostengünstigen „Konsumverein den kunstseidenen Schlips" (Z. 22), der eigentlich Sturz' Geburtstagsgeschenk hätte werden sollen, und „plätte[t] drei Vorhemdchen" (Z. 23). Sturz verfügt nur über einen Anzug (vgl. Z. 24) und lediglich über zehn Tage bezahlten Urlaub (vgl. Z. 25), sodass die zweiwöchige kostenlose Reise für ihn eigentlich eine **finanzielle Belastung** darstellt.

Der Protagonist ist ein **einfacher**, in den Augen der Hotelgesellschaft „lächerlich **grobe[r] und schüchterne[r] Mensch**" (Z. 38), dem die Aussicht auf einen sozusagen unstandesgemäßen Urlaub keine richtige Freude bereitet. Seiner gesellschaftlichen Stellung wohl bewusst, hat er mit einem Erfolg bei einem solchen Preisausschreiben überhaupt nicht gerechnet (vgl. Z. 17 f.). Er ist **beunruhigt**, „erschr[ickt] […] sehr" (Z. 19) über seinen Gewinn und bittet die Veranstalter – wohl nicht nur wegen seiner ärmlichen Verhältnisse, sondern auch aus Angst vor der gehobenen Gesellschaft –, ihm „**armen Teufel**" (Z. 19 f.) den Wert der Reise bar auszuzahlen. Später versucht er gar, sich Seinesgleichen, den Kutschern und einfachen Hotelangestellten, anzunähern – jedoch vergeblich (vgl. Z. 70 ff.).

Sturz' Reaktion auf den Gewinn deutet auf **Bescheidenheit** und ein **schwach ausgeprägtes Selbstbewusstsein** hin. Die komfortable Zugfahrt mit Ausblick auf die Landschaft erfüllt ihn mit **kindlichem** Glück und **naivem** Stolz (vgl. Z. 29–35). Dass Sturz sich auf die Reise einlässt, mag daran liegen, dass er ein derart teures Präsent nicht ablehnen zu dürfen glaubt – aus **Höflichkeit** und aus **Befangenheit**, schließlich geht es um einen erheblichen Geldwert. Beides ist wohl auch mit der Grund, warum Sturz sich schämt abzureisen" (vgl. Z. 75). Er ist so sehr **verunsichert**, dass er sich überdies offensichtlich nicht traut, nach einem Badezimmer oder nach Hilfe beim Verzehr der vornehmen Speisen zu fragen (vgl. Z. 49 ff., 66 ff.).

Die Tatsache, dass Sturz sich die Behandlung im Hotel gefallen lässt, zeigt, dass er grundsätzlich **kein konfliktfähiger Mensch** ist, allerdings wohl bisher nicht darunter leiden musste und niemals Grund gehabt hatte, zu weinen (vgl. Z. 60 f.). Das geschieht erst nach dem Zurückhalten das Briefes seiner Frau durch den Portier (vgl. Z. 78 f.). Offenbar packt ihn hier das **Heimweh**, welches seine **Einsamkeit und Verzweiflung** angesichts der Demütigungen bis auf das Äußerste steigert. Die **Unfähigkeit, sich** gegen das Mobbing des Personals **zu wehren**, gipfelt in dem Glauben, Trinkgeld geben zu müssen (vgl. Z. 95–99).

Sturz' innere Entwicklung besteht darin, dass er, ein offensichtlich **harmloser, gutmütiger** Mensch, zu einem **psychisch gebrochenen Mann** wird, der am Ende seines Aufenthalts im Hotel Gewalt anwendet (vgl. Z. 100 f.) und sich und wohl auch seine Frau Wochen nach der Reise umbringt (vgl. Z. 106 ff.). Es handelt sich möglicherweise um einen **erweiterten Selbstmord**, da seine Frau eher selbstbewusst, sicher und wenig suizidgefährdet wirkt (vgl. Z. 21–24). Der „schlimme **Trotz**" (Z. 89), der ihn packt, nachdem er im Speisesaal geweint hat, ist nicht stark genug, ihm über die letzten Tage im Hotel hinwegzuhelfen. Da ihn alle ignorieren, „**[frisst] er den Zorn in sich hinein**" (Z. 92); er kann sein „[Verlangen] danach, zu beleidigen und zu bestrafen" (vgl. Z. 90), nicht befriedigen. Indem er seinen Peinigern noch Trinkgeld geben will, wird deutlich, dass er immer noch von der Meinung anderer stark abhängig ist (vgl. Z. 95–100). Demnach werden durch die Erniedrigungen Tendenzen in seiner Persönlichkeit offenbart, die bereits angelegt waren. Ohne sein geringes Selbstwertgefühl und seine Unsicherheit ist eine derartige Eskalation kaum vorstellbar. Mobbing kann zwar jeden Einzelnen treffen, bevorzugte Opfer sind jedoch die, welche – wie Sturz – die eigene Wehrlosigkeit signalisieren. Sobald er versucht, sich zu verteidigen, verändert sich auch das Verhalten des Personals und der Gäste. Man lässt von ihm ab. Aber dass „[m]an [tut], als sei er nicht vorhanden" (Z. 93) – eine andere Form von Mobbing – findet er „nicht weniger unerträglich" (Z. 94) als den Spott zuvor. Sein **Wutausbruch** zeugt erneut von **Hilflosigkeit**. Dass er den Oberkellner niederschlägt, beim Verlassen des Hotel „[ausspeiht] und den Rest des Geldes in den Saal [wirft]" (Z. 103 f.), geschieht **im Affekt**. Im Grunde ist er unfähig zur Gegenwehr und reagiert letztendlich **autoaggressiv**. Sturz' **Selbstmord** stellt nämlich die gravierendste Form von Gewalt, die gegen die eigene Person gerichtet ist, dar.

Aufgabe c: Herausarbeiten gesellschaftskritischer Aspekte unter Berücksichtigung des Titels *oder* Verfassen eines Briefes

Hinweis:
Wahlmöglichkeit 1: *Wählen Sie die erste Aufgabe, sollten Sie analytisch vorgehen, also Kästners Kritik benennen und belegen. Die Bedeutung des Titels können Sie vorab darstellen oder aber als Schluss anfügen. Für die Bearbeitung der Aufgabe ist es unerlässlich, dass Ihnen der Wortsinn von „Inferno" zweifelsfrei klar ist. Die Verwendung eines Rechtschreibwörterbuchs ist deshalb sehr zu empfehlen.*
Wahlmöglichkeit 2: *Da es sich um einen persönlichen Brief handelt, verzichten Sie auf einen Briefkopf. Geben Sie lediglich Ort und Datum an (hier wurden das Erscheinungsjahr der Erzählung sowie Tag und Monat der Prüfung gewählt). Anrede und Grußformel sollten Vertrautheit ausstrahlen, aber nicht plump wirken. Sich in einen Metallarbeiter der Zwanzigerjahre hineinzuversetzen, ist eher schwer. Deshalb genügt es zu beachten, dass der Stil einfach und emotional, aber nicht salopp oder zu weinerlich ist. Denken Sie daran, dass Sturz seiner Frau mitteilt, was ihm bis zum angegebenen Zeitpunkt widerfahren ist.*

Wahlmöglichkeit 1
Mit dem Titel „Inferno im Hotel" von Erich Kästners Erzählung assoziiert man zunächst eine **entsetzliche Katastrophe**. Dass es sich dabei sogar um Dantes **Hölle** handelt, die Peter Sturz im Hotel bereitet wird, wird spätestens im zweiten Drittel des Textes klar. Für ihn wird der Ort seiner Demütigung und Ohnmacht sprichwörtlich zur Hölle auf Erden. Damit hält Kästner der sogenannten feinen Gesellschaft einen **Spiegel** vor. Schon an den anderen beiden Gewinnern des Preisausschreibens, die aus dem Geld- bzw. Bildungsbürgertum stammen (vgl. Z. 7–12), ist zu sehen, dass ein **Angehöriger der Arbeiterschicht kein Adressat** einer solchen Zeitschrift ist. Aber zusammen mit drei Luxushotels veranstaltet man ein „gemeinsames Preisausschreiben" (Z. 2), wobei „gemeinsam" hier als **schichtübergreifend** verstanden werden kann – wie der Zusatz „aus Gründen propagandistischer Konvention" (Z. 1 f.) deutlich macht.

Die Erschütterung des Portiers und die Blicke der Gäste bei der Ankunft des Protagonisten (vgl. Z. 36–41) verdeutlichen, dass man jemanden wie Peter Sturz für einen **Menschen dritter Klasse** hält. Unverhohlen zeigt man ihm, wie frech man es von ihm findet, überhaupt anwesend zu sein. Ungebührlich ist aber eigentlich die Art und Weise, wie er von allen **angestarrt** wird (ebenda, vgl. auch Z. 52). Weder die Gäste noch die Hotelangestellten sind sich zu fein, ihm beim Essen zuzusehen und sich tagelang über ihn lustig zu machen. Sturz wird nicht einmal gesagt, dass er über ein eigenes Badezimmer verfügt, geschweige denn wird ihm dabei geholfen, sich mit den ungewohnten Speisen zurechtzufinden. Man freut sich vielmehr **hämisch** darüber, dass er nicht baden kann und aus Schamhaftigkeit hungert (vgl. Z. 62–69).

Die **Bosheit** – und die Feigheit (vgl. Z. 91 ff.) –, die hier zutage tritt, soll nicht nur die **Charakterlosigkeit des Geld- und Bildungsbürgertums** und dessen Standesdünkel hervorheben, sondern auch die **Hackordnung** innerhalb der unteren Schichten: „Die Angestellten [sind] grausamer als die Gäste." (Z. 62) Sie fühlen sich **degradiert**, weil sie ihn bedienen müssen, jemanden, „den sie verachte[n]" (Z. 63) und der nach ihrem Ermessen unter ihnen steht. Sie scheinen sich an Sturz dafür zu „rächen" (Z. 63). Außerdem ergibt sich die Gelegenheit, **Sadismus** und **Frustration** auszuleben. Selbst die niedrigen Angestellten zeigen **keine Solidarität** (vgl. Z. 70 ff.). Die Schönheit der Natur, die dem Opfer eine Möglichkeit bietet, der Hölle kurzzeitig zu entfliehen (vgl. Z. 76 ff.), steht im **Kontrast** zur Hässlichkeit der Leute, die nicht einmal mit dem weinenden Sturz Mitleid haben, sondern die „Nervenkrisen eines Metallarbeiters […] für originell erklär[en]" (Z. 83 f.). Wie der Name schon anklingen lässt, wird Peter Sturz von der gnadenlosen Hotelgesellschaft, die zur eigenen Belustigung und um sich selbst von dem sozial niedriger gestellten Arbeiter abzugrenzen, systematisch erniedrigt und zu Fall gebracht, also „gestürzt".

Wahlmöglichkeit 2

K., 26. Mai 1927

Liebe Ehefrau,

wie geht es dir? Hoffentlich gut.

Ich wünschte, ich wäre bei dir und wäre nie hierher gefahren. Die Reise war ja zunächst auch wunderbar, ich freute mich über das feine Abteil im Zug und die schöne Landschaft und war sogar ein wenig stolz. Dann aber betrat ich zum ersten Mal das Hotel und von da an erging es mir schlecht. Man starrte mich an, als wäre ich die Dame ohne Unterleib! Die Bediensteten zeigten mir vom ersten Augenblick offen, wie sehr sie mich verachten, und machen mir seitdem das Leben schwer. Sie haben mir nicht einmal gezeigt, wo das Badezimmer ist. Ich traue mich aber nicht zu fragen. Auch nicht, wie man die vielen vornehmen Speisen zu sich nimmt. Hier gibt es lauter Sachen, die ich noch nie gesehen habe – ein Albtraum! Ich bleibe hungrig, weil ich es nicht wage, etwas zu essen, nachdem mich am ersten Abend alle völlig entgeistert beobachtet haben. Und natürlich sitze ich allein an einem einzelnen kleinen Tisch.

Sie lassen mich fühlen, wie fehl ich am Platz bin, und halten es nicht einmal für nötig, ihren Spott zu verbergen. Ich komme mir tatsächlich vor wie eine Kuriosität im Zirkus. Anscheinend bereitet es dem Personal großen Spaß, meine Unwissenheit herumzutratschen und die Gäste damit zu unterhalten. Wie kann man nur so boshaft sein? Ist das die Strafe dafür, dass ich es gewagt habe, hierher zu kommen? Bin ich ein derart niedriges Wesen, dass man mich nicht als Mensch behandeln kann?

Meine Einsamkeit ist so groß, dass ich sogar versucht habe, mich mit den Hausdienern und Kutschern anzufreunden, und beim Holzhacken helfen wollte, aber selbst die jagten mich davon. Das einzige, was mich hier etwas tröstet, ist die schöne Natur. Du solltest die Berge und die Gletscher sehen!

Ich vermisse dich und würde ja auch abreisen, wenn ich es nur wagen würde! Bitte schreibe mir, ich warte sehnsüchtig auf ein paar Zeilen von dir. Wenn ich einen Brief von dir lese, komme ich mir sicher nicht mehr wie Abschaum vor. Denn hier richtet niemand auch nur ein nettes Wort an mich. Ich zähle die Stunden bis zur Abreise und bis ich dich wiedersehe!

Herzlichst
Dein Peter

Aufgaben:

a) Fassen Sie den Inhalt der vorliegenden Szenen zusammen.

b) Analysieren Sie das Gesprächsverhalten Theos und Carrie Anns und gehen Sie dabei auf deren Beziehung ein.

c) „Zwei Dinge sollen Kinder von ihren Eltern bekommen: Wurzeln und Flügel."
(Johann Wolfgang von Goethe zugeschrieben)
Erfüllt Theo Ihrer Meinung nach diese Forderung?

Alexander Dinelaris (geb. 1968)
Still Life (2009)

Vorbemerkung: Carrie Ann Daly ist eine berühmte Fotografin, deren Vater Theo als Fotograf ihr Vorbild ist.

Erster Akt
Siebte Szene

Das Licht wird aufgezogen über Carrie Anns Wohnung. Die Vorhänge sind zugezogen, es ist ziemlich dunkel. Theo sitzt in einem Polstersessel, eingewickelt in eine Decke. Er sieht bleich und schwach aus.

THEO. Carrie Ann, ich habe Hunger …
CARRIE ANN *aus dem Off.* Ich komme …
THEO. Bitte, ich warte schon so lange. Warum lässt du mich warten?
Carrie Ann kommt mit einem Tablett aus der Küche. Sie geht zu Theo.
CARRIE ANN. Ich mache, so schnell ich kann.
Du musst versuchen, geduldiger –
Sie stolpert und lässt das Tablett fallen. Geschirr, Besteck, Tassen zerschmettern auf dem Boden. Mit ihnen ein Stoß Fotografien.
VERDAMMT NOCHMAL! VERDAMMT NOCHMAL!
Sie bückt sich, um alles aufzuheben.
THEO. Ich hab solchen Hunger …
CARRIE ANN *am Rande ihrer Kraft.* Dad, bitte. Ich tue, was ich kann.
Du musst versuchen, geduldiger –
THEO *zeigt auf etwas.* Das Foto da …
CARRIE ANN. Was?
THEO. Das Foto. Gib es mir.
CARRIE ANN *hebt es auf.* Das hier?
THEO *begierig.* Das, ja. Gib es mir. *Kurze Pause.* Gib es mir!
CARRIE ANN. Schon gut. Da hast du's.
Theo studiert das Foto.
THEO. Großartige Arbeit.
CARRIE ANN. Wirklich?
THEO. Diese Einstellung. Das weiche Licht. Der herrliche Ausschnitt.
Und die Tiefenschärfe. Phantastisch.
Carrie Ann strahlt ihren Vater an.
CARRIE ANN. Ich weiß nicht, was ich sagen –

THEO. Das war eine Großbildkamera.
CARRIE ANN. Stimmt.
THEO. Eine Vier-mal-fünf.
CARRIE ANN. Stimmt. Mein Gott, ich bin so glücklich, dass du –
THEO. Ich weiß noch genau, wie ich sie gemacht habe.
CARRIE ANN. Was?
THEO. Ich habe wochenlang gegrübelt, wie ich sie anlege …
CARRIE ANN. Nein, Dad. Die ist aus mei-
THEO. Ich habe darüber gebrütet, ob ich –
CARRIE ANN. Das ist ein Foto von mir. Ich habe es gemacht, als du –
THEO. Studier es. Damit du was lernst.
CARRIE ANN. Daddy, bitte …
THEO. Deine Arbeiten sind zu impulsiv, zu launisch. Du hast Talent, keine Frage, aber Disziplin musst du noch lernen. „Nichts ist ermüdender als Hast …“
CARRIE ANN. Hör auf.
THEO. Das hat Emerson gesagt, und das solltest du –
CARRIE ANN. HALT!
Sie reißt ihm das Foto aus der Hand. Pause.
THEO. Ich hab solchen Hunger …
CARRIE ANN. O Gott …
THEO. Nur ein bisschen Suppe. Irgendwas Würziges …
CARRIE ANN *nimmt das Tablett.* Ich bring dir einen Teller.
THEO. Lass mich nicht allein …
Sie geht. Das Licht wird eingezogen.

Zweiter Akt
Siebte Szene

Carrie Anns Wohnraum.
Theo sitzt auf dem Boden in denselben Kleidern wie zuvor. Er durchwühlt Schachteln, Bücher, Fotos, die verstreut auf dem Boden liegen. Neben ihm eine Flasche und ein Glas. Er ist betrunken. Carrie Ann kommt aus dem Schlafzimmer. Sie ist im Nachthemd. Sie sieht ihren Vater auf dem Boden.
CARRIE ANN. Daddy?
THEO *murmelt vor sich hin.* Ich verstehe das nicht. Ich finde keins. *Sieht zu Carrie Ann auf.* Kein einziges.
CARRIE ANN. Was suchst du?
THEO *zurück zu den Fotos.* Eins müsste doch dabei sein …
CARRIE ANN. Du sollst doch nicht trinken.
THEO *ängstlich.* Das ist doch nicht möglich, oder?
Carrie Ann kniet sich neben ihn hin.
CARRIE ANN. Was ist denn?
THEO *schleudert Fotos hoch.* Alles Scheiße. Sieh dir das an. Alles Scheiße.
CARRIE ANN *nimmt die Flasche.* Du hast genug.
THEO. Lass sie hier.
CARRIE ANN *sanft.* Okay, du bist müde. Geh doch einfach zurück ins –
THEO. Sag mir nicht, was ich tun soll! Nicht du.
CARRIE ANN. Okay. *Kurze Pause.* Okay …
THEO *trinkt.* Siehst du die?
CARRIE ANN. Deine Fotos. Wie hast du die Kiste vom Schrank –
THEO. Ist denn kein einziges gutes dabei?
CARRIE ANN. Wovon sprichst du?

Theo. Sieh sie dir an!
Carrie Ann. Ich kenne deine Arbeiten, Dad.
Theo. Ach, ja?
Carrie Ann. Natürlich.
Theo. Wie findest du sie?
Carrie Ann. Was soll das?
Theo. Antworte.
Carrie Ann. Ich will nicht –
Theo. Wie findest du meine Arbeiten?
Carrie Ann. Ich weiß nicht, was du – *Kurze Pause.* Sie sind wunderbar.
Pause.
Theo. War ich dir ein guter Vater?
Carrie Ann. Himmel. Ja.
Theo. Hab ich dich nicht immer mit dem allergrößten Respekt behandelt?
Carrie Ann. Doch.
Theo. Ich sterbe, Carrie Ann.
Kurze Pause.
Carrie Ann. Ich weiß.
Theo. Wie kannst du dann dasitzen und mir ins Gesicht lügen?
Carrie Ann. Ich lüge nicht …
Theo. Wie findest du meine Arbeiten?
Carrie Ann. Ich will das nicht.
Theo. Was hältst du davon?
Carrie Ann. Nein.
Theo. Carrie Ann …
Carrie Ann. Ich werde nicht dasitzen und –
Theo. Du bist feige!
Carrie Ann. Hey …
Theo *hält Fotos in die Höhe.* Siehst du die? Das ist das, was wir sind, du und ich. Das.
Kurze Pause.
Von all den Lügen, die wir uns ständig ausdenken, um unserem Leben Bedeutung zu geben, ist diese die am wenigsten Unwahre. Das hier.
Kurze Pause.
Dem sind wir etwas schuldig, oder?
Carrie Ann. Was willst du damit sagen?
Theo. Ich war nie gut, Carrie Ann.
Carrie Ann *kennt die Wahrheit.* Sag so was nicht.
Theo *Ihm kommen die Tränen.* Aber du bist gut. Deine Arbeiten sind –
Carrie Ann. Daddy, bitte …
Theo. Ich wollte immer das können, was du kannst. Nicht Bilder reproduzieren, sondern die Phantasie beflügeln. Ich habe hart gearbeitet.
Ich habe studiert. Es gab Dinge, die ich hätte – Dinge, die ich – *Pause.*
Er verliert den Faden. Mir geht es nicht gut.
Carrie Ann *hält die Tränen zurück.* Leg dich hier hin.
Langsam lässt er den Kopf auf ihren Schoß sinken. Sie streichelt sanft über sein Haar.
Theo. Es ist grausam, wenn man am Ende des Lebens erkennt, wie mittelmäßig man war …
Carrie Ann. Schsch … Mach die Augen zu.
Pause.
Theo *mit geschlossenen Augen.* Woher hast du dein Talent?
Carrie Ann. Von dir.
Theo. Nein. Nicht von mir. Du bist was Besonderes.
Carrie Ann. Bitte, sei nicht …
Theo. Ja, was Besonderes.

CARRIE ANN. Versuch zu schlafen.
THEO. Ist dir klar, dass das nächste Foto, das du machst, besser sein wird als alle die hier?
CARRIE ANN. Sag das nicht ...
THEO *versucht, einzuschlafen.* Es stimmt. Das nächste Foto, das du machst, wird besser sein als alles, was ich in meinem ganzen Leben geschaffen habe.
Carrie Ann beißt sich in die Hand, um ihre Trauer zurückzuhalten.
Mit der anderen streichelt sie weiter den Kopf ihres Vaters.
Ich bin stolz auf dich, mein Engel ... Sehr stolz ...
Er schläft in ihrem Schoß ein. Sie sitzt da und streichelt seinen Kopf.
Langsam wird das Licht eingezogen.

Aus: Dinelaris, Alexander: Still Life, übersetzt von Ursula Grützmacher-Tabori, in: Carstensen, Uwe B./von Lieven, Stefanie (Hrsg.): Theater, Theater. Aktuelle Stücke 21, Frankfurt am Main: Fischer Taschenbuch 2010, S. 66–68, S. 110–112 (für Prüfungszwecke überarbeitet).

Lösungsvorschlag

Aufgabe a: Inhaltszusammenfassung

Hinweis: *Der häufigste Fehler bei der Textzusammenfassung besteht darin, dass der Textauszug nacherzählt wird. Verlangt wird vielmehr eine den Originaltext deutlich reduzierende (Umfang) und abstrahierende (Inhalt) Darstellung. Dabei sind folgende Anforderungen zu beachten:*
- ***Kurze*** *Textvorstellung (→ „Überblicksinformation")*
  - *Autor*
  - *Gattung/Textsorte*
  - *Titel/Auszug*
  - *Erscheinungsort/-datum*
  - *Quelle*
  - *Thema*
- *Personal*
- *Zeitstufe:* ***Präsens***
- *Keine wörtlichen Zitate → Konjunktiv*
- *Personenkonstellation und Handlungsskizze →* ***keine Details***

Das Drama „Still Life" wurde 2009 von Alexander Dinelaris auf Englisch verfasst und erschien erstmals 2010 in deutscher Übersetzung in der Reihe Theater Theater (Bd. 21), herausgegeben von Uwe B. Carstensen und Stefanie von Lieven in Frankfurt am Main. Die für Prüfungszwecke ausgewählten und überarbeiteten Auszüge finden sich auf den Seiten 66–68 bzw. 110–112.

Protagonisten in beiden Szenen sind Carrie Ann und ihr Vater Theo Daly, einst ein berühmter Fotograf und wichtiges Vorbild für seine ebenfalls fotografierende Tochter, nun alt, krank und am Ende seiner Kräfte. Schauplatz ist jeweils Carrie Anns Wohnung, die ihren Vater bei sich aufgenommen hat und ihn versorgt.

Diese **Vater-Tochter-Beziehung** wird dadurch belastet, dass Carrie Ann längst dem künstlerischen Schatten ihres Vaters entwachsen ist. Eine Tatsache, mit der Theo sich nur schwer abfinden kann.

Im **ersten Dramenausschnitt** (Erster Akt, siebte Szene) versucht er an der Illusion seiner künstlerischen Dominanz festzuhalten. In einem Akt purer Selbstverleugnung beansprucht er die Urheberschaft eines Bildes, dessen ästhetisch-technische Perfektion ihn fasziniert, für sich, obwohl es eindeutig ein Werk Carrie Anns ist. Die eher zaghaften Widersprüche seiner Tochter ignoriert er oder begegnet ihnen mit arroganten Belehrungen, bevor er sich schließlich in seine Rolle des Hilfe- und Pflegebedürftigen flüchtet.

Im **zweiten Auszug** (Zweiter Akt, siebte Szene) erscheint Theo als gebrochener Mann, der die künstlerische Überlegenheit seiner Tochter nun als Tatsache akzeptiert. Seinen daraus resultierenden Selbstzweifeln bezüglich seiner Rolle als Lehrmeister und Vater begegnet Carrie Ann mit eher zaghaften Beschwichtigungen und dem Versuch, ihren Vater zu trösten, was ihr allerdings nur zum Teil gelingt. Resigniert und am Ende seiner Kräfte schläft Theo schließlich in den Armen seiner Tochter ein.

Aufgabe b: Gesprächsanalyse

Hinweis: *Sie werden bei dieser Aufgabe dazu aufgefordert, das Gesprächsverhalten der beiden Protagonisten zu analysieren. Dabei sollten Sie sowohl formale als auch inhaltliche Besonderheiten berücksichtigen. Zu den formalen Eigenheiten gehört zum Beispiel der Gesprächsanteil, den eine Person im Dialog hat, aber auch insgesamt die Länge der einzelnen Aussagen, die Vollständigkeit der Sätze oder Pausen im Gespräch. Inhaltlich sollten Sie beispielsweise Themenwechsel, die Kohärenz des Dialogs und die durch das Gespräch vermittelte Atmosphäre untersuchen. Daraus lassen sich dann auch Folgerungen über die Beziehung der Gesprächspartner zueinander ableiten. Zentrale Fragen können dabei sein, wer dominanter erscheint, welcher Umgangston zwischen den Dialogpartnern herrscht oder wer die Gesprächsthemen bestimmt. Insgesamt sollten Sie immer darauf achten, Ihre Feststellungen am Text zu belegen (dabei auch die Regieanweisungen mit einbeziehen!) und deren Wirkung in der Gesprächssituation zu interpretieren.*

An den Inhalten der zwei Szenen wird ein Prozess erkennbar, in dessen Verlauf die **Beziehung der beiden Protagonisten** und deren jeweiliges Selbstbild einen deutlichen **Wandel** erfahren.

In der siebten Szene des **ersten Aktes** zeigt Theo ein **ambivalentes Verhalten:** Einerseits wird er als **schwächlicher alter Mann** (vgl. Z. 2 ff.) dargestellt, der von seiner Tochter abhängig ist und ihrer Hilfe bedarf. Sein Gesprächsverhalten ist dabei von einer gewissen Larmoyanz geprägt (vgl. Z. 4, 6, 14), die aber einen durchaus fordernden Charakter besitzt (vgl. Z. 19, 21). So wiederholt Theo zweimal seine Klage „ich habe Hunger" (Z. 4 und 14), die als Aufforderung an Carrie Ann zu verstehen ist, sie möge dafür sorgen, dass dieser Hunger gestillt wird. Auch die fast schon unhöfliche Frage „Warum lässt du mich warten?" (Z. 6) zeigt Theo als ungeduldigen, jammernden Vater, der seiner Tochter, die sich aufopferungsvoll um ihn kümmert, auch noch **Vorwürfe** macht. Infolge eines Missgeschicks Carrie Anns wird er mit einer Reihe Fotos konfrontiert, die seine Aufmerksamkeit erregen und deren Qualität ihn fasziniert. Dadurch wird er **aus dem Zustand der Lethargie gerissen**. Seine fast schon unterwürfig anmutende väterliche Erwartungshaltung (vgl. Z. 6) verändert sich. Aus dem klagenden alten Mann wird der sich seiner Glanzzeiten erinnernde ehemalige Fotograf, der von der Brillanz seiner Arbeit nach wie vor überzeugt ist (vgl. Z. 34). Für ihn steht außer Frage, dass es sich bei den Fotos um seine eigenen Werke handelt, weshalb er jeglichen Widerspruch seiner Tochter gleich im Keim erstickt. Einen Höhepunkt erreicht sein **Selbstbetrug**, als er anfängt, Carrie Anns Arbeit zu kritisieren, indem er ihr vorwirft: „Deine Arbeiten sind zu impulsiv, zu launisch." (Z. 42), obwohl es ja eigentlich die Fotos seiner Tochter sind, die er gerade so bewundert hat.

Allen Einwänden Carrie Anns begegnet er mit **Ignoranz und Dominanz**, was sich auch daran zeigt, dass die Tochter im gesamten Dialog kaum einmal ausreden darf (vgl. Z. 9, 16, 29, 33,

37, 39, 41) und es stets Theo ist, der die Gesprächsthemen bestimmt. Als Carrie Anns Einwände nämlich resoluter werden und sie den Belehrungen durch ihren Vater mit einem lauten „HALT!" (Z. 46) Einhalt gebietet, verfällt dieser wieder in seine anfängliche **Weinerlichkeit** und klagt zum dritten Mal: „Ich hab solchen Hunger…" (Z. 48). Dadurch gelingt es ihm, Carrie Ann wieder in die Rolle der mitleidigen und treusorgenden Tochter zu drängen und ihrem Aufbegehren allen Wind aus den Segeln zu nehmen.

Carrie Ann wird in dieser Sequenz also auf den Part der Tochter reduziert, der zwar eine sorgende Funktion zuerkannt wird (vgl. Z. 50 f.), deren Meinung und letztlich auch Leistung (vgl. Z. 42) aber schlicht ignoriert werden. Theo beharrt seinerseits auf seiner Rolle als **Vorbild in künstlerischer Hinsicht** (vgl. Z. 40) und seiner **Autorität als Vater** (vgl. Z. 42 f.), bevor er sich wieder in seine **Hilfsbedürftigkeit** flüchtet (vgl. Z. 48, 50) und sich damit dem nun resoluten Widerspruch seiner Tochter (vgl. Z. 46) entzieht.

Der **zweite Textauszug** zeigt einen von der Realität erschütterten Theo (vgl. Z. 55 ff.). Sein dominantes, ignorantes und arrogantes Verhalten des ersten Ausschnitts ist einer **totalen Resignation** gewichen (vgl. Z. 68 f.), die in der Erkenntnis mündet, dass Carry Ann ihm in künstlerischer und technischer Hinsicht längst weit überlegen ist: „Ich wollte immer das können, was du kannst. Nicht Bilder reproduzieren, sondern die Phantasie beflügeln." (Z. 118 f.) Trotz dieser Erkenntnis und der Trauer über sein eigenes Versagen bricht an manchen Stellen wieder die Macht des Vaters hervor, wenn er seine Tochter zum Beispiel anblafft: „Sag mir nicht, was ich tun soll!" (Z. 73) Das nachgeschobene „Nicht du." (Z. 73) zeigt, wie sehr der Vater seine Tochter als Konkurrentin empfindet und wie schwer es ihm fällt, ihre Überlegenheit anzuerkennen. Dass Carrie Ann gleich einlenkt (vgl. Z. 74), trägt dazu bei, dass Theo weiterhin seine Stärke behaupten und die Gesprächsthemen bestimmen kann. Doch trotz allem ist seine Dominanz im Vergleich zum ersten Akt gesunken, da er sein dort aufrechterhaltenes Selbstbild nun als Lüge (vgl. Z. 109 f.) erkennt, die seine gesamte **Existenz als Künstler und Vorbild infrage** stellt: „Es ist grausam, wenn man am Ende des Lebens erkennt, wie mittelmäßig man war …" (Z. 124).

Carrie Ann bemüht sich während des ganzen Prozesses um **Deeskalation**, wirkt aber in der siebten Szene des zweiten Aktes deutlich reifer, emanzipierter und als Charakter gefestigter.

Theos offensichtlichem Verfall begegnet sie zunächst mit Strenge (vgl. Z. 64), dann mit einer gewissen Ratlosigkeit (vgl. Z. 84), um schließlich die Rolle der ihren erschöpften und enttäuschten Vater tröstenden Tochter zu übernehmen (vgl. Z. 125 ff.). An dieser Stelle wird dann auch bei Theo eine deutliche Verhaltensänderung erkennbar, da er nun die Leistungen seiner Tochter würdigt, wenn er zum Beispiel sagt: „Aber du bist gut." (Z. 116) oder „Du bist was Besonderes." (Z. 129)

Allerdings bleibt Carrie Ann weiterhin in der **Rolle der fügsamen und unterwürfigen Tochter**, da sie die Komplimente gar nicht hören will, um ihren Vater zu schonen (vgl. Z. 115, 117). Dieser sieht sich trotz der ausgesprochenen Anerkennung noch immer als Konkurrent zu seiner Tochter, da er sein Lob fast immer nur im Vergleich mit seinem eigenen Versagen äußert. Besonders deutlich wird das in der Aussage: „Ich wollte immer das können, was du kannst." (Z. 118) Erst ganz am Ende gelangt er zu der Erkenntnis, dass Carrie Anns Erfolge auch seine Erfolge sind, wenn er murmelt: „Ich bin stolz auf dich, mein Engel … Sehr stolz …" (Z. 139).

In dem Dramenauszug werden zwei Menschen vorgestellt, deren **Verhältnis** einerseits durch **große Nähe** (Vater/Tochter) gekennzeichnet ist, die andererseits aber auch in **andauerndem Konflikt** zueinander stehen. Dessen Ursachen sind vielfältig und reichen von der Hilflosigkeit des kranken Vaters, die diesen vorwurfsvoll und fordernd werden lässt, bis zur Emanzipation der Tochter als eigenständige und erfolgreiche Fotografin, die der Vater lange nicht anerkennen kann. Im Laufe der Dialoge macht er allerdings eine **Entwicklung** durch, gibt seinen ignoranten Selbstbetrug auf, zeigt sich zur Selbstkritik fähig und erkennt letztlich die künstlerische Überlegenheit seiner Tochter an (vgl. Z. 135 ff.).

Aufgabe c: Erörterung

Hinweis: Bei dieser Teilaufgabe wird von Ihnen eine Erörterung verlangt, die sowohl linear als auch dialektisch angelegt sein kann. Dies bleibt Ihrer eigenen Entscheidung überlassen, je nachdem wie eindeutig Sie die gestellte Frage beantworten können. Dabei sollten Sie jedoch nicht nur gefühlsmäßig entscheiden, sondern gut überlegen, ob Sie genügend stichhaltige Argumente für Ihre Meinung vorzuweisen haben. Fällt es Ihnen schwer, die Frage ganz klar mit Ja oder Nein zu beantworten und dafür mindestens drei überzeugende Argumente zu finden, sollten Sie sich für die dialektische Form der Erörterung entscheiden. Dabei formulieren Sie sowohl Pro- als auch Kontra-Argumente und gelangen am Schluss zu einer Synthese bzw. einem Fazit. In jedem Fall sollten Ihre Argumente immer aus Behauptung, Begründung und Beispiel bestehen, wobei es gut ist, die Reihenfolge dieser Bestandteile auch einmal zu variieren, um Ihre Erörterung nicht zu eintönig werden zu lassen.
Da bei dieser Aufgabe das Zutreffen eines Zitats auf den Protagonisten eines Dramas erörtert werden soll, ist es wichtig, dieses zunächst einmal zu erläutern und in seiner Bedeutung zu erfassen. Erst dann kann mithilfe des Textes geklärt werden, ob es auf den Charakter aus dem Drama zutrifft. Bei der dialektischen Erörterung muss am Ende keine abschließende Entscheidung getroffen werden, jedoch sollten Sie sich um einen runden Abschluss bemühen, der zum Beispiel auch aus einem Kompromiss bestehen kann.

Das vorliegende, Goethe zugeschriebene Zitat fordert von Eltern zwei Dinge, die sie ihren Kindern mitgeben sollen: Wurzeln und Flügel. Sie sollen ihnen also einerseits **feste Werte und eine unerschütterliche Basis** bieten, auf der die Kinder wie ein Baum wachsen und gedeihen können. Andererseits sollen sie ihre Kinder aber auch loslassen und sie frei **ihr eigenes Leben führen lassen**. Es stellt sich nun die Frage, ob es Theo, dem Vater aus dem Dramenauszug, gelungen ist, diese beiden Erziehungsmaximen zu erfüllen.

Zunächst einmal ist kaum zu bestreiten, dass Theo seiner Tochter Carrie Ann **Wurzeln** gegeben hat. Ihre offensichtliche **Begeisterung für die Fotografie** lässt sich aus seiner Vorbildwirkung ableiten. Sie und ihr Vater teilen die Faszination, die sie für diese Kunst empfinden und können sich als Experten in einem Fachwortschatz darüber austauschen (vgl. Z. 26 ff.). Das zeigt, dass es Theo sehr gut gelungen ist, Carrie Ann Werte zu vermitteln, die ihm wichtig sind und die ihn und nun auch seine Tochter Zeit ihres Lebens begleiten. Carrie Ann empfindet das genauso, wenn sie auf die Frage ihres Vaters, woher sie ihr Talent habe, ohne zu zögern antwortet: „Von dir." (Z. 128)

Darüber hinaus verweist Carrie Anns **Fürsorge für ihren Vater** auf eine starke und anhaltende emotionale Bindung, die auch darin zum Ausdruck kommt, dass Carrie Ann ihren Vater nicht leiden sehen will (vgl. Z. 115). Außerdem wünscht sie sich seine Anerkennung und „strahlt" (Z. 28), als Theo ihr Bild in den höchsten Tönen lobt. Dies beweist, dass sie ihren Vater immer noch als Experten (und Vorbild) auf dem Gebiet der Fotografie ansieht und ihr seine Meinung sehr viel bedeutet.

Auf den ersten Blick scheint Theo seiner Tochter zwar **keine Flügel** gegeben zu haben, doch die Tatsache, dass sie es geschafft hat, ihren eigenen Weg erfolgreich zu gehen, zeigt, dass der Vater ihr – wenn auch zum Teil widerstrebend – **Raum für ihre individuelle Entwicklung** gelassen hat (vgl. Z. 116). Er motiviert und ermutigt sie, wenn er sagt: „Ist dir klar, dass das nächste Foto, das du machst, besser sein wird als alle die hier?" (Z. 133) Er prophezeit ihr also eine erfolgreiche **Zukunft** und verleiht ihr damit die Flügel, die ein junger Erwachsener braucht, um den Sprung ins eigene Leben zu wagen. Ihr Erfolg als Fotografin lässt darauf schließen, dass dies auch in der Vergangenheit der Fall gewesen sein muss.

Allerdings ist dies nur ein kurzer Moment, in dem der Vater das Werk seiner Tochter so vorbehaltlos würdigen kann. Viel öfter empfindet er ihren Erfolg als persönliche Niederlage und sieht sich selbst als **Konkurrent** seiner Tochter. Dies versucht er dadurch zu kaschieren, dass er seiner künstlerisch längst emanzipierten Tochter **bevormundende Ratschläge** erteilt (vgl. Z. 40), wo sie Anerkennung erwartet. Ein Verhalten, dass nicht gerade dafür spricht, dass er Carrie Ann Flügel verleihen will oder kann.

Ebenso sollte die Ausbildung eines gesunden **Selbstbewusstseins** und die Fähigkeit zur Selbstbehauptung Folge einer Erziehung sein, die Wurzeln gibt und Flügel verleiht. Davon bei Carrie Ann zu sprechen, fällt jedoch eher schwer. So lässt sie durchweg Theo die Gesprächsthemen bestimmen und ist zu **keinem echten Widerspruch** fähig, als ihr Vater ihre künstlerischen Leistungen für sich beansprucht (vgl. Z. 37 ff.).

Auch als ihr Vater von ihr eine Beurteilung seiner Werke verlangt, die ihr ganz offensichtlich widerstrebt („Ich will nicht – ", Z. 86), schafft sie es nicht, sich wirklich dagegen zu behaupten und konsequent bei ihrem Nein zu bleiben. Zudem zeugt die dominant-fordernde Haltung Theos, die dieser sowohl bei Alltagsdingen als auch Künstlergesprächen an den Tag legt, nicht gerade von einer „beflügelnden" Erziehung, sondern vielmehr von einem Egoismus, der einer wirklich freien Entfaltung Carrie Anns entgegensteht.

Zusammenfassend ist festzuhalten, dass Theos Verhalten gegenüber seiner Tochter stark **ambivalente Züge** zeigt: Einerseits scheint es ihm gelungen zu sein, sie durch seine Arbeit für die Fotografie zu begeistern, ihrem Leben ein Ziel zu geben, sie also zu „beflügeln", anderseits behindert er sie durch seinen Altersstarrsinn: Aus Wurzeln werden so Ketten, die er erst ganz zum Schluss zu lösen bereit ist (vgl. Z. 135 ff.).

Aufgaben:

a) Geben Sie Inhalt und Aufbau des Textes wieder.

b) Die Autoren des Textes äußern sich spöttisch über ausufernde Reglementierungen. Zeigen Sie, mit welchen wesentlichen sprachlichen Mitteln das Autorenteam diesen Spott zum Ausdruck bringt.

c) Entwickeln Sie eine Gegenposition zur Forderung der Autoren nach einem „Bürgerrecht auf Unvernunft".

Bürgerrecht auf Unvernunft
Unsere Freiheit besteht auch darin, dass der Staat uns nicht vor uns selbst schützt.

Der Bundesgerichtshof hat entschieden: Eine Radfahrerin, die bei einem Unfall am Kopf verletzt wurde, trifft keine Mitschuld, nur weil sie ohne Helm fuhr, als sie gegen ein Auto prallte. Eigentlich eine Selbstverständlichkeit. Schließlich gibt es kein Gesetz, das Radfahrern vorschreibt, einen Helm zu tragen. Doch in einer Zeit, in der überfürsorgliche Politiker die Feuerfestigkeit von Unterhosen normieren und sogar Marzipanzigarren verbieten, muss man den Richtern dankbar sein, dass sie den Bürger wenigstens diesmal vor dem Nanny-Staat in Schutz nehmen. Radfahrer dürfen auch in Zukunft ihre Haare im Wind wehen lassen, so unvernünftig und gefährlich es auch sein mag.

Der Staat hat nicht das Recht, das Individuum umfassend vor sich selbst zu beschützen. Bedauerlicherweise fällt es ihm zunehmend schwer, sich daran zu halten. Regierungen in Deutschland neigen schon länger dazu, den Bürgern Vorschriften für eine korrekte Lebensführung zu erteilen. Gerade die Große Koalition aus CDU/CSU und SPD ist eine Koalition der Moralapostel und Sozialingenieure. Einige ihrer Vertreter glauben, sie wüssten besser als der Bürger, was gut für ihn ist. Sie leiten ihn beim Einkaufen und im Straßenverkehr, zu Hause und in der Freizeit, sie behüten, schubsen, motivieren und moralisieren.

Der Bürger gilt als betreuungsbedürftiges Mängelwesen, so lässt sich der Koalitionsvertrag lesen. Vom Leitbild des mündigen Verbrauchers hat sich die Regierung schon verabschiedet. Das habe mit der Realität wenig zu tun, sagt der zuständige sozialdemokratische Minister Heiko Maas. Anstatt am mündigen Konsumenten orientiert er sich am verletzlichen Verbraucher.

Aber ein Staat, der versucht, seine Bürger von allen Gefahren fernzuhalten, ist kein freiheitlicher Staat. Angenommen, es wäre richtig, Radfahrern den Gebrauch eines Fahrradhelms vorzuschreiben, um sie vor Kopfverletzungen zu bewahren, wozu ein Helm zweifellos geeignet ist. Warum dann beim Kopfschutz aufhören? Was ist mit Mund, Nase und Kinn? Braucht es nicht mindestens noch Handschuhe? Ellbogenschützer? Wirbelsäulenprotektoren? Eine schwedische Firma hat eine Halskrause für Radfahrer entwickelt, die sich im Falle eines Sturzes selbsttätig aufbläst; der Einführung einer Airbag-Pflicht für Radfahrer stünde also technisch nichts im Weg.

Jede Schutzvorschrift zieht automatisch die Forderung nach weiteren Interventionen nach sich. Kaum müssen die Radfahrer einen Helm tragen, sind Skifahrer und Skateboarder an der Reihe. Sicherheitsbedürfnisse seien „strukturell unstillbar", warnte einmal der Verfassungsrichter Winfried Hassemer, es passe immer noch eine Schippe Sicherheit in den prall gefüllten Sack. Und wenn wir schon mal dabei sind: Wo bleibt der Schutz des Geistes?

Sind Seele und Verstand etwa weniger schutzwürdig als Haut und Knochen? Wer den Menschen in seiner Gesamtheit begreift, kann hier eigentlich nicht haltmachen.

Zugegeben: Über die Frage, ob der Einzelne durch sein Verhalten nur sich selbst gefährdet oder ob er andere in Mitleidenschaft zieht, lässt sich streiten. Die Befürworter einer Helmpflicht für Radfahrer wenden ein, dass Unfallopfer, die mit zertrümmertem Schädel im Krankenhaus liegen, auch die Solidargemeinschaft der Krankenversicherung strapazieren. Ähnlich lauten Argumente für das geplante Verbot von Mentholzigaretten oder für die Einführung der sogenannten Lebensmittelampel, mit der die Verbraucher vor allzu fettigen, salzigen oder zuckerhaltigen Produkten gewarnt werden sollen. Ungesunder Lebenswandel verursache externe Kosten, so die Begründung. Deshalb sei es richtig, dass der Staat die Freiheit des Einzelnen beschränke.

Das klingt zunächst plausibel. Doch bei genauer Betrachtung lösen sich die externen Kosten häufig in Luft auf. Die Einführung einer Helmpflicht für Radfahrer hat in Ländern wie Australien Nachteile gebracht. Die Zahl der Radfahrer ging zurück, ihr Unfallrisiko stieg, teils weil der Helm zu rasanter Fahrweise verführte, teils weil Autofahrer weniger Rücksicht auf Helmträger nahmen.

Auch Raucher und Dicke sind keine Belastung für den Sozialstaat. Sie sind, rein finanziell, sogar ein Segen für jede Kranken- und Rentenkasse, im Gegensatz übrigens zum durchtrainierten und damit wohl länger lebenden Gesundheitsapostel.

Freiheit wird dem Bürger nicht gewährt oder geschenkt. Sie gehört ihm, er sollte sie sich einfach nehmen, und was er dann mit seiner Freiheit macht, geht niemanden sonst etwas an. Wo kein anderer zu Schaden kommt, ist die Freiheit des Einzelnen grenzenlos. Versuchter Mord ist strafbar, versuchter Selbstmord nicht. In eigener Sache ist das Individuum die erste und die letzte Instanz.

Auf den britischen Philosophen John Locke geht die Idee vom „self-ownership“ zurück, vom Eigentum des Menschen an sich selbst. Dieses Eigentum ist ein wertvoller Schatz. Er ist es wert, dass wir ihn verteidigen.

Bürgerrecht auf Unvernunft, erstellt von einer Redaktionsgruppe des Nachrichtenmagazins „Der Spiegel“, in: Der Spiegel, Ausgabe 26/2014, vom 23. 06. 2014, S. 10

Lösungsvorschlag

Aufgabe a: Inhalt und Aufbau des Textes

Hinweis: Die Aufgabenstellung verlangt eine Wiedergabe von Inhalt und Aufbau des Textes. Dies geschieht in der Regel entweder durch eine ***Inhaltsangabe in Thesenform*** *oder eine* ***strukturierende Textwiedergabe****. Im Folgenden werden zur Veranschaulichung beide Formen der Zusammenfassung dargeboten. In der Prüfungssituation reicht natürlich, wenn Sie* ***eine*** *der beiden Möglichkeiten wählen und ausarbeiten.*
Eine ***Überblicksinformation*** *ist nicht ausdrücklich verlangt. Ob sie trotzdem der Bearbeitung vorangestellt werden sollte, ist strittig und sollte in Rücksprache mit der zuständigen Lehrkraft geklärt werden. Empfehlenswert ist aber auf jeden Fall – sozusagen als informative Einleitung – eine ganz* ***knappe Textvorstellung*** *mit einem Hinweis auf Autor(en), Titel und Quelle. Im Folgenden wird ergänzend noch auf Thema und Hauptaussage eingegangen.*

Überblicksinformation als Einleitung
Der vorliegende Kommentar „Bürgerrecht auf Unvernunft“ stammt von einer Redaktionsgruppe des Nachrichtenmagazins „Der Spiegel“ und ist in dem genannten Magazin am 23. 06. 2014 erschienen. Darin setzen sich die Autoren mit dem Bestreben des Staates auseinander, den Einzelnen zu einer Verringerung seines Risikoverhaltens auch in eigenen Angelegenheiten zu veranlassen. Sie sehen darin eine ärgerliche Bevormundung der Bürger und eine unzulässige Einschränkung persönlicher Freiheit.

Inhalt in Thesen

I. Die Autoren gehen von einer Entscheidung des Bundesgerichtshofs über die pflichtgemäße Ausrüstung von Radfahrern im Straßenverkehr aus. (Z. 1–8)
   1. Die Richter urteilten, dass ein Radfahrer ohne Helm im Fall eines unverschuldeten Unfalls für die ihm zugefügten Verletzungen nicht mitverantwortlich gemacht werden kann.
   2. Die Entscheidung stärkt die Freiheit des Einzelnen angesichts staatlicher Versuche, ihn zu seinem vermeintlich Besten zu schützen.

II. Die Verfasser erläutern ihre Kritik an der Tendenz, den Bürgern mehr eigene Sicherheit zu verordnen. (Z. 9–35)
   1. Diese Entwicklung besteht schon länger, hat sich aber mit der gegenwärtigen Koalitionsregierung deutlich verstärkt.
   2. Der Einzelne wird durch solche Maßnahmen entmündigt und seiner Freiheit beraubt.
   3. Akzeptiert man einmal die Vorstellung, dass Sicherheit vor Freiheit geht, dann gibt es prinzipiell keine Grenzen für staatliche Eingriffe mehr.

III. Das Autorenteam setzt sich mit Einwänden gegen seine Position auseinander. (Z. 36–52)
   1. Nach Ansicht von Sicherheitsverfechtern kann riskantes Verhalten in eigener Sache nicht nur dem Verursacher selbst schaden, sondern auch der Gemeinschaft.
   2. In Wirklichkeit aber führt eher das Sicherheitsstreben zu höheren Kosten für die Allgemeinheit, wie die praktischen Folgen der Helmpflicht in Australien und die Belastung der Sozialkassen durch länger lebende Gesundheitsbewusste zeigen.

IV. Abschließend plädieren die Autoren eindringlich für die Freiheit des Einzelnen, in eigener Sache selbst zu entscheiden. (Z. 53–60)
   1. Staatliche Eingriffe haben in Bereichen, die nur unsere eigene Person betreffen, nichts zu suchen.
   2. Für dieses Selbstbestimmungsrecht sollten wir offensiv eintreten.

(Alternativ:) Strukturierende Textwiedergabe

Einleitend nehmen die Autoren knapp auf eine Entscheidung des Bundesgerichtshofs Bezug, derzufolge eine Radfahrerin keine Mitschuld an einer Unfallverletzung trifft, weil sie ohne Helm unterwegs war. Die Verfasser begrüßen das Urteil mit dem Hinweis, dass sie ein wichtiges Signal in einer Zeit darstelle, in der Politiker versuchten, den einzelnen Bürger mehr und mehr vor sich selbst zu schützen und damit zu bevormunden. Besonders die große Koalition sehen sie auf diesem Weg, der ihrer Ansicht nach falsch ist. Zur Begründung ihrer Kritik verweisen sie darauf, dass es – gewährte man dem Prinzip der persönlichen Sicherheit Vorrang – als Konsequenz prinzipiell keine Schranken vor weiteren Einschränkungen der Freiheit mehr gäbe. Im Folgenden setzt sich das Autorenteam mit dem Einwand der Gegenseite auseinander, wonach ein angeblich nur den Einzelnen betreffendes Risikoverhalten häufig auch negative Konsequenzen für die Gemeinschaft habe. Mithilfe zweier Beispiele bestreitet es die Gültigkeit dieses Einwands. Verwiesen wird auf negative Erfahrungen mit der Helmpflicht für Radfahrer in Australien und die Belastung der Sozialkassen durch naturgemäß länger lebende Risikoscheue und Gesundheitsbewusste. Abschließend betonen die Kommentatoren, dass die Freiheit des Einzelnen, in eigener Sache zu entscheiden, ein grundlegendes, jedem staatlichen Anspruch vorgelagertes Recht sei. Sie plädieren dafür, für dieses Freiheitsrecht aktiv einzutreten.

Aufgabe b: Sprachanalyse

Hinweis: *Die Aufgabenstellung verlangt* ***keine Analyse sämtlicher Sprachmittel*** *des Textes. Sie ist aber nicht, wie sonst oft, auf einen Textausschnitt oder eine Teilabsicht eingegrenzt. Im vorliegenden Fall beschränkt sie sich auf einen* ***bestimmten Wirkungsakzent****, nämlich den Spott. Dies sollte man aber nicht so eng verstehen, dass man nur solche Mittel betrachtet, die für sich genommen spöttisch wirken. Vielmehr sollten auch diejenigen Elemente einbezogen werden, die die Wirkung von Mitteln des Spotts steigern oder unterstützen.*
Wegen der genannten Eingrenzung der Analyse ist eine Gliederung der Bearbeitung nach Wirkungsgruppen nicht möglich, ein eigenständiger Aufbau auch sonst schwierig und nicht unbedingt erforderlich: Sie können ***am Text entlang*** *vorgehen. In der folgenden Lösung werden zumindest gleichartige Sprachmittel zusammen abgehandelt. Dieses Verfahren stößt jedoch auch an Grenzen, da in der Textpassage von Z. 21–35 Textelemente zugleich mehreren unterschiedlichen, sich aber gegenseitig bedingenden Sprachmitteln zuzuordnen sind.*
Als ***Einleitung*** *empfiehlt es sich, die* ***Intentionen des Textes*** *zu nennen, obwohl dies nicht ausdrücklich verlangt wird, und dann auf den Spott als wesentliches Mittel zur Verwirklichung dieser Intentionen überzuleiten. Bemühen Sie sich auch immer wieder darum zu erläutern, inwiefern das jeweils erfasste Mittel geeignet ist, eine spöttische Wirkung zu entfalten.*

Die Autoren üben in erster Linie **Kritik** am Bemühen der Politik, durch verschiedene Formen der **Reglementierung** erwachsene Bürger daran zu hindern, dass sie sich selbst körperliche oder seelische Schäden zufügen. Sie sehen in solchen Bemühungen eine Einschränkung persönlicher Freiheit. Am Rande rufen sie ihre Leser dazu auf, für die Erhaltung dieser Freiheit einzutreten.

Um das staatliche Reglementierungsstreben zu kritisieren, wenden die Verfasser unter anderem eine Reihe von **Sprachmitteln** an, die eine **spöttische Wirkung** haben. Es handelt sich also um Mittel, mit denen sie sich über den Gegenstand ihrer Kritik lustig machen oder die ihn lächerlich wirken lassen.

Dazu gehört zunächst die häufige, **überraschende Kombination von Begriffen oder Aussagen, die nicht recht zusammenpassen**. Dadurch entsteht eine ironische oder gar paradoxe Wirkung, die das bezeichnete Phänomen unlogisch, lächerlich oder widersprüchlich erscheinen lässt.

So wollen Politiker das Individuum nicht nur vor äußeren Gefahren beschützen, sondern „umfassend vor sich selbst“ (Z. 9, ähnlich: Untertitel). Die Vorstellung, dass ein gesunder und mündiger Bürger eine Gefahr für sich selbst darstellt, hat dabei etwas **Paradoxes** und wird durch die **Hyperbel** „umfassend“ noch gesteigert. Ungewöhnlich ist auch die Verbindung „überfürsorgliche Politiker“ (Z. 4 f.). Das Adjektiv „fürsorglich“ hat eine stark emotionale Komponente und taucht normalerweise im Zusammenhang mit engen persönlichen Beziehungen auf, etwa zwischen Eltern und ihren Kindern, will aber nicht recht für das eher sachliche Verhältnis zwischen Politikern und Bürgern passen. Dadurch erscheint die Einstellung der genannten Politiker unangemessen. Dieser Aspekt wird durch die Vorsilbe „über“ noch emphatisch verstärkt. Ähnlich **ironisch** ist der **Neologismus** vom „Nanny-Staat“ (Z. 7), der **metaphorisch** die staatliche Überfürsorglichkeit umschreibt. Besonders spöttisch wirkt die erstaunliche Verbindung der Begriffe „Feuerfestigkeit“ und „Unterhosen“ (Z. 5), mit der die Arbeit der Behörden lächerlich gemacht wird. Ob es sich bei dem Verweis auf die Normierung der Feuerfestigkeit um eine **Hyperbel** handelt oder nur um die Auswahl eines besonders **extremen Beispiels**, wie das speziell beim Hinweis auf das Verbot von Marzipanzigarren (vgl. Z. 5) der Fall sein dürfte, lässt sich hier nicht feststellen, spielt aber auch keine entscheidende Rolle. Eine weitere **ironische Kombination** findet sich in der Aussage „Radfahrer dürfen auch in Zukunft ihre Haare im Wind wehen lassen“ (Z. 7 f.). Die **Metapher** „Haare im Wind wehen lassen“ drückt auf fast poetische Weise Ungebundenheit und unschuldiges Glück aus. Dagegen umschreibt der Begriff „dürfen“, dass man sich in einer Welt des Zwangs und der Reglementierung bewegt, in der es nur wenige Ausnahmen gibt. Aus diesem Kontrast heraus erscheint der Aspekt der Regelung als besonders deplatziert. Ähnliches gilt für „korrekte Lebensführung“ (Z. 11 f.). Die Art der Lebensführung ist etwas, das sehr stark der persönlichen Gestaltungsfreiheit unterliegt und je nach Standpunkt äußerst unterschiedlich beurteilt werden kann. Sie in die **Kategorien** „korrekt“ und „nicht korrekt“ einzuordnen, wie das den Regierungen in Deutschland vorgeworfen wird, wirkt unangemessen, solche Versuche machen einen engstirnigen und damit lächerlichen Eindruck.

Neben diesen häufigen und auffälligen Kombinationen findet sich noch **eine Reihe weiterer Sprachmittel, die ebenfalls Spott transportieren:**

So stellen die Verfasser Überlegungen hinsichtlich zusätzlicher Sicherheitsvorschriften für Radfahrer an (vgl. Z. 24 ff.). Deren **Kumulation** wirkt eindringlich und sowohl ihr **hyperbolischer Charakter** als auch ihre **steigernde Anordnung** erzeugen Ironie, indem das Streben nach Sicherheit ad absurdum geführt wird. Da sie darüber hinaus als **Ellipsen** und **rhetorische Fragen** formuliert sind, erscheint die Darstellung zusätzlich dramatisch. Die Überlegungen zur Sicherheit von Radfahrern werden im Anschluss – weiterhin steigernd und in Form rhetorischer Fragen – auf andere, ja sämtliche Lebensbereiche ausgeweitet (vgl. Z. 33 ff.). Durch all das gewinnen die Sicherheitsbemühungen überdies einen fast bedrohlichen Eindruck.

Daneben finden sich einige **spöttische Bezeichnungen**, so die **abwertende Metapher** vom „Moralapostel“ (Z. 13) für die Mitglieder der großen Koalition oder vom „durchtrainierten […] Gesundheitsapostel“ (Z. 51 f.), womit das mutmaßliche Ideal der Sicherheitsfanatiker lächerlich gemacht wird. Hierzu gehört auch der **Vorwurf**, dass der Bürger den Politikern als „betreuungsbedürftiges Mängelwesen“ (Z. 16) erscheint oder der Konsument in ihren Augen zum „verletzlichen Verbraucher“ (19 f.) mutiert. Ihre Vorstellungswelt wird auf diese Weise ein weiteres Mal verspottet.

Zusammenfassend lässt sich sagen, dass die unmittelbar spöttische Wirkung vor allem durch die **ungewöhnliche**, oft paradoxe **Kombination von Begriffen** oder Aussagen und durch **lächerlich machende Bezeichnungen** für die Reglementierer und ihre Vorstellungen erzielt wird.

Aufgabe c: Gegenposition zur Forderung der Autoren

Hinweis: Der Aufgabe c) gehen bereits zwei umfangreiche Arbeitsaufträge voraus, sodass Sie sich hier auf die Ausarbeitung von einigen wenigen Argumenten beschränken dürfen. Dies zeigt sich schon darin, dass nur die Gegenposition zu der im Text vertretenen zu entwickeln ist. Damit handelt es sich im Übrigen nicht um eine dialektische, sondern um eine ***lineare Form der Erörterung:*** *Die Argumente zielen immer nur in eine Richtung. Entsprechend ist auch* ***keine Synthese*** *auszuarbeiten. Die Formulierung der eigenen Meinung bietet sich als Schlussgedanke zur Abrundung zwar an, aber eine gründliche Entfaltung wie bei einer herkömmlichen Synthese ist nicht erforderlich. Damit der Argumentation nicht die Zielrichtung verloren geht, ist es besonders wichtig, das* ***Thema vor der Bearbeitung zu erschließen****, das heißt insbesondere, sich klar zu machen, was die Autoren mit dem Themabegriff „Bürgerrecht auf Unvernunft" meinen. Seine Erläuterung sollte den Ausgangspunkt Ihrer Erörterung bilden.*

Schon mit der **Überschrift „Bürgerrecht auf Unvernunft**" formuliert eine Redaktionsgruppe des Nachrichtenmagazins „Der Spiegel" die zentrale Forderung ihres am 23. 06. 2014 dort abgedruckten Beitrags. Die Verfasser wollen damit zum Ausdruck bringen, dass der Staat den Bürger nicht daran hindern darf, Risiken einzugehen oder sich durch sein Verhalten gar selbst zu schädigen, solange er dabei andere nicht gefährdet. Mit „Bürgerrecht auf Unvernunft" ist aber ebenfalls gemeint, dass der Bürger nicht mit Warnhinweisen, wie z. B. der Lebensmittelampel auf Verpackungen oder ähnlichen staatlichen Aufklärungsbestrebungen, behelligt werden sollte, da er sich auch hier zu einem „betreuungsbedürftige[n] Mängelwesen" (Z. 16) degradiert sieht. Im Gegensatz dazu gehen die Autoren von der **Mündigkeit des Verbrauchers** aus (vgl. Z. 17).

Mit dieser Mündigkeit ist es aber gar nicht so weit her. Von einem mündigen Verbraucher kann man nur dann sprechen, wenn er umfassend über das zur Wahl stehende Produkt informiert worden ist und **auf der Grundlage dieser Informationen eine rationale Entscheidung trifft**. Davon kann jedoch keine Rede sein, wie auch Justizminister Maas feststellt (vgl. Z. 19 f.). Die Wirtschaft bemüht sich nach Kräften darum, durch Werbung und Verpackung ihr Produkt schönzureden und seine Schattenseiten zu verschweigen. Ein Beispiel unter vielen ist die Behauptung, die Milchschnitte sei wegen des Milchanteils ein wertvolles, gesundes Nahrungsmittel, während sie in Wirklichkeit vorwiegend aus Zucker besteht. Vielfach werden zusätzlich ausgefeilte **tiefenpsychologische Techniken** verwendet, die das Unterbewusstsein der Adressaten ansprechen und gerade so seine rationalen Fähigkeiten auszuschalten versuchen. Oder er wird gar durch **Identifikationsfiguren** explizit dazu angehalten, sich gar nicht erst von seiner Vernunft leiten zu lassen, wie das mit dem Marlboro-Slogan „Don't be a maybe" geschieht, der sich vor allem an Jugendliche richtet. Positive Werbefiguren, die Mut und Risikobereitschaft verkörpern, rufen durch den Slogan sehr geschickt dazu auf, sich ebenfalls mehr zu trauen – und implizit auch, zu rauchen. Diesem immensen Werbeaufwand setzt der Staat ohnehin wenig entgegen. Wenn er aber in einigen extremen Einzelfällen wie im Fall des Rauchens mit dem Warnhinweis auf Zigarettenpackungen oder im Fall der Ernährung mit der Lebensmittelampel regulierend eingreift, so entmündigt er den Verbraucher nicht, sondern versucht ihn im Gegenteil **durch Informationen erst mündig zu machen**. Die Kritik der Autoren geht deshalb von falschen Voraussetzungen aus.

Dass **staatliches Handeln** vielfach die **Mündigkeit fördert**, wird gerade in all den Fällen, wo Suchtverhalten im Spiel ist, besonders deutlich. Hier kann nämlich vorübergehende Unvernunft zu dauerhafter Unmündigkeit führen. Viele Menschen haben, angeregt durch das Beispiel ihrer Umgebung und die leichte Verfügbarkeit von Tabak, aus jugendlichem Leichtsinn mit dem Rauchen begonnen und kommen wegen des erheblichen Suchtpotenzials von Nikotin z. T. ein Leben lang nicht mehr von der Zigarette los. So weiß jeder von Menschen in seinem Bekanntenkreis, die trotz schon bestehender und schwerer gesundheitlicher Schäden wie Durchblutungsstörungen oder chronischer Atemnot wider besseres Wissen weiterrauchen. Ein vielleicht noch höheres Suchtpotenzial hat der Alkohol, aber auch das Glücksspiel, das Fernsehen oder gewisse Nahrungsmittel können in die Abhängigkeit führen. Wenn hier der Staat Beschränkungen erlässt, etwa durch Werbe- oder Verkaufsverbote oder durch zeitliche und örtliche Beschränkungen des Konsums, so entmündigt er die Bürger nicht, sondern er tut etwas **gegen ihre Entmündigung durch die Sucht**. Denn diese verhindert ein selbstbestimmtes Leben. Dies erkennen z. B. auch Raucher, von denen viele inzwischen froh über das strikte Rauchverbot in bayerischen Gaststätten sind, da sie bei Lokalbesuchen daran gehindert sind, fast schon mechanisch nach der nächsten Zigarette zu greifen, und damit weniger, aber genussvoller rauchen. Sie wissen, dass sie dies ohne den sanften Druck des Staates nicht zustande gebracht hätten.

Weiterhin wollen die Verfasser das Bürgerrecht auf Unvernunft auf die Bereiche beschränkt wissen, wo negative Folgen nur den Unvernünftigen selbst treffen, für Mitmenschen jedoch ausgeschlossen sind. Sie geben allerdings selber zu, dass es nicht immer leicht ist, die beiden Bereiche voneinander abzugrenzen (vgl. Z. 36 f.). In unserem dicht besiedelten Land mit einem solch engmaschigen sozialen Netz hat das **eigene Verhalten häufig Folgen für die Mitmenschen**. Die Kosten der Freiheit, die sich die im Artikel angesprochene Radfahrerin genommen hat, übernimmt die Haftpflichtversicherung des beteiligten Autofahrers, sie werden also über die Prämien auf alle dort Versicherten umgelegt. Für gesundheitsschädliches Verhalten steht die Solidargemeinschaft der Krankenversicherten gerade. Hinzu kommt, dass unser Staat erhebliche Mittel in die Bildung und Ausbildung seiner Bürger investiert, anders als in den meisten Ländern ist selbst ein Hochschulstudium in der Regel kostenfrei. Insofern muss die Gemeinschaft ein Interesse daran haben, dass die Menschen, die ihre Qualifikationen hier erworben haben, möglichst lange zur Verfügung stehen und nicht durch lange Krankheit oder ein frühes Ausscheiden aus dem Arbeitsprozess vorzeitig ausfallen. Und von den immateriellen Kosten ist hier noch gar nicht die Rede gewesen. Sie betreffen das Leid der Angehörigen, das durch das gepriesene „Recht auf Unvernunft" hervorgerufen werden kann, die vielen Stunden, die diese möglicherweise für Betreuung und Pflege eines Schwerverletzten oder Kranken aufzubringen gezwungen sind oder die Traumatisierung, die Ersthelfer oder Zeugen bei schweren oder gar tödlichen Unfällen erleiden. Angesichts dessen erweisen sich die beiden Beispiele, mit denen die Autoren das zugrunde liegende Argument zu entkräften versuchen, als recht konstruiert und kaum verallgemeinerungsfähig. Die Gemeinschaft – und der Staat als ihr Stellvertreter – muss also ein Interesse daran haben, dass sich die Individuen einigermaßen verantwortungsvoll verhalten, und der **Unvernunft des Einzelnen Grenzen setzen**.

Außerdem hat das vermeintlich nur ihn selbst betreffende Verhalten des Einzelnen auch in anderer Hinsicht **Auswirkungen auf die Gemeinschaft. Unvernunft wirkt nämlich ansteckend**. Ein bestimmtes Verhalten, wird es nur von einer genügend großen Menge von Menschen an den Tag gelegt, beeinflusst andere, indem damit **Maßstäbe gesetzt werden**. Es wird dadurch salonfähig und lädt zur Nachahmung ein. Jeder Raucher ist in gewisser Weise ein kleiner Werbeträger für den Tabak; auch wenn er schweigt, verharmlost jeder Trinker die Gefahren des Alkohols; jeder Risikosportler verbreitet durch die bloße Ausübung seines Hobbys die Botschaft vom „Spaß", der ohne „Risiko" nicht zu haben ist. In dieser Hinsicht ist ein Bürgerrecht auf Unvernunft daher ebenfalls problematisch. Und wenn der Staat hier warnend oder mahnend eingreift, in Extremfällen vielleicht Richtlinien erlässt, so beschränkt er nicht die Freiheit, sondern kommt seiner **Verpflichtung nach, Gefahren abzuwenden**.

Insofern muss man feststellen, dass die **Autoren das Problem doch recht einseitig sehen** und in ihrer Forderung nach einem Bürgerrecht auf Unvernunft über das Ziel hinausschießen. Aber richtig ist auch, dass der Staat die Pflicht hat, sorgfältig immer wieder zwischen Freiheit und Sicherheit abzuwägen. Dabei ist die **tatsächliche Gefährdung unserer Freiheit** weniger in der Reglementierung von Fahrradhelmen, Marzipanzigarren oder Unterhosen zu suchen, sondern im Bereich der **ausufernden Überwachung und Kontrolle der Bürger** durch die Sicherheitsbehörden im Zuge von Verbrechensbekämpfung und Terrorabwehr.

Bayern – FOS · BOS 12: Fachabiturprüfung 2015 – Deutsch
2. Epik

Aufgaben:

a) Fassen Sie den Inhalt der Kurzgeschichte zusammen.

b) Charakterisieren Sie die Hauptfigur Naski.

c) Diskutieren Sie, ob es empfehlenswert ist, eine längere Zeit in einem anderen Kulturkreis zu leben. Stellen Sie dabei auch Bezüge zu Naskis Erfahrungen her.

<u>*oder*</u>

Verfassen Sie eine E-Mail Naskis an ihren Freund Teddy, in der sie ihre emotionale Situation während ihrer Trauerzeit Kitamakura schildert und reflektiert.

Franka Potente (geb. 1974)
KITAMAKURA oder 49 Tage (2010)

Vorbemerkung: Es handelt es sich hier um einen Text aus der Kurzgeschichtensammlung „Zehn" der Autorin Franka Potente. Die Geschichten befassen sich mit dem japanischen Kulturkreis.

Zum Glück saß sie am Fenster. Die Businessclass war fast ausgebucht. Von Los Angeles nach Narita Airport, Tokio, flog man etwa vierzehn elendig lange Stunden. Ein Flug zurück in eine Welt, die sie vor acht Monaten sehr gerne verlassen hatte. Acht Monate in Amerika. Naski war ganz und gar eingetaucht in diese neue, fremde Welt. Sie war siebzehn, und nachdem sie ihren Vater zwei Jahre lang angebettelt hatte, durfte sie endlich zum Schüleraustausch nach Los Angeles. Fast hatte sie nicht mehr daran geglaubt. Die Mutter hatte ihren Kimono und die Zôri[1] eingepackt und jede Menge grünen Tee und Mochi[2]. Im Gegensatz zum Vater war sie noch nie außerhalb von Japan gewesen. Nachdem eine Austauschorganisation gefunden war, gab es bald eine Gastfamilie. Der Vater hatte Wert darauf gelegt, dass die Gasteltern wohlhabend waren und Naski eine Privatschule besuchen konnte.

Irgendwann hatte sie sich mit einer tiefen Verbeugung von den Eltern verabschiedet und einen kleinen Luftsprung gemacht, sobald sie außer Sichtweite war. Die große Freiheit. Bereits im Flieger fiel Japan von ihr ab. Sie trank ein Glas Rotwein und schlief entspannt ein. Naski liebte Los Angeles, noch bevor sie überhaupt einen Fuß auf den Boden des für sie so fremden Landes gesetzt hatte. Alles dort war golden. Das kalifornische Licht verzauberte alles. Palmen, Meer, Strand, Moviestars, Hollywood, Surfer und gebräunte Beine unter kurzen Röcken.

So, wie es ihr Vater gewollt hatte, kam es auch. Naski besuchte eine private Highschool in Brentwood, Los Angeles, lebte bei den Shaws, ihrer Gastfamilie, und hätte ein Jahr bleiben sollen. Jim, ihr Gastvater, war Inhaber einer Werbefirma, er fuhr einen 60er-Jahre-Sportwagen in Metallicblau und ging jedes Wochenende mit Derek, dem zwölfjährigen Sohn, surfen. Wenn er lachte, blitzten seine Zähne weiß. Anfangs hatte sie hinter vorgehaltener Hand gekichert, später lachte sie lauthals mit.

Jamie, seine Frau, hatte langes blondes Haar, trug fast nur Jeans, weite Hippieblusen und Flip-Flops. Oft nahm Jamie sie lachend in den Arm, und sie genoss Jamies warmen Geruch von Muffins, Vanille und Strand. Naski hatte sich nie zuvor in ihrem Leben so leicht gefühlt und war so abenteuerlustig gewesen. Amerika. Manchmal konnte Naski ihr Glück nicht fassen. Sie liebte die zwanglose Welt dort, die nur aus Vornamen bestand, in der man spontan aß, was man wollte und wann man wollte, *Wendy's, Jack in the Box* und Frozen Yogurt von *Pinkberry's*. Sie liebte die individuelle Mode, die die Mädchen ihres Alters dort trugen, die offenen Gespräche über Jungs, Musik und das kommende Wochenende. Sie hatte sich an Umarmungen und Wangenküsse gewöhnt, an mädchenhaftes, schrilles Begrüßen und „shit", „fuck" und „awesome".

Die Highschool war einfach. In den meisten Fächern war Naski ihren Klassenkameraden voraus. Sie hatte schnell Freundinnen gefunden. Und dann gab es noch Teddy, ihren ersten richtigen Freund. Blonde Locken, blaue, freche Augen. Sie hatte ihn beim Lunch kennengelernt. Er hatte sich einfach an ihren Tisch gesetzt. „Hi! Are you new here? I'm Teddy." Von da an saß er jeden Tag neben ihr. Nach der Schule fuhr er sie in seinem Pick-up-Truck nach Hause. Er brachte sie zum Lachen. Seine Hände waren gebräunt. Er trug ausgelatschte Turnschuhe und Shorts. Irgendwann gingen sie zusammen ins Kino. Bevor Teddy sie zum ersten Mal küsste, hatte sie seine Wärme neben sich so sehr gespürt, dass sie vor lauter Aufregung dem Film nicht folgen konnte. Seit dem Tag waren sie ein Paar. Naski und Teddy. Dann war alles so weit weg. Weit weg waren japanische Tradition, die tägliche Stille beim Essen, der Kimono am Wochenende, Tempelbesuche, die strengen Blicke des Vaters, das Gefühl, jeden Tag die Beste sein zu müssen, um auf eine Eliteuni gehen zu können.

Naski weinte, als sie die E-Mail aus Tokio bekam. Der Großvater war gestorben, ihr Vater hatte ihr sofort ein Rückflugticket gebucht. Sie weinte um den Großvater. Er war immer gut zu ihr gewesen, und als Kind hatte er mit ihr gemalt oder ihr vorgelesen. Aber die meisten Tränen vergoss sie, weil sie nicht zurückwollte nach Japan. Der Vater hatte in seiner E-Mail erklärt, ihre Heimkehr sei auf unbestimmte Zeit.

Schon am nächsten Abend ging der Flieger. Tom Bradley International Terminal. Dort hatte Teddy gewartet. Auch beim Check-in hatte er ihre Hand nicht losgelassen. Er hatte sie geküsst und zärtlich in ihr Haar gegriffen. „You'll be back soon", hatte er geflüstert.

Naski trug das schlichte graue Kostüm. In genau diesem Kostüm war sie vor acht Monaten in Los Angeles angekommen. Jetzt passte es ihr fast nicht mehr. Die Boeing hob schwerfällig ab. Naski blickte auf die Stadt hinunter. Die Stewardessen brachten Getränke und Kopfhörer. Sie fühlte sich leer. Sie musste sich vorbereiten. Vorbereiten auf Japan. Auf die Rituale, Pflichten und die Stille. Wie ein Gebirge türmte sich der Gedanke vor ihr auf. Sie dachte daran, dass der Großvater gestorben war, und schämte sich plötzlich. Sein Tod war bis jetzt nur der Grund für ihre Abreise gewesen. Sie stellte sich vor, wie es der Familie gehen musste. Der Großvater war an einem Herzinfarkt gestorben. Mit seinen zweiundsiebzig Jahren war er sehr beliebt und als Bankdirektor sehr umtriebig gewesen. Es würde eine große Beerdigung werden. Der Großvater war schon jetzt im Haus aufgebahrt. Gewaschen, mit dem Kopf nach Norden, an seinem Kopfende Kerzen, eine Schale Reis mit zwei Essstäbchen, ein Glas Wasser und weiße Blumen. Sein Gesicht würde mit einem weißen Tuch bedeckt sein. Sie würden Weihrauchstäbchen verbrennen und ihm ein Messer auf den Kopf legen, zum Schutz vor bösen Geistern.

Es war still im Flieger. Sie schlief tief und traumlos. Naski erwachte erst bei der Landung. Es schien ihr, als wären zehn Jahre vergangen, seit sie in Los Angeles abgeflogen war. Viel zu früh erwartete Japan sie da draußen. Viel zu früh. Der Weg zum Gepäckband war viel zu kurz. Japanische Werbung, Gesprächsfetzen, schwarzes, glänzendes Haar überall. Ihr Blick war leer, der Magen schmerzte. Es war, als hätte etwas das Leben aus ihr gesaugt.

Sie sah ihre Mutter sofort. Trotz Hunderter wartender Menschen blickte sie ihr in der Ankunftshalle gleich direkt in die Augen. Sogar der Vater war gekommen. Man verbeugte sich tief. Die Eltern sahen alt aus. Fast hätte sie die Mutter umarmt. Stattdessen verbeugte sie sich. Sie sprachen kaum auf der Fahrt in die Stadt. Ihr Zimmer war unberührt. Sie musste sich umziehen und frisch machen. Ihre Mutter trat leise ins Zimmer. Ihr Haar war zurückgebunden und zu einem Knoten gesteckt. Naski nickte ihr zu. Die Mutter half ihr, den Kimono zu binden. „Hattest du eine schöne Zeit?“ Sie sah Naski nicht an. „Ja. Sehr.“ Sie deutete eine Verbeugung an. Sie überlegte kurz. Aber der Moment war bereits wieder vorbei. Nur ein kleines Gefühl von wehmütigem Glück blieb. Sie war froh, dass ihre Mutter gefragt hatte.

Nach den Gebeten aßen sie Suppe und Gyôza[3], die die Tanten mitgebracht hatten. Dann fuhren die engsten Familienangehörigen mit ins Krematorium. Während der Leichnam ihres Großvaters eingeäschert wurde, standen alle im Warteraum. Man versuchte, über andere Dinge zu sprechen. Naski verhielt sich still. Ihre Seele war noch nicht angekommen. Ihr iPhone vibrierte unter ihrem Kimono. Eilig entschuldigte sie sich auf die Toilette. „Sweetie, I hope you get this? I miss you like crazy! Come back soon. Xo Teddy.“ Sie weinte vor Glück. Am liebsten hätte sie ihn gleich von der Toilette des Krematoriums angerufen.

Nachdem man ihrem Vater die Urne überreicht hatte, fuhren sie wieder nach Hause. Nach Hause, dachte sie. Zu Hause, das war das mondäne Haus mit Wänden aus Reispapier, in dem man im Eingangsbereich die Schuhe gegen Pantoffeln tauschte. Naskis Augen brannten. Sie machte sich einen Tee und schloss den Laptop an. Jamie hatte bereits gemailt. In acht Tagen hatte Derek Geburtstag. Sie solle schnell zurückkommen. Jamie wollte mit ihr zusammen süße Mochi machen. Naski lächelte. Es klopfte sanft. Ihr Vater trat ein. „Wahrscheinlich willst du gerne bald zurückfliegen.“ Er sprach leise. Ihr wurde heiß. Ja! Jaa! Morgen! Übermorgen?, schrie ihr Innerstes. Ihr Vater setzte sich und fuhr fort: „Ich möchte dich bitten, die Kitamakura einzuhalten. Dann kannst du zurückfliegen.“ Er räusperte sich. Dann ging er. Kitamakura. Daran hatte sie nicht gedacht. Das bedeutete neunundvierzig Tage trauern. Der Verstorbene erwacht neunundvierzig Tage nach seinem Tod in einem neuen Leben, in neuer Gestalt. Sie weinte. Neunundvierzig Tage. Das waren sieben Wochen. Sie würde Teddy eine halbe Ewigkeit nicht sehen, Dereks Geburtstag und den Unterricht verpassen. Japan würde wieder Besitz von ihr ergreifen. Auf ein Blatt Papier malte sie neunundvierzig Kästchen. Morgen würde sie eines davon durchstreichen.

Aus: Potente, Franka: Zehn. Stories © 2010 Piper Verlag GmbH München, S. 153–165 (Der Text wurde zu Prüfungszwecken erheblich gekürzt; zum Zweck der besseren Lesbarkeit sind die Auslassungen nicht gekennzeichnet.)

1 traditionelle japanische Sandalen
2 japanische Reiskuchen, gerne zu Neujahr serviert
3 japanische Teigtaschen

Lösungsvorschlag

Aufgabe a: Zusammenfassung des Inhalts

***Hinweis:** Stellen Sie Ihrer Inhaltsangabe einen Basissatz voran. Achten Sie darauf, das äußere Geschehen mit der inneren Handlung in **eigenen Worten** zu verknüpfen, ohne in eine detailreiche Nacherzählung zu verfallen. Die Zeitstufe ist Präsens und bei Vorzeitigkeit Perfekt.*

Die 2010 erschienene Kurzgeschichte „Kitamakura oder 49 Tage" von Franka Potente handelt von Naski, die einen Schüleraustausch in Kalifornien wegen des Todes ihres Großvaters abbrechen und in das von Traditionen und Pflichten geprägte Japan zurückkehren muss.

Nach der langersehnten Zustimmung ihres Vaters darf Naski zum Schüleraustausch nach Los Angeles. Die 17-Jährige fühlt sich sehr wohl in der Gastfamilie Shaw, die sie herzlich aufnimmt. Im Gegensatz zum japanischen Lebensstil, der von Tradition und Selbstdisziplin gekennzeichnet ist, eröffnet ihr die amerikanische Lebensweise neue Freiheiten. Naski findet auf der Highschool schnell Anschluss und schließt Freundschaften. Außerdem verliebt sie sich in Teddy, der ihr erster Freund wird. Naski verbringt acht glückliche Monate in L.A., bis die Nachricht vom Tod ihres Großvaters ihr neues Leben jäh unterbricht. Sie fliegt auf zunächst unbestimmte Zeit heim, um an der Beerdigungszeremonie teilzunehmen. In Japan ist sie hin- und hergerissen zwischen der Trauer um ihren Großvater und dem sehnlichen Wunsch, möglichst bald zurück in Amerika zu sein und Teddy wiederzusehen. Ihr Vater erwartet jedoch von ihr, die sogenannte „Kitamakura", die traditionelle Trauerzeit von 49 Tagen, einzuhalten. Sie akzeptiert diesen Wunsch, kann aber kaum das Ende der sieben Wochen und ihre Rückkehr nach Kalifornien erwarten.

Aufgabe b: Charakterisierung der Protagonistin Naski

***Hinweis:** Hier besteht die Gefahr, nur am Text entlang zu arbeiten und dabei eine ausführlichere Textzusammenfassung oder gar Nacherzählung anzufertigen. Achten Sie darauf, verschiedene Aspekte der Figur zu erfassen, indem Sie **Thesen zum Charakter** aufstellen und diese mithilfe von **Textzitaten und Erläuterungen** belegen.*

Die 17-jährige Japanerin Naski (vgl. Z. 4 f.) wächst in einem **wohlhabenden und traditionellen japanischen Elternhaus** auf. Das „mondäne Haus mit Wänden aus Reispapier" (Z. 95), „tägliche Stille beim Essen, der Kimono am Wochenende [und] Tempelbesuche" (Z. 45) beschreiben Naskis Leben in Japan. Auch die Beerdigungszeremonie des Großvaters folgt überlieferten Mustern (vgl. Z. 65 ff.).

Entsprechend der japanischen Tradition ist Naskis **Verhältnis zu ihren Eltern** respektvoll und zurückhaltend. Deshalb verabschiedet sich Naski am Flughafen „mit einer tiefen Verbeugung von den Eltern" (Z. 12) und macht erst einen „kleinen Luftsprung" (Z. 13), als sie außerhalb der Sichtweite der beiden ist. Der **Respekt** gegenüber ihrer Familie bzw. das anerzogene **Zurückhalten** von Emotionen führt dazu, dass Naski ihre eigene Freude über den Schüleraustausch nicht offen vor den Eltern zeigt. Dies wird auch deutlich, als sie bei ihrer Rückkehr am Flughafen kurz in die Versuchung kommt, ihre Mutter zu umarmen, statt sich vor ihr in gewohnter Manier zu verbeugen (vgl. Z. 78 f.). Als **Familienoberhaupt** kommt dem Vater traditionell eine besondere Stellung in der Familie zu. So hat Naski ihn zwei Jahre lang darum bitten müssen, bis er den Schüleraustausch genehmigt hat (vgl. Z. 5 f.). Während ihres Schüleraustausches in L.A. besucht Naski – auf Wunsch ihres Vaters (vgl. Z. 19) – „eine private Highschool in Brentwood" (Z. 19 f.). Denn dieser legt auf eine **gute Erziehung und Ausbildung** seiner Tochter großen Wert und hat den Anspruch, dass sie später „auf eine Eliteuni" (Z. 46) geht. Deshalb ist Naski auch den amerikanischen Klassenkameraden „[i]n den meisten Fächern […] voraus" (Z. 35 f.) und empfindet die Highschool als einfach (vgl. Z. 35). Sie respektiert die Entscheidungen ihres Vaters und folgt seinen Anweisungen. Daher nimmt sie ohne Widerspruch den vorzeitigen Rückflug, den der Vater für sie gebucht hat, hin und akzeptiert „ihre Heimkehr […] auf unbestimmte Zeit“ (Z. 52). Naski kommt der Bitte des Vaters, während der Kitamakura in Japan zu bleiben (vgl. Z. 101 f.), ebenfalls nach, auch wenn sie „Teddy eine halbe Ewigkeit nicht sehen, Dereks Geburtstag und den Unterricht verpassen [wird]“ (Z. 106 f.). Dies verdeutlicht, wie sehr Naski von ihrer **Erziehung** geprägt ist, die auf **Respekt ihrem Vater und den Traditionen gegenüber** und **Pflichterfüllung** basiert. Diesen Werten ordnet sie ihr eigenes Glück unter.

Zu ihrer **Gastfamilie** hat Naski hingegen ein **offenes und herzliches Verhältnis**. Sie legt ihre anfängliche – vor allem kulturell bedingte – Schüchternheit und das Kichern „hinter vorgehaltener Hand“ (Z. 23 f.) schnell ab und „lacht […] lauthals mit“ (Z. 24). Im Gegensatz zu ihrer eigenen Mutter wird Naski von ihrer Gastmutter Jamie „[o]ft […] lachend in den Arm“ (Z. 26) genommen. Sie genießt diese offene, herzliche Art und scheint aufzutauen und viel lockerer zu sein (vgl. Z. 26 ff.). Naski wird in dieser neuen sozialen Umgebung **sehr kontaktfreudig**, denn auch an der Highschool findet sie in kurzer Zeit Freundinnen (vgl. Z. 36) und verliebt sich in „Teddy, ihren ersten richtigen Freund“ (Z. 36 f.). Sie nutzt offenbar die Chance, hier aus der in Japan kulturell vorgeschriebenen Zurückhaltung auszubrechen.

Naski zeigt sich darüber hinaus **offen für fremde Kulturen**. Bereits vor der Abreise nach Amerika ist sie froh, ihrem streng geregelten Leben in Japan entfliehen zu können, denn „sie liebt Los Angeles, noch bevor sie überhaupt einen Fuß auf den Boden des für sie so fremden Landes gesetzt hat“ (Z. 15 f.). Naski **übernimmt schnell die neuen Lebensweisen und ungewohnten Kommunikationsformen** und hat sich „an Umarmungen und Wangenküsse gewöhnt, an mädchenhaftes, schrilles Begrüßen und ‚shit‘, ‚fuck‘ und ‚awesome‘“ (Z. 33 f.). Sie **genießt das Leben in den USA** und vor allem ihre neuen Freiheiten. Sie hat sich noch nie „so leicht gefühlt und [ist] so abenteuerlustig gewesen. Amerika. […] Sie liebt die zwanglose Welt“ (Z. 27 ff.). Wäre Naski nicht offen für Neues, hätte sie sich wohl nicht derart problemlos in Amerika einlebt. Diese schnelle Anpassung an die amerikanische Lebensweise bedeutet aber auch, dass sie Schwierigkeiten hat, die neuen Angewohnheiten nach der Ankunft in Tokio wieder abzulegen und in traditionelle Gepflogenheiten zurückzuwechseln. Dies zeigt z. B. der intuitive, aber in Japan nicht angebrachte Wunsch, die Mutter am Flughafen zu umarmen, wozu sie sich aus Wiedersehensfreude fast hätte hinreißen lassen (vgl. Z. 78 f.).

Ihr Auslandsaufenthalt und die erzwungene Rückkehr machen deutlich, dass Naski **zwischen ihrem individuellen Freiheitsstreben und den traditionellen Bindungen hin- und hergerissen** ist. Ihr Freiheitsdrang äußert sich schon darin, dass sie zwei Jahre lang nicht müde wird, ihren Vater um das Auslandsjahr zu bitten (vgl. Z. 5 f.) und sie – einmal in L.A. angekommen – das **Leben in Japan** und die damit verbundenen **Regeln und Konventionen nicht vermisst**. Für sie fühlt sich Japan „weit weg“ (Z. 44) an und die Rückreise empfindet sie als [v]iel zu früh“ (Z. 72). „Es [ist], als hätte etwas das Leben aus ihr gesaugt“ (Z. 74 f.), als Naski in Japan landet. Symbolisch dafür steht auch „das schlichte graue Kostüm“ (Z. 56), welches ihr im Vergleich zur Hinreise nach Amerika nun fast zu klein geworden ist (vgl. Z. 57). Genauso scheint sie nun nicht mehr recht in ihr altes Leben zu passen, das auf sie nun noch einengender und unfreier als zuvor wirkt. Bereits im Flieger muss sie sich deshalb gedanklich auf Japan und die damit verbundenen Rituale und Gepflogenheiten vorbereiten (vgl. Z. 59 f.). Dennoch empfindet sie eine tiefe **emotionale Verbundenheit gegenüber ihrer Familie** und eine **Verpflichtung gegenüber den japanischen Traditionen**, wie bereits weiter oben aufgezeigt wurde. Aus dieser Zerrissenheit erwächst in Naski ein **emotionaler Konflikt**, als sie die E-Mail mit der Todesnachricht liest (vgl. Z. 48 ff.). Ihre Trauer bezieht sich aber weniger auf den Tod des Großvaters als darauf, dass „sie nicht zurück [will] nach Japan“ (Z. 51).Unter den **Zwängen der Tradition** findet sich Naski zwar damit ab, wegen der Kitamakura 49 Tage in Japan zu bleiben, gleichzeitig hat sie jedoch Angst, dass „Japan […] wieder Besitz von ihr ergreif[t]“ (Z. 107). Naski ist also in einer **schwierigen emotionalen Situation**, da sie ihre eigene **Freiheit für ihre Familie opfert**.

Insgesamt zeigt sich Naski als aufgeschlossene junge Frau, die sich durch ihre Offenheit für die amerikanische Kultur und Lebensweise von ihrer Familie und den japanischen Traditionen entfernt. Schließlich beugt sie sich aber aus Pflichtbewusstsein ihrem Vater und den Traditionen und gibt dafür ihre neu gewonnenen Freiheiten auf.

Aufgabe c: Erörterung (Wahlmöglichkeit 1)

*Hinweis: Bei dieser Fragestellung wird eine **dialektische Erörterung** von Ihnen verlangt. Dafür müssen mindestens ein Gegenargument und zwei Argumente zur eigenen Position dargelegt werden, besser wären jedoch zwei Kontra- und drei Pro-Argumente. Diese sind vollständig und korrekt aufzubauen (These, Begründung, Beispiel, Rückführung). Sie müssen auch inhaltliche Bezüge zu Naskis Erfahrungen einbauen (Textbelege). Im Anschluss an die Argumentation verfassen Sie eine Synthese, die beide Positionen verknüpft, und eine Schlussbetrachtung. Achten Sie auf einen **sachlichen Sprachstil**, bei dem Sie die Verwendung von „ich" vermeiden. Schreiben Sie bei Ihren Ausführungen im Präsens und bei Vorzeitigkeit im Perfekt.*

Ein längerer Auslandsaufenthalt wird vielen – gerade jungen Leuten – ans Herz gelegt. Sei es in Form eines Highschool-Years, von Work and Travel oder eines Auslandssemesters. Aber ist es wirklich so empfehlenswert, eine längere Zeit in einem anderen Kulturkreis zu leben? Diese Frage wird im Folgenden unter Bezugnahme auf Naskis Erfahrungen diskutiert.

Ein ausgedehnter Aufenthalt im Ausland kann problematisch sein, da die **Gefahr einer Entfremdung und Entwurzelung** von der eigenen Familie und Kultur besteht. Wer sich längere Zeit in einer anderen Kultur aufhält, eignet sich die jeweilige Sprache an, lebt sich in neue Gepflogenheiten ein und lernt andere Traditionen und Wertevorstellungen kennen. Diese stehen manchmal in großem Gegensatz zur eigenen Kultur. Wenn man es nicht schafft, die neuen und alten Denk- und Verhaltensweisen in Einklang zu bringen und zwischen ihnen zu vermitteln, kann dies zu einem **familiären und kulturellen Konflikt** führen. Gerade als Jugendlicher, wenn man seine eigene Identität vielleicht noch nicht genau definiert hat, ist man leicht von den unterschiedlichen Ansprüchen und aufeinanderprallenden Lebensweisen überfordert und wird aus dem inneren Gleichgewicht gebracht. Dies geschieht auch Naski, als sie bei der Rückkehr nach Japan feststellt, dass sie sich aktiv „[v]orbereiten [muss] […] auf Japan. Auf die Rituale, Pflichten und die Stille." (Z. 59 f.) Sie findet nicht sich nicht mehr richtig in ihre eigene Kultur ein: „Ihr Blick [ist] leer, der Magen schmerzt. Es [ist], als hätte etwas das Leben aus ihr gesaugt" (Z. 74 f.), als sie in Japan ankommt. Und auch im Umgang mit ihrer Familie ist eine gewisse Entfremdung erkennbar, wie die Begrüßungsszene am Flughafen verdeutlicht. Sie muss sich dazu zwingen, ihre Gefühle nicht zu offen zu zeigen, während sie eigentlich den Impuls hat, ihre Mutter am Flughafen zu umarmen (vgl. Z. 78), wie es in Amerika üblich gewesen ist. Diese innere Distanz zu den eigenen Traditionen trägt dazu bei, dass sich Naski nicht mehr problemlos in Japan einleben kann und ständig Sehnsucht nach Amerika verspürt (vgl. Z. 99 ff.). Aus einem längeren Auslandsaufenthalt kann sich also die **Schwierigkeit** ergeben, innerlich **zwei sehr unterschiedliche Kulturen miteinander vereinen** zu müssen. Nicht jeder ist dieser Aufgabe gewachsen und es besteht die Gefahr, sich dadurch von den Traditionen seines Kulturkreises und sogar von der eigenen Familie zu entfremden.

Nicht nur das Gefühl von Entwurzelung und Entfremdung von der eigenen Kultur zieht ein ausgedehnter Aufenthalt in einem anderen Land möglichweise nach sich. Das Gegenteil kann eintreten: dass man zwar versucht, sich in der neuen Kultur zurechtzufinden, dies aber nicht schafft. Wenn jedoch die **Integration misslingt**, bedeutet dies auch die Erfahrung eines **persönlichen Scheiterns**. Denn es ist nicht selbstverständlich, dass man sich so wie Naski sofort im neuen Umfeld gut zurechtfindet und herzlich aufgenommen wird. Sie hat schließlich den Vorteil, in einer Gastfamilie zu leben, die sie sofort in ihr Leben einbezieht und wie ein Familienmitglied behandelt (vgl. Z. 19 ff.). An der Highschool schnell Freundschaften zu schließen und sich (glücklich) zu verlieben (vgl. Z. 36 ff.) sind ebenfalls beste Voraussetzungen für eine gelungene Integration. Aber nicht jedem, der einige Zeit im Ausland verbringt, wird es so ergehen wie Naski. Vielleicht versteht man sich mit seiner Gastfamilie nicht oder man trifft auf Menschen, die Fremden gegenüber distanziert sind. Leicht kann man sich ohne positive soziale Kontakte im Ausland **isoliert und ausgegrenzt** fühlen. Nicht zu vergessen sind die Probleme, die möglicherweise durch die Sprachbarriere und durch kulturelle Unterschiede hervorgerufen werden. Anders als Naski ist vielleicht der ein oder andere nicht ganz so begeistert von allen Gepflogenheiten der neuen Kultur und beherrscht die Sprache kaum, wodurch es wiederum schwieriger wird, sich zurechtzufinden und wohlzufühlen. Hier einen **persönlichen Misserfolg** zu erleiden, kann für die **persönliche Entwicklung** sehr **nachteilig** sein.

Es gibt jedoch auch gute Gründe, die dafür sprechen, längere Zeit in einem anderen Kulturkreis zu leben, denn durch einen Auslandsaufenthalt trägt man aktiv einen Teil zur **Völkerverständigung** bei. Obwohl die Welt so vernetzt ist wie nie zuvor, beweisen die Konflikte etwa zwischen der westlichen und der arabischen Welt, dass noch immer viel Unverständnis zwischen den Menschen verschiedener Kulturen herrscht. Der persönliche Kontakt kann dagegen dazu führen, Vorurteile abzubauen und mehr Gemeinsames statt Trennendes wahrzunehmen. So werden Werte wie Respekt, Toleranz und Offenheit gefördert. Auch Naski macht die Erfahrung, dass sich die amerikanische Kultur stark von der japanischen unterscheidet. Gerade die Art und Weise, wie man Gefühle ausdrückt, ist sehr verschieden. Trotzdem ist Naski von Anfang an offen für diese neue, andere Welt: „Naski liebte Los Angeles, noch bevor sie überhaupt einen Fuß auf den Boden des für sie so fremden Landes gesetzt hat.“ (Z. 15 f.) Sie lässt sich sofort auf alles ein, was sie als typisch amerikanisch erlebt: den herzlichen, zwanglosen und offenen Umgang miteinander und die „individuelle Mode“ (Z. 31). So leistet auch Naski einen **Beitrag zur interkulturellen Verständigung** – genauso wie jeder andere Austauschschüler oder -student.

Für einen längeren Auslandsaufenthalt spricht ebenfalls, dass man dadurch **seine beruflichen Chancen verbessert**. Von vielen Arbeitgebern wird heute geradezu erwartet, eine solche Erfahrung im Lebenslauf aufweisen zu können. Für einige Zeit im Ausland zu leben ist nämlich die beste Möglichkeit, **Sprachkenntnisse** zu erwerben oder zu verbessern und dadurch Pluspunkte bei einem potenziellen Arbeitgeber zu sammeln. Darüber hinaus kann man andere Kulturen mit fremden Gepflogenheiten und Traditionen nur erleben und verstehen, wenn man aktiv mit ihnen in Verbindung kommt – **interkulturelle Kompetenz** erwirbt man nicht am Schreibtisch. Außerdem wird man selbstständiger und baut ein neues soziales Netzwerk auf. Auch Naski macht diese Erfahrungen: Sie knüpft an ihrer Highschool schnell neue Freundschaften (vgl. Z. 36) und findet sofort ihre Rolle in der Gastfamilie (vgl. Z. 20 ff.). Naski stellt zudem fest, dass die Highschool einfach ist und sie „[i]n den meisten Fächern […] ihren Klassenkameraden voraus [ist]“ (Z. 35 f.), was sicherlich ihr Selbstbewusstsein stärkt. Sie lernt die amerikanische Lebensweise und typische Verhaltensweisen kennen und stellt sich bereitwillig darauf ein. Ihre so erworbene interkulturelle Kompetenz wird ihr bestimmt auch nach ihrem Schüleraustausch noch von Nutzen sein. Denn in einer Bewerbung einen **Auslandsaufenthalt** anführen zu können, bringt in einer globalisierten Welt **große Vorteile** mit sich, da die Zusammenarbeit mit Menschen aus verschiedenen Kulturen besondere Fähigkeiten verlangt.

Neben den praktischen beruflichen Vorteilen bietet ein längerer Aufenthalt in einem anderen Kulturkreis überdies die Chance, sich in seiner **eigenen Persönlichkeit weiterzuentwickeln**. Wie bereits angedeutet, wird man **selbstständiger** und **selbstbewusster** – wovon man nicht nur in der Arbeitswelt profitiert, sondern auch privat. Wer sich in eine andere Kultur begibt, begegnet dort außerdem neuen Lebensweisen, Traditionen, Ansichten und Menschen – und lernt, diesen gegenüber **offen und tolerant** zu sein. Dies trägt dazu bei, dass sich die eigene **Weltsicht erweitert**, da man neue Dinge kennenlernt und ausprobieren kann, die einem anders vielleicht verwehrt geblieben wären. So erfährt Naski beispielsweise in Amerika neue Freiheiten, die sie aus ihrer eigenen Kultur nicht kennt. Auch wenn es anfangs ungewohnt für sie ist, „lauthals“ (Z. 24) zu lachen und Emotionen offener und körperlicher zu zeigen, genießt sie zunehmend die Umarmungen ihrer Gastmutter (vgl. Z. 26 f.) und gewöhnt sich schnell an „individuelle Mode, […] offene Gespräche über Jungs, […] Umarmungen und Wangenküsse" (Z. 31 ff.). Das führt dazu, dass Naski sich „leicht […] fühlt und […] abenteuerlustig" (Z. 27 f.) ist wie nie zuvor. Naskis Auslandsaufenthalt fördert deutlich ihr Selbstvertrauen und ihre Selbstständigkeit und trägt aktiv zu ihrer **Persönlichkeitsbildung** bei. Aus diesem Grund ist eine längere Zeit im Ausland eine wertvolle Erfahrung.

Insgesamt kann man sagen, dass das **Leben in einem anderen Kulturkreis** aufgrund zahlreicher positiver Aspekte **grundsätzlich empfehlenswert** ist. Die Argumente für einen Auslandsaufenthalt wiegen stärker als mögliche Bedenken. Auch wenn die Gefahr einer familiären und kulturellen Entfremdung und das Risiko eines Misslingens bestehen, so sind diese doch als relativ gering einzuschätzen. Die Chancen, die sich einem durch die Auslandserfahrung bieten, überwiegen. Man hat den Vorteil, dass man seinen Zugang zu einer anderen Kultur verbessert und sich daraus neue berufliche und persönliche Chancen ergeben. Außerdem spielt die Persönlichkeitsbildung, die durch solch einen Aufenthalt gefördert wird, eine entscheidende Rolle. Darüber hinaus kann man sich **aktiv** auf die Zeit im Ausland **vorbereiten** und **Maßnahmen** ergreifen, die die Wahrscheinlichkeit einer positiven und gewinnbringenden Erfahrung erhöhen. So ist eine gründliche Planung und Organisation im Vorfeld unumgänglich, um die Zeit in der anderen Kultur genießen zu können. Außerdem ist es ratsam, sich bereits zuhause um interkulturelle Kompetenzen zu bemühen. Dies kann mit einem Sprachkurs beginnen und mit einem persönlichen Austausch mit Menschen aus dem anderen Kulturkreis fortgeführt werden. Wenn man längere Zeit in einer anderen Kultur leben will, sollte man sich vorher realistische **Gedanken über seine Ziele und Erwartungen** machen, die man an diese Zeit stellt. Auch die Möglichkeit einer vorzeitigen Rückkehr sollte ins Auge gefasst werden. Indem man weiterhin **persönliche Kontakte nach Hause pflegt** und aktuelle gesellschaftliche Ereignisse im Heimatland mit verfolgt, kann man eine kulturelle und familiäre Entfremdung vermeiden. In einer **globalisierten Welt**, die von internationalen Beziehungen lebt, sollte jeder Einzelne die Möglichkeit wahrnehmen, andere Kulturen kennenzulernen, um persönlich davon zu profitieren und zur **Völkerverständigung** beizutragen.

Aufgabe c : E-Mail Naskis an Teddy (Wahlmöglichkeit 2)

***Hinweis:** Achten Sie bei der E-Mail darauf, dass diese wie ein Brief einen fest vorgeschriebenen formalen Aufbau hat. Auch wenn übliche sprachliche Varianten (E-Mail-typische Abkürzungen, Emoticons,…) zulässig sind, so kommt es doch auf eine korrekte Rechtschreibung und einen angemessenen Sprachstil an. Inhaltlich muss Naskis Situation erfasst und glaubwürdig dargelegt werden.*

Mein lieber Teddy,

ich vermisse dich sehr und fühle mich so einsam, obwohl ich hier ja eigentlich zuhause bin. Am liebsten würde ich sofort in den Flieger steigen, um zu dir und den Shaws zu fliegen! Aber ich kann nicht. Mein Vater hat mich darum gebeten, die Kitamakura einzuhalten. Das bedeutet, dass ich 49 Tage lang (das sind 7 Wochen!) um meinen Großvater trauern muss. Wir Buddhisten glauben nämlich daran, dass der Verstorbene 49 Tage nach seinem Tod erwacht und in einer neuen Gestalt ein neues Leben beginnt. Meiner Familie, und vor allem meinem Vater, ist es sehr wichtig, dass ich diese Trauerzeit einhalte und sie zusammen mit ihnen verbringe.

Ich kann meinen Vater und meine Familie ja verstehen, aber sie können nicht nachvollziehen, wie wichtig es mir ist, schnell nach Amerika zurückzukehren! Dort wartest du auf mich und dort fühle ich mich wohl. Ich habe Freundinnen gefunden und hatte Jamie versprochen, zusammen mit ihr süße Mochi für Dereks Geburtstag zu machen. Das werde ich jetzt alles verpassen. Ich hoffe sehr, dass sie das verstehen … Und ich habe bei euch in Amerika gesehen, was es heißt, wirklich frei zu sein. Ich hab mich nie so abenteuerlustig gefühlt und vermisse diese Zeit so sehr! All die lockeren Gespräche, die Umarmungen und das herzliche offene Lachen sind hier in Japan nicht möglich. Stell dir vor, fast hätte ich am Flughafen meine eigene Mutter umarmt – das ist eigentlich undenkbar in meiner Familie. Ich hab mich aber schnell besonnen und meine Eltern nur mit einer Verbeugung begrüßt. Ich fühle mich richtig eingeengt und fremd in meiner eigenen Kultur. Und es fällt mir schwer, meine wahren Gefühle zu verbergen.

Du darfst nicht glauben, dass ich meinen Großvater nicht gern gehabt habe. Ich mochte ihn sehr und er war immer gut zu mir. Als ich klein war, hat er z. B. oft mit mir gemalt oder mir vorgelesen. Ich vermisse ihn wirklich und bin sehr traurig, ihn verloren zu haben. Ich weiß nur gar nicht recht, wie ich mich verhalten soll. Bei der Einäscherung meines Großvaters haben wir alle gemeinsam im Warteraum gestanden. Aber statt zu weinen und uns gegenseitig zu trösten, haben alle versucht, über andere Dinge zu sprechen. Ich war einfach nur still. Ich wollte weinen. Du verstehst das wahrscheinlich nicht, aber bei uns in Japan ist es nicht üblich, seine Gefühle offen zu zeigen.

Das ist auch ein Grund, weshalb ich Amerika und die Shaws vermisse. Und am meisten natürlich dich! Ich werde sieben wertvolle Wochen meines Austauschjahres mit dir verpassen. Du bringst mich immer zum Lachen und du würdest meine Tränen verstehen. Mit dir fühle ich mich so unbeschwert und frei. Ich muss zugeben, dass ich etwas Angst habe, dass du mich vergessen wirst und du nicht sieben Wochen auf mich warten willst … 49 Tage kommen mir auf einmal unendlich lang vor. Ich habe mir schon überlegt, wie wir auch nach meinem Austauschjahr zusammen sein können. Es wäre einfach perfekt, wenn ich in Amerika studieren könnte! Ich hoffe inständig, dass mein Vater das versteht und es mir gestatten und finanziell ermöglichen wird. Ich bin für das Leben in Japan nicht mehr gemacht, seit ich gesehen habe, welche Möglichkeiten es in den USA gibt. Mir fehlen diese zwanglosen und offenen Gespräche mit meinen Freundinnen, die lässige Mode, die herzlich offene Art der Shaws und euer Essen. Weil ich es kaum erwarten kann, wieder gemeinsam mit dir beim Lunch zu sitzen, habe ich mir einen Kalender mit 49 Kästchen gemalt, um jeden Tag eines durchstreichen zu können …

Teddy, bitte vergiss mich nicht und schreib mit ganz oft! Du gibst mir Kraft und Hoffnung auf ein neues, freieres Leben.

Ich vermisse dich,
deine Naski

Bayern – FOS · BOS 12: Fachabiturprüfung 2015 – Deutsch
3. Dramatik

Aufgaben:

a) Fassen Sie den Inhalt der vorliegenden Szene zusammen.

b) Analysieren Sie das Verhalten der Ehefrau in Bezug auf ihren Mann Hannes, den Pfarrer und ihren Sohn.

c) Arbeiten Sie die Schwierigkeiten heraus, mit denen sich der Pfarrer in dieser Szene konfrontiert sieht.

Bertolt Brecht (1898–1956)
Furcht und Elend des Dritten Reiches

Vorbemerkung: Dieser dramatische Text ist Teil einer Folge von in sich geschlossenen Einzelszenen, die zwischen 1935 und 1938 im Exil entstanden. Darin versucht Brecht auf der Grundlage besonders sprechender Augenzeugenberichte und Zeitungsnotizen, den geistigen und charakterlichen Zustand der Deutschen im Nationalsozialismus abzubilden.

Bild 20
DIE BERGPREDIGT

Lübeck, 1937, Wohnküche eines Fischers. Der Fischer liegt im Sterben. An seinem Lager seine Frau und, in SA[1]-Uniform, sein Sohn. Der Pfarrer ist da.

Der Sterbende: Sagen Sie, gibt es wirklich was danach?

Der Pfarrer: Quälen Sie sich denn mit Zweifeln?

Die Frau: In den letzten Tagen hat er immer gesagt, es wird so viel geredet und versprochen, was soll man da glauben. Sie dürfen es ihm nicht übelnehmen, Herr Pfarrer.

Der Pfarrer: Danach gibt es das ewige Leben.

Der Sterbende: Und das ist besser?

Der Pfarrer: Ja.

Der Sterbende: Das muss es auch sein.

Die Frau: Er hat sich so gefrettet, wissen Sie.

Der Pfarrer: Glauben Sie mir, Gott weiß das.

Der Sterbende: Meinen Sie? *Nach einer Pause:* Da oben kann man dann vielleicht wieder das Maul aufmachen, wie?

Der Pfarrer *etwas verwirrt:* Es steht geschrieben: Der Glaube versetzt Berge. Sie müssen glauben. Es wird Ihnen leichter dann.

Die Frau: Sie dürfen nicht meinen, Herr Pfarrer, daß es ihm am Glauben fehlt. Er hat immer das Abendmahl genommen. *Zu ihrem Mann, dringlich:* Der Pfarrer meint, du glaubst gar nicht. Aber du glaubst doch, nicht?

Der Sterbende: Ja …

Stille.

Der Sterbende: Da ist doch sonst nichts.

Der Pfarrer: Was meinen Sie damit? Da ist doch sonst nichts?

Der Sterbende: Na, da ist doch sonst nichts. Nicht? Ich meine, wenn es irgendwas gegeben hätte …

Der Pfarrer: Aber was hätte es denn geben sollen?

DER STERBENDE: Irgendwas.

DER PFARRER: Aber Sie haben doch Ihre liebe Frau und Ihren Sohn gehabt.

DIE FRAU: Uns hast Du doch gehabt, nicht?

DER STERBENDE: Ja …

Stille.

DER STERBENDE: Ich meine, wenn irgendwas losgewesen wäre im Leben …

DER PFARRER: Ich verstehe Sie vielleicht nicht ganz. Sie meinen doch nicht, daß Sie nur glauben, weil Ihr Leben Mühsal und Arbeit gewesen ist?

DER STERBENDE *blickt sich suchend um, bis er seinen Sohn sieht:* Und wird es jetzt besser für die?

DER PFARRER: Sie meinen für die Jugend? Ja, das hoffen wir.

DER STERBENDE: Wenn wir einen Motorkutter hätten …

DIE FRAU: Aber mach Dir doch nicht noch Sorgen!

DER PFARRER: Sie sollten jetzt nicht an solche Dinge denken.

DER STERBENDE: Ich muß.

DIE FRAU: Wir kommen doch durch.

DER STERBENDE: Aber vielleicht gibt's Krieg?

DIE FRAU: Red doch jetzt nicht davon. *Zum Pfarrer:* In der letzten Zeit hat er immer mit dem Jungen über den Krieg geredet. Sie sind aneinandergeraten darüber.

Der Pfarrer blickt auf den Sohn.

DER SOHN: Er glaubt nicht an den Aufstieg.

DER STERBENDE: Sagen Sie, will der da oben denn, daß es Krieg gibt?

DER PFARRER *zögernd:* Es heißt, selig sind die Friedfertigen.

DER STERBENDE: Aber wenn es Krieg gibt …

DER SOHN: Der Führer will keinen Krieg!

Der Sterbende macht eine große Bewegung mit der Hand, die das wegschiebt.

DER STERBENDE: Wenn es also Krieg gibt …

Der Sohn will etwas sagen.

DIE FRAU: Sei still jetzt.

DER STERBENDE *zum Pfarrer, auf seinen Sohn zeigend:* Sagen Sie dem das von den Friedfertigen!

DER PFARRER: Wir stehen alle in Gottes Hand, vergessen Sie das nicht.

DER STERBENDE: Sagen Sie es ihm?

DIE FRAU: Aber der Herr Pfarrer kann doch nichts gegen den Krieg machen, sei doch vernünftig! Darüber soll man gar nicht reden in diesen Zeiten, nicht, Herr Pfarrer?[2]

DER STERBENDE: Sie wissen doch, es sind alles Schwindler. Ich kann für mein Boot keinen Motor kaufen. In ihre Flugzeuge bauen sie Motoren ein. Für den Krieg, für die Schlächterei. Und ich kann bei Unwetter nicht hereinkommen, weil ich keinen Motor habe. Diese Schwindler! Krieg machen sie! *Er sinkt erschöpft zurück.*

DIE FRAU: *holt erschrocken eine Schüssel mit Wasser und wischt ihm mit einem Tuch den Schweiß ab:* Das müssen Sie nicht hören. Er weiß nicht mehr, was er sagt.

DER PFARRER: Beruhigen Sie sich doch, Herr Claasen.

DER STERBENDE: Sagen Sie ihm das von den Friedfertigen?

DER PFARRER *nach einer Pause:* Er kann es selber lesen. Es steht in der Bergpredigt.

DER STERBENDE: Er sagt, das ist alles von einem Juden und gilt nicht.

DIE FRAU: Fang doch nicht wieder damit an! Er meint es doch nicht so. Das hört er eben bei seinen Kameraden!

DER STERBENDE: Ja. *Zum Pfarrer:* Gilt es nicht?

DIE FRAU *mit einem ängstlichen Blick auf ihren Sohn:* Bring den Herrn Pfarrer nicht ins Unglück, Hannes. Du sollst ihn das nicht fragen.

DER SOHN: Warum soll er ihn nicht fragen?

DER STERBENDE: Gilt es oder nicht?

DER PFARRER *nach einer langen Pause, gequält:* In der Schrift steht auch: Gebt Gott, was Gottes ist, und dem Kaiser, was des Kaisers ist.
Der Sterbende sinkt zurück. Die Frau legt ihm das nasse Tuch auf die Stirn.

Aus: Brecht, Bertolt: Furcht und Elend des Dritten Reiches © Suhrkamp Verlag, Berlin 1957, S. 102–105

1 SA: Abk. für „Sturmabteilung", paramilitärischer Kampfverband im Nationalsozialismus
2 Die Aussage ist vor dem Hintergrund zu verstehen, dass die NS-Ideologie dem Christentum feindlich gesinnt war und auch Priester verfolgte.

Lösungsvorschlag

Aufgabe a: Zusammenfassung des Inhalts

Hinweis: *Teilen Sie die Wechselrede nach Personen ein, um nicht am Text entlang arbeiten zu müssen. So ist es möglich, die Aussagen der Protagonisten zu bündeln und unnötige Wiederholungen zu umgehen. Vermeiden Sie auch eine allzu starke Häufung der indirekten Rede.*

Zwischen 1935 und 1938 verfasste Bertolt Brecht im Exil eine Folge in sich geschlossener dramatischer Einzelszenen, die 1957 unter dem Titel „Furcht und Elend des Dritten Reiches" herausgegeben wurden. Der daraus entnommene Text „Die Bergpredigt" ist im Jahr 1937 in Lübeck angesiedelt und zeigt einen sterbenden Fischer, der versucht, seinem Seelsorger die Zusicherung abzuringen, dass Gott existiere und es mit der Friedensbotschaft Christi seine Richtigkeit habe. Dieser Trost bleibt ihm jedoch wegen der Gegenwart des Sohnes und der Intervention seiner Ehefrau verwehrt.

Der Sterbende blickt auf ein seines Erachtens ereignisloses und von Mühsal geplagtes Leben zurück. Seine Hoffnung auf ein besseres Leben nach dem Tod – sowohl für ihn im Jenseits als auch für seine Familie im Diesseits – ist angesichts der Vorgänge im Land nicht besonders groß. Er will trotz der Anwesenheit seines Sohnes, der eine SA-Uniform trägt, zur Verlogenheit der Nationalsozialisten nicht mehr schweigen,und beklagt sich darüber, dass er keinen Bootsmotor habe kaufen können, weil für den Krieg Flugzeuge gebaut und dafür alle Motoren gebraucht würden. Die Einwände des Sohnes, der „Führer" wolle keinen Krieg, übergeht der Fischer und verlangt vergeblich vom Pfarrer, sich zur Friedensbotschaft Christi zu bekennen.

Der Pfarrer sichert dem Sterbenden zu, dass es ein Leben nach dem Tod gebe und der Glaube das Wichtigste sei, weicht allerdings einer klaren Aussage zur Unvereinbarkeit von christlicher Lehre und nationalsozialistischer Ideologie aus. Darin pflichtet ihm die Frau des Fischers bei, die zunächst Angst hat, der Pfarrer könnte denken, ihr Mann sei vom Glauben abgefallen, dann aber vor allem versucht, den Geistlichen davor zu bewahren, folgenreiche Antworten zu geben. Dabei hat sie ihren Sohn im Auge, den sie zwar fürchtet, aber trotz seiner SA-Zugehörigkeit in die Schranken weist.

Aufgabe b: Analyse des Verhaltens der Frau

Hinweis: *Der Text ist relativ kurz, trotzdem sollten Sie versuchen, eine ausführliche Analyse zu verfassen. Um dabei nicht dem Gesprächsverlauf folgen zu müssen, ist es empfehlenswert, sich an* ***Strukturierungshilfen*** *zu halten. Wenn Sie Ihre Ausarbeitung etwa nach Personen, Inhalten und/oder Wirkungsabsichten gliedern, verhindern Sie eine reine Wiedergabe des Gesprächsverlaufs.*

*Stellen Sie außerdem folgende **Überlegungen hinsichtlich Motiv und Gelingen der Interventionsversuche** an, um das Verhalten der Ehefrau herauszuarbeiten: Wie steht die Ehefrau zu den anderen drei Protagonisten? Ergreift sie Partei? Wann mischt sie sich ein, was will sie in diesem Moment erreichen? Welche Haltung nimmt sie in Bezug auf die Gesprächsinhalte ein? Übt sie Kritik oder sieht sie sich als neutrale Schlichterin? Hat sie Erfolg mit ihrer Strategie? Dadurch lassen sich Aussagen zum Verhalten der Ehefrau in ihrer Bedeutung vertiefen.*

Die **Ehefrau** agiert wie eine **Aufpasserin** gegenüber allen Gesprächsteilnehmern, denn sie möchte verhindern, dass das Gespräch in eine – ihrer Meinung nach – ungünstige Richtung verläuft. Davon ist insbesondere ihr recht dominantes Gesprächsverhalten gegenüber ihrem **Ehemann** geprägt. Sie **bevormundet ihn, um vor dem Pfarrer ein gutes Bild abzugeben** und jeden Zweifel über die Gottesfurcht des Sterbenden ausräumen. Deshalb **entschuldigt** sie fortwährend die Fragen und Aussagen des Mannes. Dieser möchte etwa wissen, ob es „wirklich was danach [gebe]" (Z. 3), was sie mit dessen **geistiger Verwirrung** erklärt: „In den letzten Tagen hat er immer gesagt, es wird so viel geredet und versprochen, was soll man da glauben. Sie dürfen es ihm nicht übelnehmen, Herr Pfarrer." (Z. 5 f.) Die Feststellung des Sterbenden, das Leben nach dem Tode müsse auch besser sein (vgl. Z. 10), **rechtfertigt** sie mit dem Hinweis, dass er sich das ganze Leben „gefrettet" habe (Z. 11). In ihrer Reaktion auf die Erschöpfung des Kranken nach seinem Wutausbruch gegen Ende des Gesprächs (vgl. Z. 62 ff.) zeigt sich zwar ihre **Sorge um den Sterbenden**, sie vergisst aber nicht, dem Pfarrer zu beteuern, **ihr Mann wisse nicht mehr, was er sage** (vgl. Z. 66 f.). Die Frau kümmert sich einerseits um ihren Mann und gibt sich fürsorglich (vgl. Z. 39, 42, 66 f.), andererseits verhindert sie jedoch ohne Rücksicht auf den Sterbenden ein ehrliches Gespräch über existenzielle und für ihn wichtige Themen.

Sie bemüht sich, **abzuwiegeln, als ihr Mann**, der angesichts des Todes Antworten verlangt und keine Angst mehr vor Konsequenzen seiner Aussagen hat, **heikle Themen zur Sprache bringt**. Als er anfängt, von dem Bootsmotor zu sprechen, den er sich wegen der Rüstungspolitik der Nationalsozialisten nicht leisten konnte (vgl. Z. 38, 62 ff.), versucht sie ihn zu **beruhigen** und von seinem Gedankengang **abzulenken:** „Aber mach dir doch nicht noch Sorgen! […] Wir kommen doch durch." (Z. 39 ff.) Da dies keinen Erfolg hat, **appelliert** sie zunehmend eindringlicher und im Befehlston an ihren Mann, insbesondere als er von einem kommenden Krieg redet: „Aber der Herr Pfarrer kann doch nichts gegen den Krieg machen, sei doch vernünftig!" (Z. 60 f.) und: „Fang doch nicht wieder damit an!" (Z. 72)

Zum einen ist der Frau also die **Meinung des Pfarrers** so **wichtig**, dass sie schon beinahe unterwürfig jede Kritik und jede provokante Frage ihres Mannes abschwächt und zu unterbinden versucht. Sie will unbedingt vermeiden, dass der Geistliche ihren Mann für einen Sünder hält, der an der Existenz eines Paradieses zweifelt, weil er mit dem Diesseits hadert (vgl. Z. 22, 24 f., 32). Immer wieder bittet sie ihn deshalb um Verständnis (vgl. Z. 5 f., 11) und versichert ihm, dass ihr Mann gläubig sei: „Sie dürfen nicht meinen, Herr Pfarrer, daß es ihm am Glauben fehlt. Er hat immer das Abendmahl genommen." (Z. 17 ff.)

Zum anderen will sie den **Pfarrer schützen** und verhindern, dass er in eine **politische Auseinandersetzung hineingezogen** wird. Es geht ihr darum, den Pfarrer von einer folgenreichen Aussage abzuhalten, denn die christliche Botschaft widerspricht in allem der nationalsozialistischen Ideologie. Diese wird durch den Sohn verkörpert, der ebenfalls am Gespräch teilnimmt. Annähernd regimekritische Aussagen des Pfarrers würden also eine konkrete Gefahr für Leib und Leben des Geistlichen darstellen, sollte der Sohn diese weitergeben. Als der Pfarrer auf die Feststellung ihres Mannes, „da oben [könne] man dann vielleicht wieder das Maul aufmachen" (Z. 13 f.), verwirrt reagiert, fordert sie deshalb ihren Mann auf, zu versichern, dass er glaube (vgl. Z. 18 f.). So **kaschiert** sie den **Seitenhieb auf das nationalsozialistische Terrorregime**, das **in Gestalt ihres Sohnes** zugegen ist (vgl. Z. 2), und vermeidet gleichzeitig eine erzwungene Stellungnahme des Pfarrers dazu. Weil der Fischer sich von Ablenkungsversuchen nicht beirren lässt, **fordert sie ihn schließlich direkt zum Schweigen auf:** „Red doch jetzt nicht davon." (Z. 44) Später drängt der Sterbende den Pfarrer mehrmals, dem Sohn etwas von den Friedfertigen zu erzählen (vgl. Z. 56 f., 59, 69). Daraufhin **verlangt** sie, er solle einsichtig sein: „Aber der Herr Pfarrer kann noch nichts gegen den Krieg machen, sei doch vernünftig!" (Z. 60 f.) Dann, als er dem Hinweis des Pfarrers auf die Bergpredigt entgegenhält, dass der Sohn das Wort Jesu verwerfe, weil „alles von einem Juden" sei (Z. 71), **fordert** sie **ihn auf**, es gut sein zu lassen: „Fang doch nicht wieder damit an!" (Z. 72 f.) Es gelingt der Ehefrau jedoch trotz aller Versuche nicht, ihren Mann vom Thema Krieg abzubringen (vgl. Z. 43, 48, 50, 53) und ihn daran zu hindern, den Pfarrer zu einer Aussage über die „Friedfertigen" (Z. 56 f., 59, 69) und der Geltung des Wortes Jesu, speziell der Bergpredigt, zu drängen (vgl. Z. 74, 78). Sie schafft es kaum mehr, dem Geistlichen aus der **Zwickmühle** zu helfen, in die ihn die **Fragen des Kranken** bringen, und **fleht ihren Mann am Schluss geradezu an**, den Pfarrer nicht ins Unglück zu stürzen (vgl. Z. 75 f.). Sie spricht also relativ deutlich die Gefahr an, in der sich der Geistliche befindet.

In ihrem Verhalten gegenüber ihrem **Sohn** ist ihr Bemühen, einen **offenen Streit zu vermeiden**, ebenfalls klar erkennbar. Sie agiert auch hier als Aufpasserin, die versucht, das Gespräch in eine ungefährliche Richtung zu lenken. Immerhin erklärt sie im weiteren Verlauf die Empörung des Fischers über die Nazis mit dem Hinweis auf den Konflikt zwischen Vater und Sohn, die „darüber aneinandergeraten" seien „[i]n der letzten Zeit" (Z. 44 f.). Außerdem gibt sie dem Einfluss der „Kameraden" (Z. 73) die Schuld an den Ansichten des Sohnes, womit sie indirekt zu verstehen gibt, dass diese Einstellung verkehrt ist (vgl. Z. 72 f.). Als der Sohn den sterbenden Mann einmal unterbrechen möchte, weist sie ihn zurecht: „Sei still jetzt." (Z. 55) Sie **wagt es** also durchaus, **dem Sohn den Mund zu verbieten und dessen Anschauung infrage zu stellen**, demnach hat sie wohl um sich selbst keine Angst. Trotzdem zeigt ihr Blick zu ihrem Sohn, dass sie **seine Linientreue** – aus Angst um den Pfarrer und vor Unfrieden in der Familie – **fürchtet** (vgl. Z. 75 f.).

Aufgabe c: Schwierigkeiten, mit denen sich der Pfarrer konfrontiert sieht

Hinweis: *Auch hier sollten Sie sich nicht unbedingt am Textverlauf orientieren, sondern die beiden Komponenten, die den Pfarrer in ein Dilemma stürzen, als* ***Strukturierungshilfe*** *nehmen. Auf der einen Seite ist er seinem Glauben und vor allem seiner* ***Aufgabe als Seelsorger*** *verpflichtet, auf der anderem Seite muss er um seine* ***persönliche Sicherheit*** *fürchten. Sein Verhalten darf zwar als verständlich, aber durchaus auch als persönliches Versagen bzw. sogar als Verrat interpretiert werden.*

Dem **Sterbenden Trost zu spenden** und ihm die letzte Ölung zu geben, ist eine **Aufgabe des Priesters**, die sich schon am Anfang aufgrund der **Glaubenszweifel** und der recht negativen Lebensbilanz des Mannes als schwierig gestaltet (vgl. Z. 3–40). Dabei verhindert die ständig **das Gespräch störende Ehefrau** des Fischers kategorisch, dass sich der Pfarrer mit den unangenehmen Fragen des Mannes auseinandersetzen muss. Vielmehr ermöglicht sie, dass er sich in unverbindliche Antworten flüchten kann. Darüber hinaus soll er auch noch völlig unvorbereitet und in **Gegenwart eines überzeugten SA-Mitgliedes** (vgl. Z. 47, 51) Stellung für die pazifistische Aussage seines Glaubens und damit gegen die Ideologie der Nazis beziehen. Dies bringt ihn in arge **Bedrängnis**, nicht nur, weil jedem Bürger, der sich offen gegen das Regime ausspricht, Verfolgung und Zuchthaus drohen, sondern vor allem, weil er in **schwerer Gewissensnot** ist. Der christliche Glaube ist mit der anti-pazifistischen Kriegsverherrlichung der Nationalsozialisten unvereinbar und diese sprechen darüber hinaus dem Neuen Testament als Wort eines Juden jegliche Geltung ab (vgl. Z. 71). Katholische Geistliche waren von der Verfolgung besonders bedroht, da die katholische Kirche nicht (wie die evangelische) unter einem NS-Reichsbischof zentralisiert werden konnte und der Papst sich 1937 noch offen gegen den Nationalsozialismus ausgesprochen hatte.

Zunächst scheint es in der Szene nur um die **Sorge eines Gläubigen** zu gehen, der angesichts des Todes eine Bestätigung für die Existenz des Paradieses braucht. Dieses Anliegen entwickelt sich aber – zunächst punktuell und später ganz deutlich – **zur politischen Frage**. Denn der Fischer bringt unverblümt die Hoffnung zum Ausdruck, im Himmel gelte Meinungsfreiheit (vgl. Z. 13 f.), was den Priester in **Verwirrung** stürzt (vgl. Z. 15). Auf die darauf folgende, sich wiederholende Aussage des Fischers, dass es in seinem Leben nichts „gegeben hätte" bzw. nichts „losgewesen" sei (vgl. Z. 24 f., 32), kann der immer stärker irritierte Pfarrer noch entgegnen: „Aber Sie haben doch Ihre liebe Frau und Ihren Sohn gehabt." (Z. 28), und eine Gegenfrage stellen: „Sie meinen doch nicht, daß Sie nur glauben, weil Ihr Leben Mühsal und Arbeit gewesen ist?" (Z. 33 f.) Auch an anderen Stellen **versucht er**, **mit beschwichtigenden Fragen und gutem Zureden zu antworten** (vgl. Z. 37, 40).

Da der Sterbende kein Blatt vor den Mund nimmt, bleibt dem Pfarrer mitunter nichts anderes übrig, als direkten Antworten recht **hilflos mit allgemeinen Aussagen auszuweichen**. Schon beim ersten Thema (vgl. Z. 15), aber auch später nimmt er **Zuflucht zu einer Redewendung:** „Wir stehen alle in Gottes Hand, vergessen Sie das nicht." (Z. 58) Als der Kranke sein eigentliches Anliegen zur Sprache bringt und den Pfarrer mit der **Unvereinbarkeit der Heilsbotschaft und der nationalsozialistischen Ideologie** konfrontiert, **will sich der Geistliche mit Bibelzitaten retten**. So beharrt der Fischer darauf, dass es Krieg geben werde, was 1937 noch geleugnet wurde, und fragt schließlich direkt, ob das der Wille Gottes sei (vgl. Z. 48). Der Pfarrer erwidert „zögernd": „Es heißt, selig sind die Friedfertigen." (Z. 49) Dieses Stichwort verfolgt der Sterbende hartnäckig und möchte auf diese Weise den Geistlichen zu einer klaren Stellungnahme zwingen. Der sieht sich in die Enge gedrängt und **verweigert sich einer klaren Antwort:** „Er [der Sohn] kann es selber lesen. Es steht in der Bergpredigt." (Z. 70) „Gequält" zieht er sich am Schluss mit einem **Kompromiss** aus der Affäre: „Gebt Gott, was Gottes ist, und dem Kaiser, was des Kaisers ist." (Z. 79 f.) Damit ist gemeint, dass Glaube und Politik zweierlei sind und sich deshalb die Machthaber für Krieg entscheiden dürfen – die Domäne der Kirche sei nur das Jenseits. Der **Geistliche wagt es nicht**, vor dem Sohn **zu seinem Glauben zu stehen** und **entmutigt** damit den buchstäblich von Gott und der Welt enttäuschten **Sterbenden**. Der Sohn lauert geradezu auf eine Verfehlung und meint: „Warum soll er ihn denn nicht fragen [ob das Wort Jesu gilt]?" (Z. 77)

Zusammenfassend lässt sich festhalten, dass der **Pfarrer an seiner Aufgabe als Seelsorger scheitert**. Er hat zu große Angst um seine persönliche Sicherheit und nicht genügend Mut, sich in Anwesenheit des Sohnes zu der christlichen Botschaft, die er eigentlich vertreten soll, zu bekennen.